JN412128

대통령의 말하기
- 이재명의 스피치 리더십

대통령의 말하기
- 이재명의 스피치 리더십

초판 1쇄 인쇄 2026년 2월 25일
초판 1쇄 발행 2026년 3월 6일

지은이 김홍국
펴낸이 소재두
펴낸곳 논형
편 집 심재진

출판등록 제386-3200000251002003000019호 2003년 3월 5일
주 소 경기도 고양시 덕양구 꽃마을로 36, DMC스타비즈 6st, 708호
전자우편 jdso6313@naver.com 전화번호 02-887-3561
팩 스 02-887-6900 정 가 22,000원
ISBN 978-89-6357-022-8 03300

대통령의 말하기

이재명의 스피치 리더십

김홍국 지음

지도자가 말하는 법,
시대와 국가의 방향을
이끄는 설명하는
스피치.

설명하지 않는 권력은
오래가지 않는다.

신뢰는 준비된
언어에서 만들어진다.

[프롤로그]

우리는 왜 대통령의 말을 다시 보게 되었는가

대통령의 말은 언제나 존재해왔다. 취임 연설도 있었고, 신년사도 있었으며, 위기 담화도 있었다. 그러나 지금 우리는 대통령의 말을 예전과는 다른 방식으로 듣고 있다. 과거에는 연설의 감동이나 웅변의 힘이 화제가 되었다면, 오늘날에는 즉답의 내용, 설명의 구조, 사과의 방식, 그리고 말 이후의 실행이 더 큰 관심사가 된다. 말이 어떻게 울렸는가보다, 말이 무엇으로 이어졌는가가 더 중요해졌다.

환경이 달라졌기 때문이다. 발언은 실시간으로 확산되고, 즉각적으로 검증되며, 순식간에 평가된다. 한 문장은 정책 방향으로 해석되고, 한 표현은 논란의 단초가 되며, 한 침묵은 책임 회피로 읽히기도 한다. 대통령의 말은 더 이상 상징적 장면에 머물지 않는다. 그것은 정책의 출발점이자, 책임의 예고이며, 갈등을 관리하는 도구가 된다. 말은 단지 메시지가 아니라 통치의 일부가 되었다.

민주주의 역시 변화하고 있다. 사회는 복잡해졌고, 이해관계는 다층화되었으며, 시민은 더 많은 설명을 요구한다. 권위에 기대는 통치는 오래 지속되기 어렵다. 설명하지 않는 권력은 의심을 받고, 응답하지 않는 권력은 고립된다. 따라서 오늘날 대통령의 말은 설득 이전에 설명이어야 한다. 무엇을 하겠다는 약속보다, 왜 그렇게 해야 하는지에 대한 근거가 먼저 제시되어야 한다.

이 책은 이러한 변화 속에서 대통령의 말이 어떻게 작동하는지를 살펴보려 한다. 특정 정치인을 평가하거나 예찬하기 위함이 아니다. 또한 리더십 일반론을 정리하려는 시도도 아니다. 이 책은 변화한 통치 환경 속에서 대통령의 언어가 어떤 구조로 형성되고, 어떤 방식으로 실행과 연결되며, 어떻게 신뢰를 획득하는지를 분석하는 데 목적이 있다.

그 사례로 이재명 대통령의 말하기를 선택했다. 그의 말이 완벽해서가 아니다. 오히려 오늘날의 통치 조건을 가장 선명하게 드러내는 사례이기 때문이다. 기자회견에서의 즉답,

타운홀 미팅에서의 경청, 정책을 생활 언어로 번역하는 화법, 비판적 질문을 차단하지 않는 태도 등은 개인적 스타일을 넘어 시대적 요구를 보여준다. 말은 준비와 기획의 산물이지만, 동시에 현장 경험과 정책 이해가 결합될 때 비로소 설득력을 얻는다.

우리는 오랫동안 연설을 잘하는 지도자를 기억해왔다. 카리스마 있는 음성, 감동을 주는 문장, 강한 메시지가 지도자의 자질로 평가되었다. 그러나 지금은 다르다. 질문을 통제하지 않는 태도, 실패를 설명하는 용기, 행정 용어를 시민의 언어로 바꾸는 능력, 그리고 말과 행동을 연결하는 책임성이 더 중요한 기준이 되고 있다. 말이 빠르면 박수를 얻을 수 있지만, 말이 책임으로 이어질 때에만 신뢰를 얻는다.

대통령의 말은 정책의 해설이 아니다. 그것은 정책의 방향을 먼저 제시하는 행위다. 말이 문서가 되고, 문서가 정책이 되며, 정책이 시민의 삶으로 돌아오는 과정은 결코 자동적으로 이루어지지 않는다. 그 시작에는 언제나 언어가 있다. 그러나 모든 말이 같은 무게를 갖는 것은 아니다. 가치 없는 말은 공감을 얻지 못하고, 참여 없는 말은 정치로 이어지지 않으며, 실행 없는 말은 신뢰를 잃는다.

이 책은 묻는다. 대통령은 왜 설명해야 하는가. 반박은 왜 설득이 되어야 하는가. 경청은 어떻게 통치가 되는가. 듣는 지도자는 왜 더 강한가. 이러한 질문은 특정 인물에 대한 평가를 넘어, 오늘날 민주주의가 요구하는 리더십의 조건을 묻는 질문이기도 하다.

이재명 대통령의 말하기를 분석하지만, 결론은 독자의 몫으로 남겨둔다. 이 책이 제시하고자 하는 것은 찬반의 판단이 아니라 해석의 기준이다. 대통령의 말을 어떻게 읽을 것인가, 어떤 구조를 살펴야 하는가, 무엇을 질문해야 하는가에 대한 하나의 틀을 제안하려 한다.

우리는 매일 정치인의 말을 듣는다. 그러나 듣는 것과 해석하는 것은 다르다. 말의 크기보다 말의 구조를, 감정의 높낮이보다 책임의 연결을 살펴볼 때, 우리는 정치의 표면을 넘어 통치의 본질에 조금 더 가까이 다가갈 수 있다.

대통령의 말은 장식이 아니다. 그것은 민주주의의 신호이며, 행정의 명령이고, 시민에게 보내는 초대장이다. 결국 성공한 국정은 성공한 커뮤니케이션과 분리될 수 없다. 말이 책임으로 이어질 때, 통치는 설득을 얻는다.

이 책을 통해 독자의 질문이 조금 달라지기를 바란다. 대통령이 무엇을 말했는가가 아니라, 어떻게 설명했는가를 묻고, 얼마나 들었는가를 확인하며, 그 말이 어디까지 실행되었는지를 살펴보는 눈을 갖게 되기를 기대한다. 그때 비로소 우리는 정치를 소비하는 시민이 아니라, 통치를 읽어내는 시민이 될 수 있을 것이다.

그리고 마지막으로 묻고자 한다. 우리는 어떤 대통령의 말을 선택할 것인가. 말이 책임이 되는 정치, 설명이 통치가 되는 민주주의를 우리는 어디까지 요구할 것인가. 이 질문이 이 책의 출발점이자, 독자에게 남겨두는 마지막 문장이다.

[목차]

2장 _ 이재명의 언어는 어디에서 만들어졌는가

3장 _ 대통령은 왜 설명해야 하는가

4장 _ 반박은 이기기 위한 것인가

5장 _ 우리는 어떤 언어로 이 시대를 건너갈 것인가

이번 장은 대통령의 언어가
단순한 표현 기술이 아니라
민주주의와 통치의 핵심 구조임을
밝힌다.
지도자의 말은
권력을 행사하는 도구가 아니라
방향을 제시하고
신뢰를 형성하는 행위이며,
설득은 민주주의의 출발점이다.
에토스·로고스·파토스로 대표되는
수사학의 균형 속에서
김대중과 노무현,
만델라와 오바마의 사례를 통해
언어가 어떻게 갈등을 조정하고
통합을 이루며
시대의 감정을 조직하는지를 살핀다.
결국 민주주의는
훈련된 언어 위에서
유지된다는 점을 제시한다.

1장

말은
어떻게
권력이
되었는가

세상을 바꾼 지도자들은 어떻게 말했는가

말은 권력보다 먼저 등장한다. 정치는 제도 이전에 언어로 시작된다. 국가보다 먼저 말이 있었고, 법보다 먼저 설득이 있었다. 군대가 움직이기 전, 시장이 반응하기 전, 국민이 선택하기 전, 언제나 지도자의 말이 먼저 도착했다.

정치 지도자의 말은 단순한 전달 수단이 아니다. 그것은 권력의 사용 방식이며, 공공선을 향한 설계도이고, 때로는 한 사회의 도덕적 수준을 드러내는 거울이다. 아테네의 광장에서부터 백악관의 연단, 그리고 한국 대통령의 생중계 업무보고에 이르기까지, 말하기 리더십은 민주주의의 진화와 함께 발전해왔다. "정치 지도자는 공적인 의사전달에서 어떻게 리더십을 발휘해야 하는가"라는 질문에 대해, 동서양의 연설가·정치인·수사학자들의 사례를 통해 스피치 리더십의 본질을 탐구해본다.

민주주의는 왜 '설득의 언어'에서 시작되었는가

시민의 가치가 탄생한 아테네에서 권력은 말하는 자의 것이었고, 그 중심에 연설가가 있었다. 고대 아테네에서 정치란 곧 연설이었다. 왕도 없었고, 영구 권력도 없었다. 대신 말할 수 있는 자, 그리고 설득할 수 있는 자가 권력을 가졌다.

페리클레스의 '장례연설'은 정치 연설의 원형이다. 그는 전쟁의 승리를 말하지 않았다. 대신 "우리가 어떤 공동체인가"를 설명했다. "우리는 자유롭다. 우리는 법 앞에서 평등하다. 우리는 시민으로서 책임을 진다." 이 연설은 단순한 추모사가 아니라 민주주의의 자기정의였다. 정치 지도자의 말은 여기서부터 이미 정체성 정치Identity Politics이자 공공철학의 선언이었다.

여기서 말하기 리더십, 즉 수사학인 레토릭의 3요소, 에토스·로고스·파토스가 등장한다. 철학자 아리스토텔레스는 정치 연설의 핵심을 세 가지로 정리했다. 에토스Ethos : 말하는 사람의 신뢰, 로고스Logos : 논리와 이유, 파토스Pathos : 청중의 감정이 그것이다. 이 삼각형은 오늘날 대통령을 비롯한 지도자들의 연설에도 그대로 작동한다.

좋은 정책이 있어도 신뢰가 없으면 전달되지 않고, 감정만 자극하면 선동이 된다. 정치 지도자의 말하기 리더십이란 이 균형을 유지하는 능력이다.

이어 로마가 등장한다. 로마의 수사학자이자 정치가인 키케로는 "훌륭한 연설가는 훌륭한 인간이다"라고 정의했다. 그는 "진정한 웅변가는 말을 잘하는 사람이 아니라, 올바르게 생각하는 사람이다"라고 설파했다.

키케로에게 연설은 기술 이전에 윤리였다. 그는 정치 연설이 공공선을 벗어날 때 공화정이 무너진다고 보았다. 오늘날 포퓰리즘 정치의 위기를 보면, 키케로의 경고는 여전히 유효하다. 말하기 리더십은 대중을 조종하는 기술이 아니라, 대중을 설득하며 스스로를 제약하는 능력이어야 한다.

그 뒤를 이은 수사학자 퀸틸리아누스는 "지도자의 말은 훈련의 산물이다"라고 연설을 중시했다. 퀸틸리아누스는 연설을 타고나는 재능이 아니라 훈련 가능한 기술로 보았고, 교육을 중시했다. 그는 정치 지도자에게 정확한 문장 구성, 명료한 논리, 절제된 감정 표현, 반복과 비유의 전략적 사용을 요구했다. 이 관점은 현대 정치 커뮤니케이션의 출발점이다. 지도자는 "말 잘하는 사람"이 아니라 말을 준비하는 사람이어야 한다.

대통령의 말은 왜 국가의 방향이 되는가

근대 민주주의 시대에는 대통령의 언어가 국가를 하나로 묶는 말로 작용했다. 미국 유일의 4선 대통령인 프랭클린 D. 루스벨트는 공포와 싸우는 언어의 힘을 입증했다. 대공황과 전쟁의 시대를 맞아, 루스벨트는 이렇게 말했다. "우리가 두려워해야 할 것은 두려움 그 자체다."

특히 그의 '노변담화Fireside Chat'는 대통령 연설의 혁명이었다. 권위적인 연설이 아니라 국민의 거실로 들어오는 말이었다. 노변담화는 쉬운 문장, 반복되는 핵심 메시지, 대통령과 국민의 거리 축소 등 다양한 효과로 성공하는 정치를 이끌었다. 루스벨트의 말하기 리더십은 정책 설명과 정서적 안정, 두 가지를 동시에 달성했다.

민주주의와 자유의 상징적 인물인 남아프리카공화국 대통령 만델라는 복수가 아닌 화해를 선택한 언어로 새로운 경지를 선보였다. 만델라의 연설은 언제나 낮고 느렸다. 그는 감정을 자극하기보다 감정을 통제했다. "자유는 상대를 억압하지 않는 상태다." 그의 말하기 리더십은 도덕적 권위에서 나왔다. 이것은 가장 강력한 에토스의 사례다.

미국의 첫 흑인 대통령인 버락 오바마는 '이야기로 설계한 리더십'의 경지를 개척했다는 평가를 받는다. 오바마의 연설은 한 편의 감동적인 이야기였다. 개인의 경험, 국가의 역사, 정책의 미래가 담겼다. 그는 항상 "I"에서 시작해 "We"로 끝냈다. 이는 현대 정치 스피치의 교과서다.

한국 정치에서 말은 어떻게 힘이 되었는가

한국의 정치 지도자들도 말을 잘하고 탁월한 연설 능력을 가졌다. 노벨평화상의 주인공인 김대중 대통령은 논리와 신념의 언어로 무장했다. 김대중의 말은 언제나 논증적이었다. 민주주의는 왜 필요한가, 인권은 왜 보편적인가, 평화는 왜 실용적인가 등 정치가 논리로 구성됐다. 그는 마지막 순간까지 설득을 포기하지 않았다. 김대중의 연설은 정치 지도자가 사상가일 수 있음을 보여준 사례다.

노무현 대통령은 즉흥성과 진정성의 힘으로 국민을 감동시켰다. 노무현의 말은 다듬어지지 않았지만, 진실했다. 그의 연설과 토론은 종종 위험했지만, 시민들은 그 진정성에 반응했다. 즉석 질문, 솔직한 인정, 시민과의 수평적 대화로 힘없는 국민들은 희망을 발견했다. 노무현은 연설을 "통제의 수단"이 아니라 소통의 장으로 바꿨다.

이재명 대통령은 '문제 해결형 말하기 리더십'을 보여준다. 이재명의 말은 현장·문제·해결로 구성된다. 추상적 가치보다 구체적 사례, 감정보다 실행, 수사보다 결과로 구성된다. 사상 최초의 국무회의와 수석보좌관 회의, 정부 부처 업무보고의 생중계와 현장 토론, 즉문즉답, 공개 행정은 말하기를 행정의 일부로 끌어들인 실험이다. 이재명의 스피치 리더십은 '설득하는 대통령'에서 '설명하고 책임지는 대통령'으로의 진화를 보여준다.

왜 지도자는 말로 평가받는가

지도자의 말은 정책 이전에 신뢰를 만든다. 말은 위기에서 공동체를 묶는 화학작용을 일으킨다. 말은 권력을 절제하게 만든다. 말은 행정 능력을 드러낸다. 말은 민주주의의 품격을 결정한다. 정치 지도자의 말은 사적인 표현이 아니다. 그것은 공공재이며, 책임의 언어다.

민주주의는 말하는 방식으로 완성된다. 아테네의 연설가에서 오늘날의 대통령까지, 정치는 늘 말로 시작했고 말로 평가받았다. 좋은 지도자는 말을 잘하는 사람이 아니라, 말을 통해 공동체를 더 나은 방향으로 이끄는 사람이다. 결국 민주주의의 수준은 그 사회의 지도자가 어떻게 말하는가에 달려 있다.

설득의 기술, 에토스·로고스·파토스는 무엇인가

정치 지도자의 말은 국가의 운명을 바꾼다. 국가의 흥망성쇠를 결정하는 것은 제도인가, 경제력인가, 군사력인가? 역사는 이렇게 대답한다. 그 모든 것을 움직이게 만든 것은 지도자의 말이었다.

전쟁을 결심하게 한 것도 말이었고, 전쟁을 멈추게 한 것도 말이었다. 민주주의를 지켜낸 것도 말이었고, 독재를 정당화한 것도 말이었다. 정치 지도자의 말은 단순한 표현이 아니다. 그것은 국가 권력이 국민과 만나는 유일한 접점이며, 정책이 실행되기 이전에 반드시 통과해야 하는 정당성의 관문이다.

그 말을 다룬 철학자 아리스토텔레스는 당시 정치학의 요체였던 수사학의 세 요소를 에토스(신뢰), 로고스(논리), 파토스(감정)로 구분했다. 그로부터 2,400년이 지난 지금도 레토릭이자 수사학의 핵심 요소들은 국가 운영의 성패를 가르는 핵심 공식으로 작동한다.

말은 왜 '종합예술'이라 불리는가

수사학修辭學, 라틴어 rhetorica, 영어 rhetoric은 다른 사람을 설득하고 영향을 끼치기 위한 언어기법이자 학문이다. 설득의 수단으로 고대 그리스의 소피스트들은 설득의 기술을 가르치기 위해, 문법, 논리와 함께 수사학을 3대 학문으로 정립했다.

수사학은 문장과 언어의 사용법, 특히 대중 연설의 기술을 연구한다. 작가나 연사는 수사학을 통해, 특정한 상황에서 특정한 청중에게 정보를 주고, 청중을 설득하며, 청중에게 동기를 부여한다.

아리스토텔레스는 수사학을 논리학과 정치학을 보완하는 것으로 여기고, "어떤 주어진 상황에서든 활용할 수 있는 설득의 수단을 찾는 능력"이라고 불렀다. 기존의 수사학 이론에 질서를 부여하면서도 수사학의 정의를 주어진 상황에서 적절한 설득 수단을 찾아내는 능력이라 하여 수사학을 정치뿐만 아니라 모든 분야에 적용할 수 있게 하였다. 반면, 플라톤은 수사학을 법원과 집회에서 무지한 대중을 설득하는 것이라며, 소피스트들이 수사학을 진리를 발견하는 대신 기만의 수단으로 사용했다고 비판했다. 플라톤은 수사학이 단지 아첨의 한 형태일 뿐이며, 아첨을 목적으로 하는 긴 산문의 연설을 수사학의 범위에 속하는 것으로 간주했다.

수사학은 전형적으로 논증의 이해와, 발견, 발전을 위한 발견법을 제공한다. 고대 로마 시대에 처음 집대성된 수사학의 5대 규범cannon은 설득력 있는 연설을 설계하는 전통적인 방법을 따르며, 발견술inventio, 배열술dispositio, 표현술elocutio, 기억술memoria, 연기술pronuntiatio로 구성된다. 문법과 논리, 또는 변증법과 함께 수사학은 담론의 세 가지 핵심 요소 중 하나로 분류된다.

고전 수사학은 법정과 집회와 같은 공공 포럼과 기관에서 효과적인 설득자로 연사를 훈련시키는 반면, 현대 수사학은 인간의 담론을 연구한다. 수사학자들은 자연 및 사회과학, 미술, 종교, 저널리즘, 디지털 미디어, 소설, 역사, 지도 제작 및 건축을 포함한 다양한 영역의 담론을 정치 및 법률 등 전통적인 영역과 함께 연구했다.

미국의 문학이론가인 케네스 버크는 인간이 상징에서 공유된 특성과 관심사를 식별함으로써 갈등을 해결하기 위해 수사학을 사용한다며, 전략적이고 공공연한 정치적 설득에서 광범위한 출처에서 발견되는 보다 암묵적인 동일시 전술로 파악했다. 20세기 전반에 걸쳐 수사학은 고등학교와 대학에 수사학 과정이 개설되면서 대중 연설 및 연설 분석과 같은 집중 연구 분야로 발전했다. 수사학은 대학의 언어학과 및 커뮤니케이션 연구부서와 수사학 및 작문 프로그램에서 연구됐고, 마케팅, 정치 및 문학 분야에서 활발하게 활용되고 있다.

에토스: 말할 자격은 어떻게 만들어지는가

말은 언제나 '사람'을 먼저 설득한다. 신뢰가 무너질 때 국가는 무너진다. 그 근원에 신뢰가 있다. 에토스는 연설의 기술이 아니다. 그것은 연설 이전에 축적된 삶과 선택의 총합이다. 아리스토텔레스는 사람의 자연적 성향, 기질, 도덕적 성격 등을 수사학에서의 에토스로 설명했다.

아리스토텔레스는 '니코마코스 윤리학'에서 덕을 지적인 덕과 윤리적인 덕으로 나누고, 지적인 덕은 교육에 의해 조장되기 때문에 경험과 시간이 필요한 반면 윤리적인 덕은 에토스에 의해 형성된다고 봤다. 그는 윤리적 덕이 본래 우리에게 갖추어져 있지는 않지만, 그렇다고 우리의 본성에 어긋나는 것도 아니라고 보았다. 정의로운 행위가 정의로운 성품을 형성하듯이, 다른 덕 역시 같은 원리에 따라 형성된다고 판단했다. 선한 에토스를 획득하도록 강제되면 시간이 경과함에 따라

선한 행위를 실천하는 데서 기쁨을 얻을 것이라고 했다.

키케로는 로마 공화정 말기의 대표적인 정치인이자 수사학자였다. 키케로는 공화정이 언어의 타락으로 무너진다고 우려하곤 했다. 그는 경고했다. "공적인 언어가 사적 이익에 봉사할 때, 공화국은 이미 죽었다."

선동적 언어, 과장된 약속, 책임지지 않는 발언은 단기적 지지는 얻을 수 있으나, 국가에 대한 신뢰를 소진시킨다. 로다는 키케로의 우려대로, 말의 품격이 무너진 뒤, 제도와 국가가 함께 무너졌다.

영국의 철혈재상 처칠의 사례도 마찬가지다. 1930년대, 윈스턴 처칠은 나치 독일의 위협을 집요하게 경고했다. 대부분의 정치인들은 그를 전쟁광이라 조롱했다. 그러나 전쟁이 시작되자, 영국 국민은 자연스럽게 그의 말에 귀를 기울였다. 왜였을까? 그의 말이 맞았기 때문이다.

처칠은 일순간 영웅이 됐다. 일관된 주장, 위험한 진실을 숨기지 않은 태도, 불편한 말을 피하지 않은 기록, 이 모든 것이 신뢰 자본이 되었다. 국가적 위기에서 사람들은 화려한 말보다 "저 사람은 거짓말하지 않는다"는 확신을 따른다.

에토스는 화자의 인격 · 성품 · 신뢰성을 통해 설득력을 확보하는 말하기 전략이다. 청중과 공통된 가치와 관심을 공유함으로써 신뢰가 구축된다. 즉, "나는 당신과 같은 편"이라는 무형의 동맹 관계를 만드는 것이 목표다. 실전에서는 겸손함·성실함·공감의 언어가 에토스를 강화하게 된다. 리더가 같은 가치를 공유한다고 말하거나, 상대의 관점을 인정하는 선취 동의Concession를 통해 신뢰를 쌓는 것이 대표적이다.

지도자의 말은 이전 발언과 연결되어야 한다. 말과 행동의 불일치는 정책보다 먼저 신뢰를 무너뜨린다. 에토스 없는 스피치는 선동이 된다. 조변석개, 자신의 말을 하루가 멀다하고 뒤집는 트럼프를 보며 전 세계가 우려하고 있지 않은가? 에토스의 중요성을 다시금 일깨우는 현실의 엄중함이다.

로고스: 논리가 사라지면 권력은 어디로 가는가

로고스는 판단을 인도하는 기준이다. 비比, 즉 비율을 뜻하기도 하는 로고스는 그리스 철학을 일관하는 중요한 개념이다. 논리와 구조로 구축된 로고스는 논리적 설득력을 담당한다. 명확한 근거와 논리적 구조, 설득 가능한 증거를 제시함으로써 작동한다. 그러나 그냥 통계만 던지는 논리만으로는 충분하지 않다. 논리는 에토스, 파토스와 결합할 때 비로소 설득력을 갖는다. 로고스에 근거한 데이터, 사례, 비유를 동시에 제시하면 청중의 이해·공감·행동을 촉진할 수 있다.

정치 지도자의 국정운영은 감정이 아니라 합리적이고 논리적인 설명으로 유지된다. 정책은 이해되지 않으면 실행되지 않는다. 이해되지 않은 정책은 저항을 낳는다.

노예해방을 이끈 링컨은 국가의 전쟁을 논리로 재정의한 역사적 사례이다. 링컨의 게티즈버그 연설은 이렇게 시작한다. “모든 인간은 평등하게 창조되었다.” 그는 남북전쟁을 북과 남의 싸움이 아니라, 민주주의의 존속 여부를 가르는 시험으로 규정했다. 이 연설의 힘은 감정이 아니라 논리 구조에 있었다

여기서 공유된 전제는 미국의 독립선언문이었다. 현재의 위기, 미래의 책임이 강조됐다. 링컨은 전쟁을 이해 가능한 이야기로 만들었다.

연설을 중시한 로마의 수사학자 퀸틸리아누스는 “말은 훈련된 이성”이라고 말하곤 했다. 퀸틸리아누스는 훌륭한 연설가를 “선한 인간이 곧 잘 말하는 사람”이라고 정의했다. 그에게 로고스란 기교가 아니라 사고의 질서였다. 주장에는 근거가 있어야 하고, 근거는 청중이 이해할 수 있어야 하며, 결론은 공동의 판단으로 귀결되어야 한다. 국정운영에서 논리의 붕괴는 정책 실패 이전에 설명 실패로 나타난다.

루스벨트는 공황을 논리로 통제해 미국의 위기를 극복했다. 대공황 시기, 루스벨트의 노변담화는 복잡한 경제 정책을 생활 언어로 번역했다. 그는 국민에게 “무엇을 하라”고 명령하거나 지시하지 않았다. “왜 이것이 필요한지”를 설명했다 공황은 경제 현상이었지만, 극복은 설명의 문제였다.

파토스: 공감은 어떻게 정치가 되는가

아리스토텔레스는 주어진 상황에서 표출되는 감정을 수사학에서의 파토스로 설명했다. 청중의 감정·심리적 상태를 건드리는 기술로 분류된다. 청중을 설득하려면 먼저 청중의 감정 상태, 기분·경험·두려움을 이해해야 한다. 감정은 태도·자신감·신뢰를 만든 후 논리적 전달을 강화하는 역할을 한다. 단순히 논리만으로는 마음을 완전히 열게 할 수 없는 것이 사람을 다루는 이치다.

파토스는 개인적인 이야기나 비유를 사용해 청중과 감정적 유대를 만들게 된다. 대중 앞 연설에서 청중의 공감을 불러일으키는 메시지를 사용하면 논리보다 설득력이 강해진다.

국민들의 감정을 섬세하게 다루지 못한 국가는 분열되게 마련이다. 인간은 감정으로 결단하고, 논리로 정당화하는 경우가 많다. 정치는 인간을 다루는 일이다. 인간을 움직이지 못하는 정책은 실패한다.

넬슨 만델라는 분노를 화해로 전환한 통합의 언어를 구사했다. 오랜 기간 인종탄압을 당한 남아공의 흑인들은 복수를 할만한 충분한 이유가 있었다. 만델라는 그 감정을 억압하지 않았다. 대신 이렇게 말했다. "우리가 자유로워지지 못하면, 그들도 자유롭지 못하다." 그의 언어는 분노를 인정하면서도, 그 방향을 바꾸는 파토스였다. 감정은 제거 대상이 아니라, 새롭게 설계하고 구축하는 대상임을 보여준 사례다.

마틴 루터 킹 목사는 정의를 노래한 연설로 세상을 움직였다. 그가 워싱턴집회에서 한 '나에게는 꿈이 있습니다'I have a dream는 정책 연설이 아니다. 그러나 그 연설은 정책보다 강했다. 그 속에는 반복, 리듬, 은유가 살아있었고, 그는 정의를 설명하지 않고, 느끼게 했다. 국가는 감정을 통해 변화했다.

스피치 리더십은 어떻게 민주화되었는가

국가는 결국 말의 품격으로 기억된다. 역사는 정책의 세부 사항보다, 그 정책을 설명한 말을 더 오래 기억한다. 국가는 말로 방향을 틀고, 국민은 말로 지도자를 판단한다.

에토스 없는 말은 선동이 되고, 로고스 없는 말은 혼란을 낳고, 파토스 없는 말은 사람을 움직이지 못한다. 그래서 스피치 리더십은 단순한 커뮤니케이션 기술이 아니라, 국가를 맡을 자격의 총합이다. 정치 지도자의 말이 무너질 때, 국가의 중심도 함께 흔들린다.

현대사회에서 웅변과 스피치의 길을 연 데일 카네기는 수많은 교육을 통해 말하는 문화를 개척했다. 그는 "말하기는 타고나는 재능이 아니다"라며, 스피치와 인간관계 등에 대한 다양한 교육과정을 만드는 등 말하기 문화의 활성화에 공헌했다.

그는 스피치와 설득을 정치 엘리트의 전유물에서 훈련 가능한 공적 역량으로 끌어내렸다. 이는 오늘날 정치 지도자에게 중요한 교훈을 준다. 말은 준비해야 한다. 말은 훈련해야 한다. 말은 책임져야 한다.

김대중은 어떻게 희망을 말했는가

김대중은 총과 권력을 가진 정치인이 아니었다. 그가 가진 무기는 오직 말이었다. 군사독재의 감옥에서, 사형선고 앞에서, 망명지의 강단에서, 그리고 대통령 집무실에서까지 김대중의 정치는 언제나 언어로 시작해 언어로 완성되었다.

그의 말은 단순한 연설이 아니었다. 억압에 맞서는 저항의 언어였고, 절망 속에서 방향을 제시하는 희망의 언어였으며, 분단을 넘는 평화의 언어였다. 그는 말로 싸운 정치인, 말로 국가를 바꾼 지도자였으며, 용기 있는 도전과 실천으로 대한민국을 민주주의의 대표국가로 끌어올렸다. 김대중의 스피치 리더십을 이해하지 않고서는 대한민국 민주주의의 성숙 과정도, 남북관계의 전환도 온전히 설명할 수 없다.

김대중은 어떻게 '말할 자격'을 증명했는가

신뢰는 연설에서 만들어지지 않는다. 아리스토텔레스가 말한 에토스는 연설 중에 꾸며낼 수 있는 장식이 아니다. 그것은 그 사람이 살아온 궤적이다. 김대중의 말이 힘을 가졌던 이유는 그가 말한 대로 살아왔기 때문이다. 유신체제에 맞서다 납치당하고, 군사재판에서 사형선고를 받고, 망명과 투옥을 반복하면서도 민주주의와 인권을 포기하지 않았다

그의 연설은 "믿어달라"는 호소가 아니라, "나는 이미 그 대가를 치렀다. 지금도 도전하고 있다"라는 그의 정치철학과 사상의 증명이었다.

그는 일관성의 에토스를 가진 지도자다. 김대중은 상황에 따라 말을 바꾸지 않았다. 야당 시절에도, 망명 시절에도, 대통령이 된 이후에도 그의 핵심 언어는 변하지 않았다. 김영삼을 비롯한 수많은 동지들이 변절하고 권력과 타협할 때, 그는 끝까지 민주진영을 지켰다.

민주주의는 보편적 가치다. 인권은 타협의 대상이 아니다. 평화는 이상이 아니라 현실 전략이다. 이 일관성은 그의 말에 도덕적 중량을 부여했고, 국내뿐 아니라 국제사회에서도 신뢰를 만들었다. 노벨평화상은 정책의 성과 이전에 언어와 신념의 신뢰성에 대한 평가였다.

김대중은 민주주의를 어떻게 설명했는가

김대중의 연설은 언제나 논증이었다. 김대중의 말은 감정적 선동과 거리가 멀었다. 그는 민주주의를 설명했다. 왜 민주주의가 경제 발전에 필요한가? 왜 인권이 국가 경쟁력과 연결되는가? 왜 분단 상태에서 전쟁이 아닌 대화가 합리적인가? 그는 끊임없이 묻고 답변하며, 세상이 나아갈 길을 반걸음 먼저 나아갔다.

그의 연설에는 언제나 구조가 있었다. 현실 진단, 역사적 · 국제적 비교, 정책적 결론이 늘 함께 따랐다. 이는 군중을 흥분시키는 연설이 아니라, 국민을 이해의 주체로 만드는 말하기였다. 그의 지식과 경험에 근거한 설득에 클린턴도, 부시도, 장쩌민도, 세계의 모든 지도자들이 그의 제안과 조언을 수용했다.

IMF 위기 극복 연설을 보자. 이는 논리로 고통을 설득한 이례적인 장면이었다. 1997년 IMF 외환위기 당시, 김대중은 국민에게 불편한 진실을 숨기지 않았다. 경제 위기의 원인, 구조조정의 불가피성, 고통 분담의 이유를 설명했다. 그는 위기를 미화하지 않았고, 책임을 남에게 떠넘기지도 않았다.

대신 이렇게 말했다. "이 고통은 피할 수 없지만, 이 고통을 어떻게 나눌지는 선택할 수 있습니다." 연설은 분노를 자극하지 않았고, 도리어 국민의 이해와 협조를 이끌어냈다. 국정운영에서 로고스가 왜 중요한지를 보여준 대표적인 사례다.

분노를 증오로 만들지 않은 김대중의 언어는 무엇이었는가

오랜 인고와 탄압을 세월을 견딘 김대중의 감정 사용법은 매우 강했다. 김대중의 말에는 감정이 있었다. 그러나 그 감정은 증오로 흐르지 않았다. 그는 독재를 고발했지만, 독재자를 악마화하지 않았다. 분노를 복수로 전환하지도 않았다

이는 의도적인 선택이었다. 그는 알고 있었다. 분노를 증폭시키는 언어는 민주주의를 살리는 것이 아니라, 또 다른 폭력을 낳는다는 것을 충분히 인지하고 있었다. 그는 평화 담론의 파토스로 한반도의 전쟁 위기를 치유했다. 남북관계에서 김대중의 언어는 특히 감정 관리에 탁월했다. "적"이라는 표현 대신 "상대"를 사용했고, "굴복"이 아닌 "공존"을 말했으며, "통일의 당위"보다 "전쟁 회피의 절박성"을 강조했다.

그의 말은 감상적 민족주의가 아니라, 전쟁의 공포를 줄이는 현실적 파토스였다. 이 언어가 있었기에 햇볕정책은 국내외에서 일정한 설득력을 가질 수 있었다. 김대중 시대에 열린 최초의 남북정상회담을 비롯한 남북관계의 전환은 말이 먼저 길을 열었던 대표적인 역사적 사례다. 남북정상회담은 어느 날 갑자기 열린 사건이 아니었다. 그 이전에 수십 년간 김대중의 말이 길을 닦았다. 공산주의와 북한 체제를 구분한 언어, 체제 붕괴론을 거부한 논리, 대화를 '굴욕'이 아닌 '전략'으로 재정의한 설명으로 북한뿐 아니라 우리 국민들과 세계의 신뢰를 얻

었다. 이 언어의 축적이 없었다면 2000년 남북정상회담은 불가능했다. 노벨평화상은 '말의 정치'에 대한 평가였다. 노벨위원회는 김대중의 특정 정책만을 평가한 것이 아니다. 폭력 대신 화해의 언어를 택한 선택, 증오 대신 설득을 택한 정치, 전쟁 담론 대신 평화 담론을 구축한 리더십, 즉 스피치 리더십의 승리였던 것이다.

김대중의 말에서 우리는 무엇을 배울 수 있는가

김대중의 유산은 민주주의 정착과 제도화만이 아니다. 그는 정치가 어떻게 말해야 하는가를 남겼다. 지도자의 말은 삶으로 뒷받침되어야 한다. 민주주의는 외쳐야 할 구호가 아니라 설명해야 할 가치다. 감정은 동원하되, 증오로 방치해서는 안 된다. 평화는 이상이 아니라 언어로 설계되는 전략이다. 국정운영의 성패는 정책보다 설득에서 먼저 갈린다. 오늘날 정치의 위기는 정책의 부재보다 말의 타락에서 시작된다.

김대중의 말은 아직 끝나지 않았다. 김대중의 연설은 과거의 기록이 아니다. 그것은 지금도 유효한 정치적 교본이다. 그는 증명했다. 말은 폭력보다 강할 수 있고, 설득은 강압보다 오래 가며, 언어는 국가의 방향을 바꿀 수 있다는 신념을 심어줬다.

그래서 김대중은 단지 한 명의 대통령이 아니라, 대한민국

민주주의의 언어를 만든 지도자로 기억되어야 한다. 정치 지도자의 말이 가벼워질수록 김대중의 언어는 더 무겁게 다가온다. 그의 유산은 여전히 우리에게 묻고 있다. "당신은 어떤 말로 권력을 사용할 것인가?"

노무현의 말은 왜 시민을 깨웠는가

정치 지도자의 말은 단순한 전달 수단이 아니다. 그것은 권력을 행사하는 방식이며, 공동체가 스스로를 이해하는 틀이고, 국가의 방향을 결정하는 집단적 사고의 지도다. 노무현 대통령은 이 사실을 누구보다 본능적으로 이해하고 실천한 지도자였다. 그의 말하기는 화려하지 않았고, 때로는 투박했으며, 정치적 손익 계산에 서툴러 보이기도 했다. 그러나 그의 언어는 한국 민주주의의 질을 바꾸었고, 시민과 권력의 관계를 재정의했으며, '대통령의 말'이 무엇을 위해 존재해야 하는지를 근본적으로 질문하게 만들었다. 그는 시민과 함께, 깨어있는 시민의 언어, 진정성의 힘을 통해, 말로 권력을 낮추고, 언어로 민주주의를 확장한 대통령으로 기억된다.

깨어있는 시민, 사람 사는 세상을 추구했던 노무현의 스피치 리더십은 다음 문장으로 요약된다. "대통령의 말은 국민 위에 군림하는 언어가 아니라, 시민과 함께 생각하는 언어여야 한다." 노무현의 스피치 리더십과 수사학이 왜 대한민국 민주주의의 진화, 남북관계와 평화 담론, 지방분권과 국정운영의 성패에 결정적이었는지를 살펴보자.

대통령이 된 후, 노무현의 말은 왜 사람들을 놀라게 했나

노무현 이전 한국 정치에서 대통령의 언어는 대체로 세 가지 특징을 가졌다. 첫째, 권위적 선언의 언어였다. 대통령의 말은 '설명'이 아니라 '결정 통보'에 가까웠다. 둘째, 정제된 관료적 문장이었다. 국민이 듣는 말이라기보다 보고서와 담화를 낭독하는 형식이었다. 셋째, 국민을 객체로 두는 언어였다. '국민을 위해' 말했지만, '국민과 함께' 말하지는 않았다.

노무현은 이 구조를 근본적으로 뒤집었다. 그는 대통령이 된 이후에도 독재정권에 저항하며 노동과 인권의 가치를 지키던 변호사 시절의 말하기 습관을 유지했다. 질문을 던지고, 망설이고, 설명하고, 반론을 예상하며 말하는 방식은 사람들을 깜짝 놀라게 했다. 이는 전통적 리더십 언어에서는 결함처럼 보였지만, 민주주의의 관점에서는 혁명이었다. 노무현 이후 대통령의 말은 더 이상 "완성된 정답"이 아니라, 국민과 함께 만들어가는 사고의 과정이 되기 시작했다.

‘시민과 함께 말하기’란 무엇인가

노무현의 말하기는 고전 수사학으로 보면 매우 이례적이다. 키케로나 퀸틸리아누스가 말한 웅변의 이상형과도 거리가 멀었고, 현대 정치 컨설팅이 권하는 메시지 관리형 스피치와도 다르다. 그러나 그의 언어에는 분명한 원리와 변화를 향한 열망이 가득했다.

첫째, 청중을 ‘설득 대상’이 아니라 ‘동등한 시민’으로 보았다. 노무현은 국민을 설득해야 할 대상이 아니라, 함께 고민해야 할 주체로 대했다. 그래서 그의 연설에는 종종 이런 표현이 등장한다. “여러분과 함께 고민해보겠습니다.” “이 문제는 간단하지 않습니다.” “제 생각이 틀릴 수도 있습니다.” 정치 지도자가 자신의 불완전성을 공개적으로 인정하는 것은 위험한 선택처럼 보인다. 그러나 노무현은 바로 그 지점에서 신뢰를 얻었다. 이는 고대 아테네 민주정에서 시민 연설가들이 사용하던 방식, 즉 시민적 동료성civic equality에 가까웠다.

둘째, 그가 보인 즉흥성과 진정성은 준비된 원고보다 살아 있는 말로 다가갔다. 노무현의 말은 자주 즉흥적이었다. 원고를 벗어나 생각을 말했고, 때로는 말하면서 스스로 논리를 다듬었다. 갑작스럽게 찾은 현장방문에서 1~2시간 동안 즉석 연설로 열변을 토하기도 했다. 이로 인해 비판도 받았고 언론의 지적을 받았지만, 동시에 강력한 설득력을 낳았다.

데일 카네기는 "사람을 움직이는 말은 완벽한 문장이 아니라, 진심이 느껴지는 언어"라고 말했다. 노무현의 스피치는 바로 이 지점에서 힘을 발휘했다. 그는 말을 '관리'하지 않았고, 자신의 사고와 감정을 그대로 노출하는 방식을 택했다.

셋째, 그가 추구한 '깨어있는 시민의 언어'는 그를 민주주의의 교육자로서의 대통령으로 자리매김했다. 노무현의 스피치 리더십이 특별한 이유는 그가 대통령을 민주주의의 교사로 인식했다는 점에 있다. 그는 자주 "민주주의는 제도가 아니라 시민의 의식"이라고 말했다. 그의 연설은 단순한 정책 홍보가 아니라, 시민의 사고 수준을 끌어올리려는 시도였다. 왜 권력 분산이 필요한지, 왜 지방분권이 민주주의의 핵심인지, 왜 남북관계에서 감정이 아닌 구조적 접근이 필요한지 등을 지적했다. 이 모든 것을 그는 쉽게 말하지 않았다. 대신 생각하게 만드는 말을 했다. 이는 단기적 지지율에는 불리했지만, 장기적으로는 한국 민주주의의 토양을 바꾸었다. 노무현이 말한 "깨어있는 시민의 조직된 힘"은 구호가 아니라, 그의 말하기 전략 그 자체였다.

적대를 넘어서는 공존의 담론은 어떻게 만들어졌는가

노무현의 스피치 리더십은 남북관계에서도 뚜렷하게 드

러난다. 그는 안보를 말하면서도 공포를 자극하지 않았고, 평화를 말하면서도 환상을 팔지 않았다.

2007년 10 · 4 남북정상선언 과정에서 그의 언어는 다음과 같은 특징을 보였다. 상대를 악마화하지 않는다, 과거보다 미래를 강조한다, 군사보다 경제·사람·교류를 중심에 둔다는 것이었다. 이는 넬슨 만델라가 남아공에서 사용했던 화해의 수사학과도 닮아 있다. 적을 굴복시키는 언어가 아니라, 공존의 언어였다.

노무현은 또 지방분권을 단순한 행정개편이 아니라, 권력의 언어 구조를 바꾸는 문제로 인식했다. 중앙이 말하고 지방이 따르는 구조에서, 지방이 말하고 중앙이 조정하는 구조로의 전환이었다. 그의 연설과 토론에는 항상 "왜 수도권 중심 사고가 문제인가", "왜 지역이 주체가 되어야 하는가"라는 질문이 포함됐다. 이는 정책 이전에 인식의 전환을 요구하는 언어 전략이었다.

왜 우리는 다시 노무현의 말을 떠올리는가

노무현의 말하기는 완벽하지 않았다. 때로는 솔직함이 오해를 낳았고, 직설이 정치적 부담이 되기도 했다. 그러나 그의 언어는 분명히 한 시대를 앞서갔다.

오늘날 정치가 다시 혐오와 선동, 단순 구호의 언어로 퇴행하는 순간, 노무현의 스피치 리더십은 중요한 질문을 던진다. 정치 지도자의 말은 지지자를 결집시키는 도구인가, 아니면 시민을 성장시키는 공적 자산인가? 노무현은 후자를 선택한 드문 대통령이었다.

노무현은 말로 권력을 내려놓은 지도자가 되고자 했다. 노무현의 스피치 리더십은 권력을 강화하는 언어가 아니라, 권력을 낮추는 언어였다. 그는 대통령의 말을 통해 국민을 통제하지 않았고, 대신 국민이 스스로 판단하도록 도왔다. 그의 말은 국가를 단번에 바꾸지 못했을지 모른다. 그러나 민주주의의 깊이를 바꾸었고, 이후 한국 정치가 되돌아갈 수 없는 기준선을 만들어 놓았다.

그래서 노무현은 지금도 '말하는 대통령'으로 남아 있다. 그리고 그의 언어는 여전히 우리에게 묻고 있다. "당신은 깨어 있는 시민인가."

위기의 순간, 대통령은 왜 국민 곁으로 갔는가

국가가 위기에 빠질 때 민주주의를 구하는 것은 제도만이 아니다. 제도가 작동하도록 사람들의 마음을 붙잡는 언어, 공포를 설명하고 희망을 조직하는 말이 필요하다. 프랭클린 D.

루스벨트FDR는 이 사실을 누구보다 정확히 이해한 지도자였다.

1933년, 미국은 붕괴 직전이었다. 대공황은 경제를 무너뜨렸고, 은행은 닫혔으며, 실업자는 거리로 쏟아져 나왔다. 민주주의는 무능해 보였고, 유럽에서는 파시즘과 전체주의가 히틀러와 무솔리니와 같은 '강력한 지도자'를 앞세워 질주하고 있었다. 바로 이때 루스벨트는 전혀 새로운 방식으로 대통령의 말을 재정의했다. 그가 선택한 무대는 의회도, 대규모 집회도 아닌 라디오 앞 '거실'이었다. 그리고 이 언어 실험은 미국 민주주의의 생존을 결정지었다.

언어가 무너지면 민주주의도 무너지는가

대공황 초기 미국의 가장 큰 문제는 경제 지표 이전에 신뢰의 붕괴였다. 은행을 믿지 못해 예금을 인출하는 시민들, 정부의 말을 의심하는 대중, "민주주의는 위기 대응에 느리다"는 냉소가 사회 전반에 넘쳐났다.

이 상황에서 대통령의 말이 관료적 보고서나 추상적 선언에 머문다면, 민주주의는 패배한다. 루스벨트는 이를 정확히 꿰뚫었다. 그는 경제 정책 이전에 공포 자체를 다뤄야 한다고 보았다. 취임 연설에서 그가 남긴 문장은 단순하지만 결정적이다.

"우리가 두려워해야 할 유일한 것은 두려움 그 자체입니다."

이 문장은 단순한 수사가 아니다. 공포를 '외부의 적'이 아니라 '극복 가능한 심리 상태'로 재정의한 언어 전략이었다.

라디오 연설은 어떻게 정치의 지형을 바꿨는가

루스벨트 스피치 리더십의 핵심은 미디어 이해력에 있다. 그는 라디오를 단순한 전달 수단이 아니라, 관계의 공간으로 인식했다. 당시 라디오는 산업혁명의 총아였고, 시민들과 가장 친밀한 매체였다. 가족이 거실에 모여 앉아 듣는 소리, 얼굴은 보이지 않지만 목소리는 바로 곁에 있는 듯했다. 루스벨트는 이 특성을 정치에 완벽히 활용했다.

그는 연설을 "국민에게 말한다"가 아니라 "국민과 이야기한다"는 방식으로 설계했다. 이것이 바로 '벽난로 담화Fireside Chats'다.

루스벨트의 벽난로 담화는 고전 수사학적으로 매우 정교하다. 키케로와 퀸틸리아누스가 말한 설득의 3요소, 에토스 · 로고스 · 파토스가 완벽히 결합되어 있다. 에토스는 신뢰받는 화자를 구축시켰다. 루스벨트는 대통령의 권위를 앞세우지 않았다. 그는 자신을 "설명해주는 사람", "함께 이해하려는 사람"으로 위치시켰다.

어려운 경제 용어를 쓰지 않았다. "제가 여러분께 말씀드리고 싶은 것은…" 같은 대화체를 사용했다. 자신감은 있지만 오만하지 않은 진심을 담은 어조였다. 이는 대통령의 권위를 약화시키는 것이 아니라, 신뢰의 형태를 바꾸는 전략이었다.

로고스적 요소는 정책을 '이해 가능한 이야기'로 바꿔냈다. 루스벨트는 은행 시스템, 금융 개혁, 전시 경제 같은 복잡한 주제를 놀라울 정도로 쉽게 설명했다. 은행이 왜 닫혔는지, 정부가 무엇을 점검했는지, 왜 지금은 다시 예금을 맡겨도 되는지 설명했다. 그는 정책을 "결정 사항"이 아니라 논리적 이야기로 풀어냈다. 이로써 시민은 정책의 객체가 아니라 이해하는 주체가 되었다.

파토스적 요소를 통해, 공포를 희망으로 전환하는 감정 관리에 성공했다. 루스벨트의 언어는 감정을 자극하지만 선동하지 않는다. 그는 분노를 키우지 않았고, 적을 만들어내지 않았다. 대신 공동의 인내와 연대를 호소했다. 이 점에서 그의 수사학은 훗날 만델라, 김대중의 언어와도 깊이 닮아 있다.

말은 어떻게 정책을 움직였는가

뉴딜 정책은 종종 경제학적으로 평가되지만, 실제 성공의 절반은 언어에 있었다. 정부가 시장에 개입해야 하는 이유를 설명했고, 고통이 왜 불가피한지를 솔직하게 말했으며, 단기적 불편과 장기적 회복을 연결했다. 김대중이 취임식에서 IMF 외환위기로 인한 국민의 고통을 언급하며 눈물을 머금던 순간을 연상케하는 장면이다.

루스벨트의 말은 정책에 정당성과 인내의 시간을 부여했다. 이는 민주주의 체제에서 결정적인 요소다. 독재는 명령으로 시간을 벌지만, 민주주의는 설득으로 시간을 산다.

그는 제2차 세계대전의 와중에 민주주의의 언어로 전쟁을 설명하며, 연합국의 승리를 견인했다. 전쟁 시기에도 루스벨트의 스피치 리더십은 빛을 발했다. 그는 전쟁을 선동적으로 포장하지 않았다. 진주만 공격 이후 연설에서도 그는 분노를 통제하며 도덕적 프레임을 분명히 했다. 전쟁의 불가피성, 민주주의 가치의 위협, 시민 각자의 역할을 강조했다.

루스벨트는 전쟁을 "지도자가 대신 치르는 일"이 아니라, 민주 시민이 감당해야 할 공동의 책임으로 설명했다. 이 언어는 미국이 전시 체제 속에서도 민주주의를 유지할 수 있었던 결정적 배경이었다.

민주주의는 왜 '말'로 유지되는가

루스벨트 이후 미국 대통령의 말은 달라졌다. 대통령은 군림하지 않고, 국민들에게 설명해야 했다. 대통령은 국민의 질문을 대신 던져야 했다. 대통령의 언어는 공포를 증폭시키지 말아야 한다는 원칙도 설정됐다.

오늘날 영상 정치, SNS 정치의 시대에도 루스벨트의 교훈은 여전히 유효하다. 기술은 바뀌었지만, 신뢰를 만드는 언어의 구조는 변하지 않았다.

대통령의 목소리가 민주주의의 방파제가 되는 순간, 국민은 지도자를 믿게 된다. 프랭클린 루스벨트는 군사적 영웅이기 전에 언어의 지도자였다. 그의 라디오 연설은 미국의 거실을 민주주의의 토론장으로 바꾸었고, 대통령의 목소리를 공포의 확성기가 아니라 안정의 기준점으로 만들었다.

그는 증명했다. 민주주의는 위기에서 침묵하거나 고함치지 않는다. 민주주의는 설명하고, 설득하고, 함께 견딘다. 벽난로 앞에서 들려오던 그 차분한 목소리는 대공황과 세계대전을 건너온 미국 민주주의의 숨결이었다.

증오를 멈추게 하는 말은 무엇인가

국가가 무너지는 방식은 여러 가지다. 경제 위기로, 전쟁으로, 혹은 증오가 일상이 될 때 서서히 붕괴한다. 남아공은 이 모든 위험을 안고 있었다. 3백여 년간 제도화된 인종차별, 아파르트헤이트Apartheid는 단순한 불평등이 아니라 증오를 제도화한 정치였다.

이 체제를 끝낸 지도자 넬슨 만델라는 단순한 혁명가도, 복수의 상징도 아니었다. 그는 27년간의 투옥생활로 고통받았으면서도, 복수가 아닌 증오를 멈추게 한 언어의 지도자였다. 그의 가장 위대한 업적은 권력을 쥔 것이 아니라, 권력을 쥔 순간에도 분노를 언어로 통제한 것이다. "자유는 적을 미워하지 않을 권리까지 포함한다"는 그의 모습에 세계는 감동했다.

정의와 평화 사이, 만델라는 무엇을 선택했는가

1994년, 남아공은 선택의 기로에 섰다. 수백 년의 억압에 대한 분노, 백인 소수 정권의 폭력과 차별, 보복을 요구하는 흑인 다수의 정당한 분노가 뒤엉켜 아수라장이 됐다. 곳곳에 전투와 시위, 집회가 이어졌고, 미움과 원한은 끓어올랐다.

역사적으로 이런 상황은 거의 예외 없이 내전으로 이어졌다. 정의를 앞세운 복수는 또 다른 폭력을 낳고, 평화를 앞세운 망각은 또 다른 억압을 잉태한다. 만델라는 이 이분법 자체를 거부했다. 그는 '정의냐 평화냐'가 아니라, 정의로 가는 길로서의 평화를 선택했다. 이 선택은 정책 이전에 언어의 선택이었다.

이 같은 혼란은 백인정권에 의해 27년의 수감생활과 침묵의 시간이 만든 만델라의 에토스가 작동하면서 멈췄다. 만델라의 수사학은 그의 에토스, 즉 화자의 신뢰를 봐야 한다. 그는 27년간 감옥에 갇혀 있었다. 그러나 그는 피해자의 언어를 증오로 채우지 않았다. 그의 말은 항상 이렇게 시작할 수 있는 조건을 갖고 있었다.

"나는 분노할 자격이 있는 사람이다."

이 전제는 그의 모든 연설에 도덕적 무게를 부여했다. 키케로가 말한 이상적 연설가, "선한 사람으로서 말하는 사람"의 전형이었다. 만델라는 자신을 성인처럼 포장하지 않았다. 오히려 이렇게 말했다. "나 역시 분노했고, 증오를 배워야 했다. 그러나 자유는 그것을 내려놓는 데서 시작된다는 것을 배웠다." 취약성을 드러내는 이 언어는 완벽함보다 훨씬 강력한 신뢰를 낳았다.

통합은 어떻게 만들어지는가

만델라는 단 한 번도 백인 전체를 적으로 규정하지 않았다. 그는 제도를 비판했지, 집단을 저주하지 않았다. 적을 악마화하지 않는 그의 언어는 사실상 쉽지 않은 선택이었다. 그는 "백인은 악하다"가 아니라, "아파르트헤이트는 인간성을 파괴한다"라고 설명하며 복수혈전을 제지했다. 전국에 생중계된

TV방송에 출연해 화해와 통합을 역설했다. 이는 분노의 방향을 사람에서 구조로 이동시키는 결정적 전략이었다. 이 한 문장 차이가 내전을 막았다.

여기에는 '우리'라는 주어의 재구성에 나선 만델라의 심모원려가 작용했다. 만델라는 연설에서 끊임없이 포괄적인 의미를 가진 단어인 '우리'를 사용했다. "이 나라는 흑인의 것도, 백인의 것도 아닌, 우리 모두의 것이다."

그는 '다수의 승리'를 말하지 않았다. 대신 '공동체의 재탄생'을 말했다. 이는 승자와 패자를 만드는 언어가 아니라, 공존을 전제하는 언어였다.

여기에는 복수의 유혹을 거부하는 그의 파토스적 수사학이 작동했다. 만델라는 감정을 억압하지 않았다. 그는 분노를 인정했다. 그러나 그 분노가 폭력으로 흐르지 않도록 다른 감정으로 전환했다. 분노는 존엄으로, 증오는 책임으로, 피해는 미래 세대에 대한 의무로 치환됐다. 이는 감정을 제거한 정치가 아니라, 감정을 재배치한 정치였다.

세계가 주목한 취임 연설, 무엇이 달랐는가

1994년 취임 연설에서 만델라는 이렇게 말했다. "우리는 두려움에서 해방되었을 뿐 아니라, 서로를 두려워하지 않을 자유를 얻었다." 이 취임식은 쿠바의 피델 카스트로, 차임 헤르조그 이탈리아 대통령 등 세계 각국의 정상을 포함한 4천여 명의 내빈이 참석했고, 전 세계에서 십억 명가량이 시청해 주목받은 행사였다. 이 자리에서 만델라가 밝힌 취임사는 남아공 정치사에서 결정적인 전환점이 된 사건이었다. 그는 자유를 권리 목록이 아니라, 관계의 변화로 정의했다. 민주주의를 제도가 아니라 서로를 대하는 방식으로 설명한 그의 시각은 세계의 찬사를 받았다. 만델라의 언어는 헌법보다 먼저 사람들의 마음에 작동했다.

이는 그가 운영한 진실과 화해 위원회TRC에서도 잘 드러났다. 과거 역사에서 무차별적인 보복과 복수가 행해진 것과 달리, 가해자는 처벌 대신 진실을 고백할 기회를 얻고, 피해자는 고통을 공식적으로 인정받는다는 원칙 아래 남아공의 과거청산이 이뤄졌다. 이는 말로 구조된 국정 운영으로, 만델라의 스피치 리더십은 남아공 번영을 이끈 제도 설계로 이어졌다는 평가를 받았다. 전 세계적으로도 유례없는 시도였다. 이 제도가 가능했던 이유는, 만델라가 이미 국가적 담론을 '복수'에서 '고백과 치유'로 바꿔놓았기 때문이다. 만델라의 말이 먼저 길을 닦았고, 제도가 그 길을 따라왔다.

만델라의 리더십 덕분에 남아공은 아프리카를 주도하는 민주주의 국가로 도약할 수 있었다. 통합의 언어가 국정을 지탱하며 새 길을 열었던 것이다. 만델라는 집권 이후에도 '승자의 언어'를 쓰지 않았다. 백인 관료를 대거 유지했고, 과거 정권 인사를 무조건 배제하지 않았으며, 럭비 월드컵을 통해 백인 상징을 국가 통합의 상징으로 전환했다. 실제 흑인을 탄압했던 마지막 백인 대통령인 데 클레르크는 부통령이 되어 만델라를 보좌했고, 만델라와 함께 공동으로 노벨평화상을 수상했다. 이 모든 행위는 말의 연장선에 놓여있었다. "당신도 이 나라의 일부"라는 메시지를 말뿐 아니라 행동으로 반복했다.

만델라의 언어는 왜 역사에 남았는가

만델라는 국민통합과 화해의 힘을 증명했다. 아시아의 김대중이 사면과 화해의 길을 가는 동안 아프리카에서 그가 보인 화해와 용서는 세계인들의 주목을 받았다. 정의는 반드시 분노의 언어를 쓸 필요가 없으며, 평화는 망각이 아니라 기억의 관리에서 시작되고, 민주주의는 승리의 선언이 아니라 공존의 설득이라는 것을 그는 입증했다. 그의 언어는 김대중의 화해 담론, 북아일랜드 평화 프로세스, 전환기 정의 논의 등 세계 곳곳의 민주주의 정착에 깊은 영향을 미쳤다.

가장 강한 지도자는 증오를 멈추게 하는 인물이다. 넬슨 만델라는 연설로 군중을 흥분시키지 않았다. 그는 오히려 때로는 강력하게, 때로는 차분하게 톤을 교차하며, 군중의 분노를 낮췄다. 정치사에서 이것은 거의 기적에 가까운 일이었다. 그는 말했다. "분노는 나를 감옥에 가두었지만, 용서는 나를 자유롭게 했다."

만델라의 스피치 리더십은 웅변의 기술이 아니라 인간 존엄의 언어화였다. 그가 보여준 것은 민주주의와 자유를 향해 떠난 인류 공동의 대장정이었다. "민주주의의 가장 어려운 순간은 적을 이겼을 때가 아니라, 적을 이기고도 증오하지 않을 수 있을 때다. 그리고 그 순간, 국가의 운명은 말하는 방식에 의해 결정된다." 루스벨트가 공포를 설명해 민주주의를 지켰다면, 만델라는 증오를 멈추게 해 민주주의를 탄생시킨 지도자였다

오바마는 분열을 어떻게 봉합했는가

오바마가 외친 "우리는 할 수 있다"Yes We Can는 구호가 아니라 설계도였고, 모두가 함께 사는 건축물이 됐다. 역사상 수많은 정치인이 희망을 말했지만, 희망을 작동하는 정치 언어로 구조화한 지도자는 많지 않다. 버락 오바마는 드문 사례다. 그의 연설은 감동적이었지만 감상적이지 않았고, 이상적이었지만 추상적이지 않았다. 무엇보다 그는 분열된 사회에서 희망을 말하는 방법을 알고 있었다. 미국뿐 아니라 세계는 열광했다. 당시

미국 뉴욕의 대학에서 연구했던 필자도 그 뜨거운 오바마 열기에 감동받았고, '오바마 2.0'이라는 책을 쓰기도 했다.

오바마가 대통령에 당선된 2008년, 미국은 두 개의 위기를 동시에 겪고 있었다. 하나는 금융위기였고, 다른 하나는 정체성의 위기였다. 인종, 계층, 이념, 세대 간 균열은 깊어졌고, 정치 언어는 갈등을 증폭시키는 방향으로 흘러가고 있었다. 오바마의 등장은 단순한 정권 교체가 아니라, 미국 정치 언어의 전환이었다.

이 때 오바마가 등장했다. 당당하게 소리치는 오바마의 모습에 '누가 말하는가' 자체가 메시지였던 순간이 됐다. 오바마 스피치 리더십의 출발점은 그의 존재 자체가 가진 상징성이었다. 흑인 아버지와 백인 어머니, 하와이와 인도네시아, 엘리트 교육과 지역사회 조직가라는 이질적 경험의 결합은 그의 말에 자연스러운 다중 정체성의 에토스를 부여했다.

그는 단일 집단의 대표가 아니었다. 그래서 이렇게 말했다. "나는 빨간 주의 대통령도, 파란 주의 대통령도 아니다. 나는 미합중국의 대통령이다." 이 문장은 수사학적으로 매우 정교하다. '통합'을 외치지 않고, 분열 구도를 언어에서 제거해버린다. 오바마는 갈등을 중재하는 사람이 아니라, 갈등의 문법 자체를 바꾸는 화자였다.

희망은 어떻게 구조화되는가

오바마의 연설은 감정에만 기대지 않는다. 그의 스피치는 거의 항상 일정한 구조를 따른다. 그는 자신의 연설을 공감의 파토스로 시작한다. 그는 문제를 먼저 말하지 않는다. 먼저 사람의 삶을 이야기한다. 실직한 노동자, 의료비에 허덕이는 가족, 차별을 경험한 개인의 서사를 제시한다. 이는 청중에게 "이 문제는 당신의 이야기"라는 신호를 보낸다.

이어 역사와 가치로 연결하며 에토스를 강조한다. 그는 미국의 역사, 헌법, 시민권 운동을 소환한다. 개인의 고통을 국가의 서사로 끌어올리는 단계다. 이때 그는 자신을 주인공으로 내세우지 않고, 역사적 계보의 계승자로 위치시킨다.

그리고 정책과 행동으로 귀결시키며, 로고스를 활용한다. 그는 희망을 정책과 선택의 문제로 환원한다. 의료개혁, 금융 규제, 교육 투자 등 구체적 방향을 제시하며 "희망은 행동 없이는 공허하다"고 말한다. 이 구조 덕분에 그의 연설은 감동으로 끝나지 않고, 행동을 요청하는 정치 언어로 완성된다.

인종 문제를 다루는 오바마의 언어 역시 분노를 조직하지 않는 김대중과 만델라 방식을 따른다. 오바마 스피치 리더십의 가장 어려운 시험은 인종 문제였다. 특히 2008년 선거 당시 '라이트 목사 논란' 이후 발표한 이른바 "더욱 완벽한 연방"A More Perfect Union 연설은 현대 정치 수사학의 교과서로 평가받는다.

그는 흑인의 분노를 부정하지 않았고, 백인의 불안을 무시하지도 않았다. 흑인 사회의 역사적 상처를 설명하고, 백인 노동계층의 경제적 불안을 인정하며, 두 감정이 어떻게 정치적으로 악용되어 왔는지를 분석했다. 이 연설의 핵심은 누구의 감정도 단죄하지 않되, 감정에 머물지 않게 만드는 것이었다. 오바마는 증오를 증폭시키지 않고, 이해의 대상으로 전환했다. 이는 만델라의 화해 수사학과 맞닿아 있으면서도, 미국적 맥락에 맞게 조정된 형태였다.

디지털 시대, 말은 어떻게 네트워크가 되는가

오바마는 연설을 '현장 이벤트'로 끝내지 않았다. 그의 스피치는 디지털 환경에서 확산과 재해석을 전제로 설계되었다. 짧고 기억 가능한 문장, 인용하기 쉬운 구문 구조, SNS에서 재가공 가능한 메시지 단위로 구축했다. "예스, 위 캔"Yes We Can, "체인지, 위 캔 빌리브 인"Change We Can Believe In 같은 문구는 단순한 구호가 아니라, 참여를 유도하는 언어 인터페이스였다. 시민은 청중이 아니라 공동 화자가 되었다.

이는 민주주의의 중요한 전환점이다. 말하는 지도자와 듣는 국민의 관계가, 말하는 지도자와 함께 말하는 시민의 관계로 바뀌었기 때문이다.

이 같은 오바마의 스피치 리더십은 국정 운영에서 강점으로 작동했다. 복잡한 정책을 정당화하고, 반대자와의 대화를 열어두는 언어여서, 오바마는 두 차례 재임 기간 미국 국민들 단합시키고 국정 성공을 이끄는 기제로 활용했다. 오바마의 언어는 갈등 상황이 도래했을 때는 미국 민주주의가 최소한 자기 파괴로 치닫지 않게 하는 완충 장치 역할을 했다. 그는 정치적 승리를 넘어서, 민주주의의 대화 가능성을 지켜냈다.

오바마의 언어는 왜 세계적 모델이 되었는가

오바마는 증명했다. 희망은 감정이 아니라 설계될 수 있는 정치 언어이며, 통합은 구호가 아니라 서사와 논리의 결합이라는 것을 보여줬다. 또 디지털 시대에도 민주주의는 말로 유지된다는 것을 확신시켰다. 그의 유창하고 명쾌하며 시의 적절한 표현으로 가득한 연설은 정치 지도자 스피치의 교본이 됐다. 그의 연설은 전 세계 정치인들에게 영향을 미쳤다. 단순한 카리스마가 아니라, 공감 · 이성 · 가치의 균형이 지도자의 언어가 되어야 한다는 기준을 세웠다.

세상은 정치가 희망과 행복의 사회를 만들어주길 바란다. 희망을 말하는 방법이 민주주의의 수준을 결정하기 때문이다. 오바마는 세계사를 통틀어 가장 웅변적인 대통령 중 한 사람으로 자리잡았다. 더불어 그는 가장 현대적인 민주주의 언어를 설계한 대통령으로 평가받고 있다.

그의 말은 군중을 흥분시키기보다 생각하게 했고, 적을 만들기보다 대화를 남겼다. 이 점에서 그의 스피치 리더십은 오늘날 더욱 소중하다.

분열의 시대일수록, 민주주의는 유능하게 말하고 실천해야 한다. 희망을 단지 외치지만 말고, 희망이 어떻게 가능한지 설명해야 한다. 그리고 그 설명의 과정에 시민을 참여시켜야 한다. 오바마의 연설은 바로 그 설명의 정치고, 소통과 나눔의 정치였다. 바로 이것이 오바마가 큰 흠이나 중대한 과오 없이 연임하며 리더십을 발휘할 수 있었던 이유다.

따뜻함과 단호함은 어떻게 공존하는가

국가의 운명은 지도자가 어떻게 말하고 실천하느냐에 달려 있다. 국가는 무기나 제도만으로 유지되지 않는다. 특히 인종차별과 사회적 갈등이 누적된 사회에서 국가의 생존을 가르는 결정적 요소는 지도자의 언어다. 어떤 언어는 분노를 조직해 국가를 쪼개고, 어떤 언어는 갈등을 설명해 국가를 묶는다. 역사는 반복해서 증명해왔다. 민주주의와 평화는 '말의 방식'에서 무너지고, '말의 품격'에서 회복된다.

정치의 언어는 언제 실패하는가? 정치 지도자의 말이 실패하는 순간은 대체로 두 가지다. 첫째, 따뜻함만 있고 결단이 없을 때다. 공감은 넘치지만 방향이 없고, 연민은 있지만 선택을 미룬다. 이때 언어는 위로가 되지만 통치는 되지 않는다. 둘째, 결단만 있고 감정이 없을 때다. 명령과 속도는 있지만 설명과 존중이 사라진다. 이때 언어는 효율적일 수 있으나 민주주의를 갉아먹는다.

위대한 지도자들의 공통점은 이 둘 중 하나를 택하지 않았다는 데 있다. 그들은 따뜻한 감정선 위에 단호한 결단을 올려놓았다. 그런 측면에서 따뜻한 감정선은 민주주의의 최소 조건이기도 하다.

민주주의는 제도 이전에 관계의 정치다. 지도자가 국민의 감정을 이해하지 못할 때, 정책은 곧바로 저항으로 돌아온다. 루스벨트는 대공황의 공포를 숫자로 설명하지 않았다. 그는 이렇게 말했다. "여러분의 두려움은 이해할 수 있는 것입니다."

만델라는 300여 년간 인종분리 정책인 아파르트헤이트로 고통받아온 흑인 다수의 분노를 억압하지 않았다. "우리는 분노할 이유가 있다."

오바마는 인종 갈등 앞에서 양쪽 모두의 감정을 언어로 불러냈다. "이 분노는 역사에서 비롯되었고, 저 불안 역시 현실에서 비롯되었다."

이 감정의 승인은 정치적 동의의 출발점이다. 파토스는 선동이 아니라, 존엄의 인정일 때 민주주의를 살린다. 그러나 공감만으로 국가는 움직이지 않는다. 위대한 지도자들은 반드시 결단의 언어를 함께 사용했다. 루스벨트는 은행을 닫겠다고 말했다. 만델라는 복수가 아닌 화해를 택하겠다고 선언했다. 김대중은 햇볕정책을 통해 한반도와 동북아 평화의 길을 열었다. 단호한 결단이 민주주의의 지속 조건이 된 대표적 사례들이다.

이때 중요한 것은 결단의 내용이 아니라, 결단의 말하는 방식이다. 그들은 "내가 결정했다"고 말하지 않았다. 대신 "우리는 이 길을 가야 한다"고 말했다. 결단을 공동의 책임으로 번역할 때, 민주주의는 결단을 견딜 수 있다.

지식인의 언어와 대중의 입말은 선택인가, 조합인가

정치 언어의 또 다른 함정은 이분법이다. 지식인의 언어는 정확하지만 차갑고, 대중적 입말은 따뜻하지만 단순하다. 실패한 지도자는 둘 중 하나에 갇힌다.

성공한 지도자는 두 언어를 통역한다. 루스벨트는 경제학을 거실 언어로 바꿨고, 김대중은 어려운 정책과 미래비전을 성공적으로 조합했다. 노무현은 헌법을 생활 언어로 풀어냈으며, 오바마는 철학적 가치를 짧은 문장으로 구조화했다.

"예스, 위 캔"Yes We Can은 단순한 말이지만, 그 안에는 헌법·시민권·역사의 논리가 압축돼 있다. 지식인의 언어를 버리지 않고, 대중의 언어를 얕잡아보지 않아야 한다. 이 균형이 스피치 리더십의 핵심이다.

민주주의의 언어는 존중의 언어와 선동의 언어로 나뉜다. 민주주의를 살리는 언어와 파괴하는 언어의 차이는 분명하다. 민주주의의 언어는 존중을 담아 설명하고, 선동의 언어는 지목하고 공격한다. 민주주의의 언어는 문제를 구조로 말해 해결하고, 선동의 언어는 적을 이름으로 부르고 비난한다.

만델라는 백인을 적으로 부르지 않았고, 오바마는 분노를 특정 집단에 귀속시키지 않았다. 그들은 갈등을 이해의 대상으로 만들었고, 선택을 윤리의 문제로 격상시켰다. 이것이 수사학의 에토스다. 지도자의 말은 그 사람의 인격이자, 국가의 얼굴이다.

민주주의는 왜 훈련된 언어에서 나오는가

평화는 자연스럽게 오지 않는다. 평화는 훈련된 말하기의 결과다. 상대를 비난하지 않는 문장, 과거를 지우지 않되 미래에 묶는 서사, 승자를 만들지 않는 결론, 상대를 포용하고 소통하는 길이다. 만델라의 화해 연설, 김대중의 남북 화해 담론과 '행동하는 양심', 노무현의 '깨어있는 시민', 이재명의 '억강부약 대동세상' 발언은 모두 감정을 통제한 언어의 산물이었다. 이 언어는 박수를 덜 받을지 몰라도, 국가를 국민과 함께 역사를 만드는 대장정으로 이끈다.

국정운영의 성패는 정책보다 언어에서 갈린다. 언어의 중요성이다. 같은 정책도 언어에 따라 전혀 다른 결과를 낳는다. 설명 없는 개혁은 저항을 부르고, 공감 없는 개혁은 분열을 남기며, 비전 없는 개혁은 피로만 남긴다.

위대한 지도자들은 정책을 발표하지 않았다. 그들은 정책의 이야기를 만들었다. 그래서 국정운영은 행정의 문제가 아니라, 스피치 리더십의 연속이 된다.

위대한 지도자들의 언어에는 공통점이 있다. 따뜻하지만 흐르지 않고, 단호하지만 오만하지 않으며, 지적이되 고립되지 않고, 대중적이되 천박하지 않다. 이 언어는 민주주의를 단순한 제도가 아니라, 함께 견디는 과정으로 만든다.

결국 역사는 이렇게 말한다. 국가는 총으로 지킬 수 있지만, 민주주의는 말로 지킨다. 그리고 민주주의와 평화를 통한 역사적 성과는 말하기를 훈련하고 성공적으로 실천한 지도자에게만 허락된다.

Tip 01

[이재명 대통령 취임사 전문]

존경하고 사랑하는 국민 여러분, 여러분이 선택해 주신 대한민국 제21대 대통령 이재명 인사드립니다. 한없이 무거운 책임감과 한없이 뜨거운 감사함으로 이 자리에 섰습니다. 5,200만 국민이 보내주신 5,200만 가지 열망과 소망을 품고 오늘부터 저는 대한민국 21대 대통령으로서 진정한 민주공화국 대한민국을 향한 첫 발을 내딛습니다.

미래가 우리를 향해 손짓하고 있습니다. 벼랑 끝에 몰린 민생을 되살리고, 성장을 회복해 모두가 행복한 내일을 만들어갈 시간입니다. 정쟁 수단으로 전락한 안보와 평화, 무관심과 무능 무책임으로 무너진 민생과 경제, 장갑차와 자동소총에 파괴된 민주주의를 다시 일으켜 세울 시간입니다.

우리를 갈라놓은 혐오와 대결 위에 공존과 화해, 연대의 다리를 놓고, 꿈과 희망이 넘치는 국민행복 시대를 활짝 열어젖힐 시간입니다. 한강 작가가 말한 대로, 과거가 현재를 돕고, 죽은 자가 산자를 구했습니다. 이제는 우리가, 미래의 과거가 되어 내일의 후손들을 구할 차례입니다.

국민 앞에 약속드립니다. 깊고 큰 상처 위에 희망을 꽃피우라는 준엄한 명령과, 완전히 새로운 나라를 만들라는 그 간절한 염원에 응답하겠습니다. 이번 대선에서 누구를 지지했든 크게 통합하라는 대통령의 또 다른 의미에 따라, 모든 국민을 아우르고 섬기는 '모두의 대통령'이 되겠습니다.

대한민국은 오늘도 새로운 역사를 쓰고 있습니다. 식민지에서 해

Tip 01

방된 나라 가운데 유일하게 산업화와 민주화에 성공한 나라, 세계 10위 경제력에 세계 5위의 막강한 군사력을 자랑하며 K-컬처로 세계문화를 선도하는 나라. 이 자랑스러운 동방의 한 나라가 이제는, 맨손의 응원봉으로 최고 권력자의 군사쿠데타를 진압하는 민주주의 세계사의 새 장을 열고 있습니다.

대한민국의 이 위대한 여정을 대한국민의 이 위대한 역량을 전 세계인이 경이로움으로 지켜보고 있습니다. 오색 빛 혁명, K-민주주의는 위기에 처한 민주주의의 새 활로를 찾는 세계인들에게 뚜렷한 모범이 되었습니다.

사랑하는 국민 여러분, 우리는 지금 대전환의 분기점에 서 있습니다. 낡은 질서가 퇴조하고 새 질서, 문명사적 대전환이 진행 중입니다. 지금까지 겪어보지 못한 초과학기술 신문명시대, 눈 깜빡할 새 페이지가 넘어가는 인공지능 무한경쟁 시대가 열렸습니다. 기후위기가 인류를 위협하고, 산업 대전환을 압박합니다. 보호주의 확대와 공급망 재편 등 급격한 국제질서 변화는 우리의 생존을 위협합니다.

변화에 뒤처져 끌려갈 것이 아니라 변화를 주도하며 앞서가면 무한한 기회를 누릴 수 있습니다. 그러나 안타깝게도, 이 중차대한 시기에 우리는 민생, 경제, 외교, 안보, 민주주의 모든 영역에서 엉킨 실타래처럼 겹겹이 쌓인 복합 위기에 직면했습니다. 대한민국의 현재와 미래가 동시에 위협받고 있습니다.

지친 국민의 삶을 구하고 민주주의와 평화를 복구하는 일, 성장을 회복하고 무너진 국격을 바로 세우는 일에는 짐작조차 힘들 땀과 눈물, 인내가 필요할 것입니다. 그러나 그늘진 담장 밑에서도 기필코 해를 찾아 피어나는 6월의 장미처럼, 우리 국민은 혼돈과 절망 속에서도 나아갈 방향을 찾았습니다.

주권자 국민의 뜻을 침로로 삼아 험산을 넘고 가시덤불을 헤치고 서라도 전진하겠습니다. 민생회복과 경제 살리기부터 시작하겠습니다. 불황과 일전을 치르는 각오로 비상경제대응TF를 바로 가동하겠습니다. 국가 재정을 마중물로 삼아 경제의 선순환을 되살리겠습니다.

이제 출범하는 민주당정권 이재명정부는 정의로운 통합정부, 유연한 실용정부가 될 것입니다. 통합은 유능의 지표이며, 분열은 무능의 결과입니다. 국민 삶을 바꿀 실력도 의지도 없는 정치세력만이 권력유지를 위해 국민을 편 가르고 혐오를 심습니다.

분열의 정치를 끝낸 대통령이 되겠습니다. 국민통합을 동력으로 삼아 위기를 극복하겠습니다. 민생, 경제, 안보, 평화, 민주주의 등 내란으로 무너지고 잃어버린 것들을 회복하고, 지속적으로 성장 발전하는 사회를 만들겠습니다. 국민이 맡긴 총칼로 국민주권을 빼앗는 내란은, 이제 다시는 재발해선 안 됩니다. 철저한 진상규명으로 합당한 책임을 묻고, 재발방지책을 확고히 마련하겠습니다.

공존과 통합의 가치 위에 소통과 대화를 복원하고, 양보하고 타협하는 정치를 되살리겠습니다. 낡은 이념은 이제 역사의 박물관으로 보냅시다. 이제부터 진보의 문제란 없습니다. 이제부터 보수의 문제도 없습니다. 오직 국민의 문제, 대한민국의 문제만 있을 뿐입니다. 박정희 정책도, 김대중 정책도, 필요하고 유용하면 구별 없이 쓰겠습니다.

이재명정부는 실용적 시장주의 정부가 될 것입니다. 통제하고 관리하는 정부가 아니라 지원하고 격려하는 정부가 되겠습니다. 창의적이고 능동적인 기업 활동을 보장하기 위해 규제는 네거티브 중심으로 변경하겠습니다. 기업인들이 자유롭게 창업하고 성장하며 세계시장에

Tip 01

서 경쟁할 수 있도록 든든하게 뒷받침하겠습니다.

국민의 생명과 안전, 노동자의 정당한 권리를 위협하고, 부당하게 약자를 억압하며, 주가조작 같은 불공정거래로 시장 질서를 위협하는 등, 규칙을 어겨 이익을 얻고 규칙을 지켜 피해를 입는 것은 결코 허용하지 않겠습니다.

모든 국민의 기본적 삶의 조건이 보장되는 나라, 두터운 사회안전매트로 위험한 도전이 가능한 나라여야 혁신도 새로운 성장도 가능합니다. 개인도, 국가도 성장해야 나눌 수 있습니다. 국익 중심의 실용외교를 통해 글로벌 경제·안보환경 대전환의 위기를 국익 극대화의 기회로 만들겠습니다.

굳건한 한미동맹을 토대로 한미일 협력을 다지고, 주변국 관계도 국익과 실용의 관점에서 접근하겠습니다. 외교의 지평을 넓히고, 국제적 위상을 높여 대한민국 경제영토를 확장해나가겠습니다

존경하는 국민 여러분, 위대한 빛의 혁명은 내란종식을 넘어 빛나는 새 나라를 세우라고 명령합니다. 희망의 새 나라를 위한 국민의 명령을 준엄히 받들겠습니다.

첫째, 명실상부한 '국민이 주인인 나라'를 만들겠습니다. 대한민국은 민주공화국이고, 주권은 대한국민에게 있습니다. 언제 어디서나 국민과 소통하며 국민의 주권의지가 일상적으로 국정에 반영되는 진정한 민주공화국을 만들겠습니다. 빛의 광장에 모인 사회대개혁 과제들을 흔들림 없이 추진하겠습니다.

둘째, 다시 힘차게 성장 발전하는 나라를 만들겠습니다. 기회와 자원의 불평등이 심화되고, 격차와 양극화가 성장을 가로막는 악순환

이 지속되고 있습니다. 저성장으로 기회가 줄어드니, 함께 사는 경쟁 대신 네가 죽어야 내가 사는 전쟁만 남았습니다. 극한경쟁에 내몰린 청년들이 남녀를 갈라 싸우는 지경이 되었습니다. 경쟁 탈락이 곧 죽음인 불평등 사회가 갈라치기 정치를 만나 사회존속을 위협하는 극단주의를 낳았습니다. 새로운 성장동력을 만들고, 성장의 기회와 결과를 함께 나누는 공정성장이 더 나은 세상의 문을 열 것입니다.

가난해도 논밭 팔아가며 자식들 공부시킨 부모 세대의 노력이 지금의 대한민국을 만든 것처럼, 정부가 나서 다가올 미래를 준비하고 지원하며 투자하겠습니다. AI, 반도체 등 첨단 기술 산업에 대한 대대적 투자와 지원으로 미래를 주도하는 산업 강국으로 도약하겠습니다.

기후위기 대응이라는 세계적 흐름에 따라 재생에너지 중심사회로 조속히 전환하겠습니다. 에너지 수입 대체, RE100 대비 등 기업 경쟁력 강화에 더하여, 촘촘한 에너지고속도로 건설로 전국 어디서나 재생에너지를 생산할 수 있게 해 소멸위기 지방을 살리겠습니다.

셋째, 모두 함께 잘 사는 나라를 만들겠습니다. 자원이 부족했던 대한민국은 특정한 지역, 기업, 계층에 몰아 투자하는 불균형발전전략으로 세계 10위 경제대국으로 압축 성장 했습니다. 그러나 이제는 불균형성장전략이 한계를 드러내고, 불평등에 따른 양극화가 성장을 가로막게 되었습니다. 이제 지속적 성장을 위해서는 성장발전전략을 대전환해야 합니다. 균형발전, 공정성장 전략, 공정사회로 나아가야 합니다.

수도권 집중을 벗어나 국토균형발전을 지향하고, 대·중·소·벤처기업과 스타트업이 유기적으로 협력하는 산업생태계를 만들고, 특권적 지위와 특혜가 사라진 공정사회로 전환해야 합니다. 성장의 기회와 과실을 고루 나누는 것이 지속성장의 길입니다. 성장과 분배는

Tip 01

모순관계가 아닌 보완관계인 것처럼, 기업 발전과 노동존중은 얼마든지 양립할 수 있습니다.

넷째, 문화가 꽃피는 나라를 만들겠습니다. "오직 한없이 가지고 싶은 것은 높은 문화의 힘이다." 백범 김구선생의 꿈이 이제 현실이 되어 가고 있습니다. K-팝부터 K-드라마, K-무비, K-뷰티에 K-푸드까지, 한국문화가 세계를 사로잡고 있습니다. 문화가 곧 경제이고, 문화가 국제 경쟁력입니다. 한국문화의 국제적 열풍을 문화산업 발전과 좋은 일자리로 연결시켜야 합니다. 대한민국의 문화산업을 더 크게 키우겠습니다. 적극적인 문화 예술지원으로 콘텐츠의 세계 표준을 다시 쓸 문화강국, 글로벌 소프트파워 5대 강국으로 도약하겠습니다.

다섯째, 안전하고 평화로운 나라를 만들겠습니다. 안전과 평화는 국민 행복의 대전제입니다. 안전이 밥이고, 평화가 경제입니다. 세월호, 이태원 참사, 오송지하차도 참사 등 사회적 참사의 진상을 명확히 규명하고, 국민의 생명과 재산이 위협받지 않는 안전사회를 건설하겠습니다. 분단과 전쟁의 상처를 치유하고 평화 번영의 미래를 설계하겠습니다. 아무리 비싼 평화도 전쟁보다 낫습니다. 싸워서 이기는 것보다, 싸우지 않고 이기는 것이 낫고, 싸울 필요 없는 평화가 가장 확실한 안보입니다.

북한 GDP의 2배에 달하는 국방비와 세계 5위 군사력에, 한미군사동맹에 기반한 강력한 억지력으로 북핵과 군사도발에 대비하되, 북한과의 소통 창구를 열고 대화 협력을 통해 한반도평화를 구축하겠습니다. 불법계엄으로 실추된 군의 명예와 국민신뢰를 회복하고, 다시는 군이 정치에 동원되지 않도록 하겠습니다.

사랑하고 존경하는 국민 여러분, 생사를 넘나드는 숱한 고비에도 오직 국민에 대한 믿음을 부여잡고 국민께서 이끌어주신 길을 따라 여기까지 왔습니다. 이제 국민께서 부여한 사명을 따라 희망을 찾아가겠습니다. 우리 국민은 하나일 때 강했고, 국민이 단합하면 어떤 역경이든 이겨냈습니다.

일제의 폭압에 3.1운동으로 맞서며 대한민국 임시정부를 수립했고, 분단의 아픔과 전쟁의 폐허 위에서 세계가 놀랄 산업화를 이뤄냈습니다. 엄혹한 독재에 맞서 민주주의를 쟁취했고, 세계사에 없는 두 번의 아름다운 무혈혁명으로 국민주권을 되찾았습니다. 우리 국민의 이 위대한 역량이라면, 극복하지 못할 위기는 없습니다. 높은 문화의 힘으로 세계를 선도하는 나라, 앞선 기술력으로 변화를 주도하는 나라, 모범적 민주주의로 세계의 귀감이 되는 대한민국. 우리 대한민국이 하면 세계의 표준이 될 것입니다.

존경하는 국민여러분. 회복도 성장도 결국은 이 땅의 주인인 국민의 행복을 위한 것입니다. 모든 국가역량이 국민을 위해 온전히 쓰여지는 진정한 민주공화국을 만듭시다. 작은 차이를 넘어 서로를 인정하고 존중하며, 국민이 주인인 나라, 국민이 행복한 나라, 진짜 대한민국을 향해 함께 나아갑시다.

국가권력을 동원한 내란에 저항하고, 아름다운 빛으로 희망세상을 열어가는 국민 여러분이 이 역사적 대장정의 주역입니다. 대한민국 주권자의 충직한 일꾼으로서, 5,200만 국민의 삶과 국가의 미래를 위탁받은 대리인으로서 21대 대한민국 대통령에게 주어진 책임을 충실히 이행하겠습니다, 고맙습니다.

이번 장은 대통령의 말이
어떻게 리더십으로 드러나는지를
분석한다.
갈등과 위기 상황에서
지도자의 언어는
단순한 설명을 넘어
책임의 태도를 보여주는
장치가 된다.
즉흥처럼 보이는 발언도
준비와 사유의 축적 위에서
가능하며,
실패를 인정하는 말은
오히려 신뢰를 강화한다.
경청과 질문, 정면 돌파의
메시지를 통해
말은 통치의 기술이 아니라
책임의 실천임을 보여준다.

2장

이재명의 언어는 어디에서 만들어졌는가

왜 대통령 리더십은 '말'로 드러나는가

정치는 말로 시작해 말로 완성된다. 대통령의 리더십은 제도와 권한에서 나오지만, 국민이 그것을 이해하고 신뢰하며 함께 움직이게 만드는 힘은 결국 언어에서 형성된다. 위기와 갈등의 시대일수록 지도자의 말은 방향을 제시하는 나침반이자 공동체를 묶는 접착제가 된다. 스피치 리더십은 단순한 화술이 아니라, 문제 인식 · 해결 설계 · 집행 의지 · 성과 공유를 관통하는 통치 기술이다.

대통령의 리더십이 왜 말하기와 분리될 수 없는지, 사회적 갈등과 현안을 해결해온 역사적 사례를 통해 살피고, 시민을 직접 만나 정책을 전달하는 연설의 구조, 철저한 준비와 기획, 성공 수행의 조건을 정리해보자.

갈등을 해결하는 언어란 무엇인가

대통령의 리더십은 결단의 순간에 드러난다. 그러나 결단이 성과로 이어지기 위해서는 이유를 설명하고, 반대를 설득하며, 불안을 다독이는 언어가 필수다. 경제위기 · 재난 · 전쟁 · 팬데믹과 같은 국면에서 지도자의 말은 세 가지 역할을 수행한다.

첫째, 현실 진단. 문제의 성격과 범위를 정확히 규정해 과장과 축소를 피한다. 둘째, 해결 경로 제시. 단계·책임·시간표를 명확히 하여 예측 가능성을 높인다. 셋째, 공동체 동원. 시민의 역할을 구체화해 '관람자'를 '참여자'로 전환한다. 이 세 요소가 결합될 때 말은 정책을 움직이는 엔진이 된다.

사회적 갈등은 대통령의 숙명이다. 이해관계가 충돌하는 사안에서 중립적 언어만으로는 충분하지 않다. 지도자는 원칙을 선명히 하되, 상대의 감정을 인정하는 이중 구조의 화법을 구사해야 한다. 대통령은 원칙의 언어를 통해 법·헌법·공익이라는 상위 기준을 명시해야 한다. 동시에 공감의 언어를 통해 국민들이 가진 피해·불안·손실을 인정하고 보완책을 제시해야 한다.

링컨은 분열의 내전 속에서 '헌법의 보존'이라는 원칙을 붙들면서도, 전후 화해를 향한 온건한 어조로 남부를 다시 끌어안았다. 만델라는 인종차별의 상처를 직시하면서도 보복의 언어를 거부해 통합의 길을 열었다. 갈등을 이긴 말은 늘 원칙과 공감의 동시 충족이었다.

지도자가 시민을 직접 만나는 순간의 힘

대통령의 스피치 리더십은 연단 위에서만 완성되지 않는다. 현장 방문, 즉석 브리핑, 질의응답은 신뢰를 축적하는 고난

도의 소통 장치다.

이때 연설은 다섯 가지 구조를 갖게 된다. 첫째, 생활어로 시작해야 한다. 전문용어 대신 일상의 사례와 용어로 문을 열어야 한다. 둘째, 문제의 현장화가 필수적이다. 복잡한 숫자를 편하게 해석하는 사람의 얼굴로 바꿔야 한다. 셋째, 정책의 작동 원리를 설명해야 한다. '왜 이 정책이 필요한지'와 '어떻게 바뀌는지'를 분리해 설명해야 한다. 넷째, 반대 의견을 선제적으로 소개한다. 쟁점을 숨기지 않고 정면으로 다루는 전략적 행보를 한다. 다섯째, 행동을 요청한다. 시민이 할 수 있는 구체적 참여를 제시한다. 이 구조는 정책을 '발표'가 아닌 '공유'로 바꾼다.

즉흥은 어떻게 준비에서 나오는가

탁월한 즉석 발언은 우연이 아니다. 성공적인 대통령 연설 뒤에는 치밀한 준비가 있다. 첫째, 메시지 맵을 기획한다. 핵심 문장 3개, 보조 논거 5개, 반대 질문 10개를 준비하면, 어떤 상황에도 대처할 수 있다. 둘째, 데이터의 인간화가 필요하다. 통계는 사례로, 사례는 정책 효과로 연결시키면 청중의 이해도가 깊어진다. 셋째, 리허설의 분화가 필요하다. 원고 낭독 · 자유 발언 · Q&A를 분리해 연습한다. 넷째, 현장 변수를 철저하게 점검해야 한다. 공간·음향·카메라 동선·청중 구성을 분석해 꼼꼼하게 준비한다.

루스벨트의 '벽난로 담화'는 친근해 보였지만, 문장 길이 · 리듬 · 은유가 철저히 설계된 결과였다. 준비는 즉흥을 가능하게 한다.

역사 속 연설은 언제 전환점이 되었는가

아테네의 연설가들은 시민을 설득해 도시국가의 방향을 정했다. 로마의 키케로는 법과 공화정의 언어로 권력의 남용을 견제했다. 링컨은 짧은 연설로 전쟁의 의미를 재정의했다. 루스벨트는 라디오를 통해 공포를 신뢰로 바꿨다. 김대중은 저항과 평화의 언어로 민주주의의 문을 열었다. 노무현은 진정성의 입말로 시민을 정치의 주체로 불러냈다.

이 전환점들의 공통분모는 말이 정책을 앞서 신뢰를 만든 순간이다. 이 같은 국정의 성공 수행은 말 · 정책 · 행정의 일치가 필요충분조건이다. 스피치 리더십의 성패는 '일치'에 달려 있다. 말한 대로 움직이고, 움직인 대로 설명할 때 신뢰는 누적된다.

이를 위해 대통령은 ▲일관성: 메시지의 핵심을 바꾸지 않는다. ▲투명성: 과정과 한계를 함께 공개한다. ▲피드백:

비판을 정책 보완으로 연결한다. ▲기억 관리: 성과와 실패를 기록해 다음 결정을 개선하는 원칙을 지켜나가야 한다.

대통령의 말은 국가의 리듬을 만든다. 갈등의 시대에 스피치 리더십은 통합의 기술이며, 위기의 순간에는 안정을 주는 신호다. 무엇보다 그것은 시민을 통치의 객체가 아니라 동반자로 만드는 언어의 민주주의다. 준비된 말, 현장에 닿는 말, 책임으로 이어지는 말, 이 세 가지가 만날 때 대통령의 리더십은 성과가 된다.

말은 왜 통치이자 책임인가

국가를 이끄는 힘은 제도와 권한에서 나오지만, 그것을 움직이게 하는 것은 말이다. 대통령의 말은 단순한 발언이 아니라 국가의 방향을 설정하는 행위이며, 공동체의 감정과 판단을 동시에 조직하는 통치의 기술이다. 위기의 순간, 사회가 갈라지고 불신이 깊어질수록 시민들은 한 가지를 묻는다. 국가는 지금 흔들리고 있는가, 아니면 버티고 있는가. 그 질문에 가장 먼저 답하는 것이 대통령의 말이다.

리더십이란 결단의 능력이자 설명의 책임이다. 결단 없는 말은 공허하고, 설명 없는 결단은 폭력적이다. 성공한 대통령의 언어는 언제나 이 둘을 동시에 붙잡는다. 스피치 리더십이 중요한 이유는 여기에 있다. 말은 정책을 전달하는 수단이 아니라, 정책이 사회적으로 수용되고 실행되도록 만드는 마지막 관문이기 때문이다.

갈등의 시대, 말은 조정의 기술이다. 현대 국가는 상시적 갈등상태에 놓여 있다. 개발과 환경, 안전과 자유, 복지와 재정, 성장과 분배는 언제나 충돌한다. 대통령의 역할은 어느 한쪽의 편을 드는 것이 아니라, 충돌을 관리하고 공존의 질서를 제시하는 것이다. 이때 필요한 것은 웅변이 아니라 조정의 언어다.

김대중은 반대 세력을 설득할 때 '용서'와 '미래'라는 어휘를 사용했다. 노무현은 비판 앞에서 방어보다 설명을 택했고, 설명이 길어질수록 책임의 범위도 함께 끌어안았다. 루스벨트는 공포를 부정하지 않고 이름 붙였으며, 오바마는 분열을 인정한 뒤 공통의 정체성을 재구성했다. 이들의 공통점은 갈등을 숨기지 않았다는 데 있다. 대신 갈등을 말로 구조화했다.

대통령의 말은 갈등을 종결하지 않는다. 다만 갈등이 폭발하지 않도록 방향을 잡는다. 이것이 리더십의 언어가 가져야 할 최소한의 윤리다.

정책은 어떻게 생활언어가 되는가

성공적인 대통령 연설의 특징은 정책이 '발표'되는 순간보다 '이해'되는 순간을 중시한다는 데 있다. 시민을 직접 만나는 자리에서 전문용어는 힘을 잃고, 숫자는 이야기로 번역된다. 정책은 추상적 비전이 아니라 일상의 변화로 설명될 때 설득력을 얻는다.

현장형 리더십의 핵심은 이 지점에 있다. 지도자는 연단 위에서 내려와 질문을 받고, 반대를 견디며, 설명을 반복한다. 이 과정에서 말은 점점 짧아지고, 문장은 단순해진다. 압축과 간결은 즉흥의 산물이 아니라 철저한 준비의 결과다. 무엇을 말하지 않을지 결정할 수 있을 때, 비로소 핵심만 남는다.

시민 앞에서의 말하기는 언제나 위험을 동반한다. 그러나 그 위험을 감수하지 않는 리더십은 신뢰를 얻지 못한다. 말하기의 용기는 정책의 용기와 분리될 수 없다.

훌륭한 대통령 연설은 대부분 즉석처럼 보인다. 그러나 그 즉석성은 오랜 준비 위에 세워진다. 루스벨트의 '벽난로 담화'는 친근했지만 치밀했고, 위기 국면마다 반복된 구조를 가지고 있었다. 오바마의 연설은 감정적으로 보였지만, 메시지의 흐름은 늘 동일했다. 문제 제기, 가치 소환, 개인적 이야기, 공동의 행동 요청의 흐름을 자연스럽게 이끌어갔다.

연설을 위한 준비는 문장을 외우는 것이 아니라, 상황에 대응할 수 있는 사고의 틀을 만드는 일이다. 이 틀이 있을 때 지도자는 질문을 피하지 않고, 공격을 설명으로 바꿀 수 있다. 스피치 리더십에서 연습이 중요한 이유는 여기 있다. 연습은 완벽함을 위한 것이 아니라, 흔들리지 않기 위한 최소한의 안전장치다.

한 문장이 국가의 운명을 바꿀 수 있는가

게티즈버그의 272단어는 미국을 하나의 가치 공동체로 재정의했다. 전쟁 중 라디오를 통해 흘러나온 루스벨트의 목소리는 공황에 빠진 국민에게 '국가가 작동하고 있다'는 신호를 주었다. 만델라의 취임 연설은 승자의 언어가 아닌 패자를 품는 언어로 국가를 살렸다. 이 순간들에서 말은 단순한 표현이 아니라 제도의 연장이었다.

대통령의 스피치는 역사 속에서 늘 기록된다. 그러나 더 중요한 것은 그 말이 제도와 정책으로 이어졌는가 하는 점이다. 말과 행동이 일치할 때, 스피치는 유산이 된다.

결국 말은 권력이 아니라 책임이 된다. 대통령의 말하기는 설득의 기술이기 이전에 책임의 형식이다. 무엇을 약속했는지, 무엇을 설명했는지, 무엇을 인정했는지가 모두 기록으로 남는다. 스피치 리더십은 화려함이 아니라 일관성에서 완성된다.

국가를 이끄는 지도자는 결국 말로 판단 받는다. 그 말이 위기를 축소했는지, 갈등을 증폭시켰는지, 시민을 존중했는지, 책임을 회피했는지가 역사에 남는다. 그래서 리더십은 말하기에서 드러난다. 그리고 좋은 말하기는 언제나 민주주의를 한 발 앞으로 끌고가는 추진력이자 원동력이 된다.

왜 지금, 변혁적 리더십인가

대통령의 권력은 헌법에서 나오지만, 그 권위는 말에서 완성된다. 산업화 시대 권위주의 국가는 명령과 통제로 움직였고, 지도자의 언어는 지시와 선언에 가까웠다. 그러나 민주주의가 성숙하고 사회가 다원화될수록, 국정 운영의 성패는 더 이상 권한의 크기로 결정되지 않는다. 다양한 이해관계가 충돌하는 사회에서 대통령은 '결정하는 존재'이기 이전에 '설명하고 설득하는 존재'가 되었다.

이 변화의 중심에 스피치 리더십이 있다. 민주적 리더십은 시민의 동의를 필요로 하고, 변혁적 리더십은 시민의 참여를 요청한다. 둘 다 말하기 없이는 작동하지 않는다. 말은 정책의 전달 수단이 아니라, 민주주의 그 자체의 작동 방식이다.

권위적 언어와 민주적 언어는 무엇이 다른가

권위적 리더십의 언어는 단순하다. 짧은 명령, 명확한 적대 구도, 복종을 전제로 한 메시지가 그것이다. 위기 상황에서는 일시적으로 효과를 발휘할 수 있지만, 장기적으로는 불신과 반발을 낳는다. 사회가 복잡해질수록 단선적 언어는 현실을 설명하지 못하고, 설명되지 않는 정책은 저항을 부른다.

20세기 중반까지 많은 국가에서 대통령의 연설은 업무 지시이자 '결과 통보'에 가까웠다. 정책은 이미 결정된 뒤 발표되었고, 시민은 수용의 대상이었다. 이 구조에서 말은 책임이 아니라 권력의 과시였다. 그러나 민주주의의 확장은 이 방식을 더 이상 허용하지 않았다.

민주적 리더십의 핵심은 과정의 공개다. 지도자는 무엇을 결정했는지 뿐 아니라, 왜 그렇게 판단했는지를 설명해야 한다. 이때 대통령의 스피치는 보고가 아니라 해설이 된다.

프랭클린 루스벨트의 '벽난로 담화'는 민주적 스피치 리더십의 출발점이었다. 그는 대공황과 전쟁이라는 위기 속에서 정책을 발표하는 대신, 정책이 만들어지는 과정을 시민의 언어로 풀어 설명했다. 라디오 앞의 국민은 청중인 동시에 참여자가 되었다.

김대중은 반대 세력에게조차 설명을 포기하지 않았고, 노무현은 비판 앞에서 침묵보다 말하기를 선택했다. 이들의 공통점은 설득의 실패를 두려워하지 않았다는 점이다. 민주적 리더십에서 말하기는 위험을 감수하는 행위다. 그러나 그 위험을 감수할 때만 신뢰는 축적된다.

행동을 촉발하는 말의 힘

변혁적 리더십은 현상을 관리하는 데 그치지 않고, 사회의 방향을 바꾸는 것을 목표로 한다. 이때 말은 단순한 설명을 넘어 행동을 촉발하는 장치가 된다.

마틴 루터 킹 목사의 연설은 법안을 통과시키는 기술이 아니라, 시민을 거리로 나오게 하는 힘이었다. 만델라의 언어는 승자의 선언이 아니라 패자를 안심시키는 설계였다. 오바마의 연설은 희망을 감정으로 제시하는 데서 멈추지 않고, 참여의 구조로 조직했다.

변혁적 스피치의 특징은 세 가지다. 첫째, 가치의 명확화이다. 둘째, 개인적 이야기와 집단적 비전의 결합이다. 셋째, 행동 요청의 구체성이다. 좋은 연설은 감동으로 끝나지 않고, 다음 행동을 제시한다.

현대 민주주의에서 대통령은 더 이상 연단 위에만 서 있지 않는다. 시민을 직접 만나는 민주적이고 변혁적인 지도자만이 국민의 신뢰를 받을 수 있다. 타운홀 미팅, 현장 브리핑, 즉석 질의응답은 새로운 통치 언어의 무대다. 이 자리에서 말하기는 일방향 전달이 아니라 상호작용이 된다.

시민 앞에서 정책을 설명하는 연설은 구조가 분명해야 한다. 문제의 현상, 선택 가능한 대안, 현재 선택의 이유, 시민에게 요청되는 역할, 바로 이 네 단계가 짧고 명확하게 제시될 때, 정책은 이해의 대상이 된다.

중요한 것은 반대 의견을 배제하지 않는 태도다. 민주적·변혁적 리더십의 말하기는 동의를 강요하지 않는다. 대신 이해를 요구한다. 이해는 곧 책임의 공유로 이어진다.

준비가 즉흥을 가능하게 하는가

훌륭한 대통령 연설은 대부분 즉흥처럼 보인다. 그러나 그 즉흥성은 치밀한 준비 위에서만 가능하다. 메시지의 핵심을 정리하고, 예상 질문을 검토하며, 최악의 반응까지 상정하는 과정이 선행된다.

준비된 말하기는 지도자를 자유롭게 만든다. 문장을 외우지 않아도, 판단의 기준을 공유할 수 있기 때문이다. 이때 스피치는 암기가 아니라 사고의 결과가 된다.

고대 아테네의 연설가에서 로마의 키케로, 근대의 링컨과 루스벨트에 이르기까지, 정치 리더십은 늘 말하기와 함께 진화해왔다. 수사학은 단순한 기술이 아니라, 공동체를 조직하는 방법론이었다.

현대에 들어 스피치 리더십은 더욱 중요해졌다. 미디어 환경의 변화로 대통령의 말은 실시간으로 해석되고 평가된다. 한 문장의 방향성이 정책 전체의 신뢰를 좌우한다.

이렇게 민주주의는 역사 속에서 말로 작동해왔다. 대통령 리더십은 더 이상 침묵 속에서 행사되지 않는다. 설명해야 하고, 설득해야 하며, 때로는 사과해야 한다. 이것은 권위의 약화가 아니라 민주주의의 진화다.

민주적·변혁적 리더십의 핵심은 시민을 통치의 객체가 아니라 주체로 대하는 데 있다. 스피치 리더십은 그 관계를 가능하게 하는 가장 강력한 도구다. 국가의 방향을 바꾸는 것은 언제나 제도와 정책이지만, 그 첫 단추는 늘 한 사람의 말에서 시작된다.

왜 지금 대통령의 말이 다시 주목받는가

국가의 위기는 언제나 정책 이전에 언어의 위기로 나타난다. 사회적 갈등이 첨예해질수록, 재난과 팬데믹 같은 비상 상황이 닥칠수록, 시민은 먼저 지도자의 '말'을 듣는다. 그 말이 문제를 정확히 진단하는지, 책임을 회피하지 않는지, 공동체를 향해 손을 내미는지에 따라 정책의 운명도 갈린다. 대통령의 리더십은 제도와 권한에서 출발하지만, 그것을 현실로 작동시키는 것은 결국 스피치, 즉 공적 언어다.

현대 민주사회에서 대통령의 말은 더 이상 일방적 선언이 아니다. 설명해야 하고, 설득해야 하며, 때로는 질문을 받아야 한다. 이 과정에서 리더십은 권위가 아니라 신뢰로 증명된다. 대통령 리더십의 핵심 요소를 짚고, 그 요소들이 이재명 대통령의 스피치리더십 속에서 어떻게 결합 · 진화했는지를 현장 사례를 중심으로 살펴보자.

결정·책임·설득, 무엇이 리더십을 완성하는가

대통령 리더십을 구성하는 요소는 다양하지만, 세 가지로 압축할 수 있다. 결정, 책임, 설득.

첫째, 결정의 리더십이다. 위기 상황에서 지도자는 선택을 미룰 수 없다. 완벽한 정보가 주어지지 않아도 방향을 제시해야 한다. 둘째, 책임의 리더십이다. 결정의 결과를 온전히 감당하는 태도 없이는 어떤 말도 신뢰를 얻지 못한다. 셋째, 설득의 리더십이다. 민주사회에서 정책은 동의 위에서만 지속된다. 설득은 기술이 아니라 태도이며, 시민을 동등한 주체로 대하는 인식에서 출발한다.

스피치리더십은 이 세 요소를 언어로 연결하는 기술이자 철학이다. 사실을 숨기지 않고, 판단의 근거를 설명하며, 반대 의견을 제거의 대상이 아니라 토론의 상대로 인정할 때, 말은 곧 통치의 도구가 된다.

권위에서 소통으로, 말의 권력은 어떻게 이동했는가

역사적으로 지도자의 말은 권위의 상징이었다. 왕의 칙령, 독재자의 연설은 복종을 요구했다. 그러나 민주주의의 진전은 언어의 성격을 바꾸어왔다.

링컨은 전쟁의 비극 속에서 '국민의, 국민에 의한, 국민을 위한 정부'라는 언어로 공동체의 의미를 재정의했다. 루스벨트는 대공황과 전쟁의 시기에 라디오 연설을 통해 국민의 불안을 설명과 희망의 언어로 다독였다.

한국 현대사에서도 김대중의 연설은 화해와 통합의 언어였고, 노무현의 말은 권위적 정치문화에 대한 도전이었다. 이 계보는 오늘날 '설명하는 대통령', '질문 받는 대통령'이라는 새로운 이상으로 이어진다. 스피치리더십의 진화는 민주주의의 진화 그 자체다.

이재명의 언어는 어디에서 단련되었는가

이재명의 스피치리더십은 관료적 문장보다 현장의 언어에 가깝다. 성남시장 시절부터 그는 문제의 현장으로 직접 들어갔다. 불법 점유와 난개발로 훼손된 계곡 정비 과정에서, 그는 행정 명령보다 먼저 설명과 설득을 택했다. 상인과 주민 앞에서 정책의 이유를 하나씩 풀어 설명했고, 반발과 항의 속에서도 대화를 멈추지 않았다.

이 과정에서 그의 말은 두 가지 특징을 갖는다. 하나는 구체성이다. 추상적 가치보다 숫자와 사례를 든다. 다른 하나는 책임의 언어다. 갈등의 원인을 시민에게 전가하지 않고, 행정의 미비와 과거 정책의 오류를 인정한다. 이러한 태도는 말의 설득력을 높였고, 결국 정책 수행의 동력이 되었다.

경기지사 시절 이재명은 재난과 위기 속에서 스피치리더십의 또 다른 면을 보여주었다. 코로나19 초기, 불확실성과 공포가 확산되던 시기에 그는 브리핑을 통해 방역 정책의 배경과 목적을 반복해서 설명했다. 단호한 조치와 동시에, 왜 그런 선택을 할 수밖에 없는지를 시민의 언어로 풀어냈다.

이 시기의 연설과 담화는 '명령형'이 아니라 '공유형'에 가까웠다. 방역을 국가의 강제가 아니라 공동체의 선택으로 위치시키며, 시민을 정책 수행의 파트너로 호명했다. 이는 단기적 지지율을 넘어, 위기 대응의 지속 가능성을 확보하는 언어 전략이었다.

대통령으로서의 스피치는 즉흥성과 준비가 결합된 결과물이다. 대통령이 된 이재명의 연설은 현장 질문에 즉각 반응하는 듯 보이지만, 그 바탕에는 방대한 자료 검토와 메시지 기획이 존재한다. 핵심 쟁점을 몇 개의 문장으로 압축하고, 예상 반론에 대한 답을 미리 준비하는 방식이다.

현장 브리핑이나 타운홀미팅에서 드러나는 그의 말하기

는 '설득의 과정'을 공개하는 데 있다. 결론만 제시하지 않고, 판단의 경로를 함께 보여준다. 이 방식은 비판을 감수해야 하는 위험을 동반하지만, 동시에 신뢰를 축적한다. 민주적 리더십은 바로 이 지점에서 완성된다.

갈등을 다루는 그의 방식은 무엇인가

현대 사회의 갈등은 단순하지 않다. 이해관계가 복잡하게 얽혀 있고, 감정의 골도 깊다. 이재명 대통령의 스피치리더십은 갈등을 '제압'의 대상이 아니라 '조정'의 대상으로 본다. 그는 반대 의견을 공개 석상에서 소개하고, 그 논리를 요약한 뒤 자신의 판단을 덧붙인다.

이 방식은 상대를 설득하지 못할 수도 있다. 그러나 최소한 존중받고 있다는 감각을 남긴다. 갈등 해결에서 언어의 역할은 합의를 강요하는 데 있지 않다. 대화를 지속할 수 있는 공간을 남기는 데 있다.

스피치리더십의 최종 평가는 말의 아름다움이 아니라 정책의 실행력이다. 계곡 정비, 방역 정책, 복지 확대와 같은 사례에서 이재명 리더십의 특징은 분명하다. 말로 방향을 제시하고, 행정으로 뒷받침하며, 결과에 대해 다시 설명한다. 이 순환 구조가 반복될수록 리더십은 강화된다. 대통령의 말은 약속이자 기록이다. 기록된 말은 정책의 기준이 되고, 시민은 그 기준으로 권력을 평가한다. 이재명 대통령의 스피치리더십은 이 점을 분명히 인식한 언어다.

오늘날 대통령의 리더십은 명령의 강도가 아니라 설명의 깊이로 평가된다. 스피치리더십은 부차적 기술이 아니라 통치의 핵심 역량이다. 이재명 대통령의 사례는 현장에서 단련된 언어가 어떻게 정책 수행과 결합될 수 있는지를 보여준다. 말은 현실을 바꾸지 못한다는 냉소가 있다. 그러나 준비된 말, 책임지는 말, 시민을 향한 말은 현실을 움직인다. 민주주의의 미래는 결국 어떤 언어를 선택하느냐에 달려 있다.

김대중의 '희망'·노무현의 '직설'·이재명의 '실천', 민주주의를 움직인 세 언어

정치는 말로 시작해 제도로 완성된다. 그러나 모든 말이 제도가 되는 것은 아니다. 지도자의 언어는 감정을 움직일 수 있어야 하고, 동시에 정책으로 이어질 수 있어야 한다. 대통령의 말하기는 위로이자 설득이며, 비전 제시이자 행정 명령이다. 이 균형이 무너질 때 국정은 흔들리고, 이 균형이 잡힐 때 국가는 전진한다.

대한민국 현대 정치사는 세 명의 대통령을 통해 이 균형의 서로 다른 해법을 보여준다. 김대중의 언어는 희망을 통해 민주주의를 회복했고, 노무현의 언어는 직설을 통해 시민을 정치의 주체로 호출했으며, 이재명의 언어는 실천을 통해 행정을 제도화하려 한다. 이 세 갈래의 스피치 리더십은 서로 다르지만, 공통적으로 "말이 행동으로 이어지는 정치"를 지향한다.

왜 대통령의 말은 곧 리더십인가

대통령은 가장 많은 말을 하는 사람이 아니라, 가장 많은 결정을 말로 설명해야 하는 사람이다. 갈등이 첨예할수록, 위기가 깊을수록, 지도자의 언어는 단순한 전달을 넘어 사회의 방향 감각을 설정한다. 말은 정책의 예고편이며, 정책은 말의 검증 결과다.

현대 민주주의에서 스피치 리더십은 세 가지 기능을 동시에 수행해야 한다. 첫째, 정당성의 확보다. 왜 이 결정이 필요한가를 설명해야 한다. 둘째, 공감의 형성이다. 국민이 자신의 삶과 연결해 이해할 수 있어야 한다. 셋째, 실행의 동원이다. 관료와 조직이 움직이게 만들어야 한다. 김대중 · 노무현 · 이재명은 각기 다른 시대 조건 속에서 이 세 기능을 서로 다른 언어 전략으로 풀어냈다.

김대중의 '희망'은 어떻게 복원되었는가

김대중의 스피치는 투쟁의 언어이면서도, 복수의 언어가 아니었다. 그의 말은 늘 미래를 향했다. 군사독재와 탄압, 망명과 투옥을 겪은 정치인이 선택할 수 있는 가장 쉬운 언어는 분노였지만, 김대중은 희망을 선택했다.

그의 연설은 구조적으로 명확했다. 고통의 현실을 인정하고, 민주주의라는 보편적 가치를 제시하며, 정책과 제도로 그 가치를 구현할 수 있음을 설명했다.

IMF 외환위기, 남북관계, 복지국가 논의에서 김대중의 말하기는 감정에 호소하면서도 언제나 정책적 언어로 귀결되었다. "민주주의는 밥이다"라는 그의 메시지는 상징이 아니라 정책 방향이었다. 노벨평화상 수상 연설에서 보여준 절제된 언어, 화해의 문장은 남북정책의 철학적 기초가 되었다. 김대중의 스피치 리더십은 민주주의를 말로 설득하고 제도로 고정시키는 리더십이었다.

노무현의 '직설'은 무엇을 바꾸었는가

노무현의 언어는 다르다. 그의 말은 매끄럽지 않았고, 때로는 거칠었다. 그러나 그것은 결함이 아니라 전략이었다. 그는 대통령의 언어를 권위의 언어에서 시민의 언어로 끌어내렸다.

노무현의 연설과 토론은 항상 질문형이었다. "왜 안 됩니까?", "이게 특권입니까?"라는 직설은 시민에게 판단권을 돌려주었다. 지방분권, 검찰개혁, 언론개혁 논쟁에서 그의 말하기는 찬반을 갈랐지만, 동시에 정치 참여의 문턱을 낮췄다.

특히 즉석 토론과 기자회견, 시민과의 대화에서 노무현은 준비된 원고보다 사고의 과정을 공개하는 말하기를 선택했다. 이는 때로 정치적 부담이 되었지만, 시민사회가 정치에 개입할 수 있는 통로를 넓혔다. 노무현의 스피치 리더십은 민주주의를 시민의 말로 다시 말하게 만든 리더십이었다.

이재명의 '실천'은 어떻게 제도화되었는가

이재명의 말하기는 김대중의 희망과 노무현의 직설을 거쳐, 행정의 언어로 진화한다. 그의 스피치는 감동보다 이해를, 수사보다 결과를 중시한다. 핵심은 "그래서 무엇을 어떻게 바꾸는가"다.

성남시장 시절의 무상복지 설명, 경기도지사 시절 계곡 정비 브리핑, 코로나19 대응 담화에서 반복되는 특징은 명확하다. 그는 문제를 숫자와 사례로 규정하고, 반대 논리를 공개적으로 설명한 뒤, 행정적 실행 경로를 제시하는 방식으로 담화를 발표했다.

이를 통해 현장 브리핑과 즉석 질의응답은 이재명 스피치의 상징이자 브랜드가 되었다. 그는 정책결정 과정을 숨기지 않고 공유함으로써, 행정의 투명성을 말하기로 구현했다. 이는 단순한 커뮤니케이션이 아니라, 정책에 대한 사회적 합의를 만드는 방식이었다.

이재명의 스피치 리더십은 민주주의를 작동하는 시스템으로 만드는 언어다.

세 리더십은 어디에서 만나는가

김대중의 희망은 민주주의의 방향을 제시했고, 노무현의 직설은 시민을 참여시켰으며, 이재명의 실천은 제도를 움직인다. 이 세 가지는 경쟁 관계가 아니라 연속선상에 있다. 현대 사회의 지도자는 더 이상 연설만 잘해서는 안 된다. 가치 없는 말은 공감을 얻지 못하고, 참여 없는 말은 정치로 이어지지 않으며, 실행 없는 말은 신뢰를 잃는다. 그래서 스피치 리더십은 수사학이 아니라 국정 운영 기술이다. 말하기는 준비와 기획, 정책 이해, 현장 경험이 결합될 때 비로소 힘을 가진다.

결국 대통령의 언어는 국가의 방향을 단드는 중요한 커뮤니케이션 도구가 되고 있다. 국가는 법과 제도로 움직이지만, 그 출발점은 언제나 지도자의 말이다. 김대중 · 노무현 · 이재명은 서로 다른 언어로 같은 질문에 답했다. “이 사회를 어떻게 설득하고, 어떻게 움직일 것인가.”

대통령의 말하기는 더 이상 장식이 아니다. 그것은 민주주의의 신호이고, 행정의 명령이며, 시민에게 보내는 초대장이다. 결국 성공한 국정은 성공한 스피치 리더십의 다른 이름이다.

결단을 실행하는 말은 어떻게 만들어지는가

대통령의 말이 의미를 갖는 순간은 수사가 아름다울 때가 아니라, 그 말이 곧바로 행정의 방향이 될 때다. 앞선 총론이 스피치 리더십의 원리를 설명했다면, 이 장은 그 원리가 실제 국정 현장에서 어떻게 작동했는지를 보여주는 실천의 기록이다. 이재명 대통령의 말하기는 연설가적 기교보다 행정 수행자의 책임 윤리에 가까웠다. 그의 언어는 설명과 결단, 설득과 집행이 분리되지 않는 구조를 지녔다.

이재명의 스피치 리더십은 ‘결과 발표형’이 아니라 ‘과정 공개형’이다. 그는 정책을 완성된 해답으로 제시하기보다, 판단의 근거와 선택의 갈림길을 시민 앞에 드러냈다. 이 방식은 비판에 노출되는 위험을 감수하는 대신, 결정의 정당성을 공유하는 길을 택한 것이었다.

즉흥처럼 보이지만 준비된 브리핑의 구조

이재명 스피치의 가장 두드러진 특징은 현장성이다. 재난 현장, 공사 현장, 갈등의 한복판에서 이뤄진 즉석 브리핑은 그의 대표적 화법이다. 그러나 이 즉석성은 충동의 산물이 아니라 반복된 준비의 결과였다.

현장 브리핑의 구조는 비교적 일관됐다. 첫째, 상황 요약, 둘째, 선택 가능한 대안 제시, 셋째, 현재 선택의 이유 설명, 넷째, 향후 조치와 책임 소재 명시로 진행됐다. 이 네 단계는 짧은 문장으로 압축되었고, 전문용어는 생활어로 번역되었다. 시민은 대통령의 판단을 '평가'할 수 있었고, 그 자체가 민주적 소통의 한 형식이 되었다.

이러한 말하기는 질문을 피하지 않는다. 오히려 질문을 정책 설명의 일부로 흡수한다. 공격적 질문 앞에서도 방어보다 설명을 택하는 태도는, 말이 곧 행정이라는 인식을 전제로 한다.

경기지사 시절의 계곡 정비 정책은 이재명 스피치 리더십을 상징하는 장면이다. 이 사안은 환경 보호와 생계 문제, 법 집행과 관행 존중, 시민 불편과 현장 충돌이 교차하는 복합 갈등사안이었다. 이재명은 이 문제를 책상 위에서 해결하지 않았다. 그는 직접 현장을 찾았고, 반대하는 상인들과 마주 앉아 설명했다.

이때 그의 말하기는 명령형이 아니라 조건 제시형이었다.

불법은 불법이라는 원칙을 분명히 하되, 대체 생계와 이행 기간을 함께 설명했다. 감정적 반발이 터져 나오는 순간에도 언어의 톤을 낮추고, 문장을 더 짧게 유지했다. 이는 분노를 자극하지 않기 위한 기술이자, 결단을 흐리지 않기 위한 전략이었다.

중요한 점은, 이 자리에서 정책의 성공 여부보다 더 큰 성과가 나타났다는 사실이다. 시민들은 '듣지 않는 권력'이 아니라 '설명하는 권력'을 경험했다. 설득의 완성은 동의가 아니라 이해였다.

위기 담화는 어떻게 압축되는가

코로나19 국면에서 이재명의 말하기는 더욱 압축되었다. 위기 상황에서 누구든 통상적인 지도자의 언어는 길수록 불안해진다. 그러나 이재명은 달랐다. 그는 숫자와 지시를 최소화하고, 행동 지침을 명확히 제시하는 방식을 택했다.

담화의 핵심은 반복이었다. '현재 상황.' '시민의 역할.' '정부의 책임.' 이 세 요소는 순서를 바꾸지 않고 계속해서 제시되었다. 감정 표현은 절제되었지만, 공감의 문장은 빠지지 않았다. '불편함을 감수해 달라'는 요청 앞에는 반드시 '정부의 책임'이 먼저 언급되었다.

이러한 스피치는 공포를 증폭시키지 않으면서도 경각심을

유지하는 균형 위에 서 있었다. 말의 절제는 결단의 명확함을 강화했고, 이는 행정 집행의 속도로 이어졌다.

경기도청은 이 기간 동안 수많은 회의와 실무회의, 현장 파견, 토론과 대안 제시가 이어졌다. 직접 마스크를 쓰고 회의를 주재한 이재명은 늘 결연하면서도 당당했고, 현장의 의료와 복지 전문가들, 관료들과 시민들의 의견을 경청하고 최종 대안을 선택하곤 했다.

흔들리지 않기 위한 준비의 기술

이재명 스피치의 공통된 배경에는 철저한 준비가 있다. 메시지를 외우는 연습이 아니라, 질문과 반대를 예상하는 연습이었다. 이는 즉흥적 대응을 가능하게 만드는 유일한 방법이다.

그의 말하기는 완벽을 목표로 하지 않는다. 대신 수정 가능성을 열어둔다. '현재까지의 판단'이라는 표현은 책임 회피가 아니라, 변화하는 상황에 대응하겠다는 선언이다. 이 유연성은 신뢰를 약화시키지 않고, 오히려 강화한다.

이재명의 스피치 리더십은 화려한 문장보다 일관된 구조에서 힘을 얻는다. 현장 브리핑, 갈등 현안, 위기 담화는 서로 다른 상황이지만, 말하기의 원칙은 동일했다. 설명하고, 책임지고, 실행한다.

사람들은 특정 인물의 화법이 아니라, 민주적 행정이 작동하는 하나의 모델이 정착되길 바란다. 동시에 우리를 지탱하는 지도자와 영웅이 역할을 해주길 기대한다. 말과 행동의 간극이 좁아질수록, 리더십은 신뢰로 축적된다. 그리고 그 신뢰는 결국 정책의 지속 가능성을 결정한다. 이를 이재명은 담담하게 수행했고, 시민들의 신뢰와 지지는 갈수록 높아졌다.

대통령의 말은 남는다. 그러나 더 오래 남는 것은, 그 말이 실제로 무엇을 바꾸었는가이다.

현장과 시민의 언어란 무엇인가

이재명의 말은 언제나 현장에서 시작해 현장으로 돌아간다. 그의 스피치는 웅변가의 언어가 아니다. 행정가가 시민에게 직접 설명하고 설득하는 언어에 가깝다. 이는 단순한 화법의 차이가 아니라, 정치 리더십의 성격 자체를 규정한다. 이재명의 스피치 리더십은 '말 잘하는 정치인'의 계보가 아니라, '일하는 행정가의 말하기'라는 새로운 계열을 형성해 왔다.

성남시장, 경기도지사, 대통령에 이르기까지 그의 말하기는 끊임없이 변화했지만, 한 가지 원칙만은 흔들리지 않았다. "시민이 이해할 수 있는 말로, 지금 벌어지는 일을 설명하라."

성남시장 시절 이재명의 말하기는 철저히 방어적이고 설

명적인 화법에서 출발했다. 그는 정치적 자산이나 조직의 보호를 받지 못한 상태에서, 매 사안마다 시민을 직접 설득해야 했다. 노동인권 변호사와 시민운동가 출신의 그에게 잘 할 수 있을까라는 의문의 표정이 시민들에게 가득했다. 모라토리엄 선언, 복지 확대, 개발이익 환수 정책 등은 모두 강한 반발을 동반했다.

이 시기의 이재명 스피치는 다음과 같은 특징을 지닌다. 첫째, 전제 설명이 길다. "왜 이 결정을 할 수밖에 없었는지"를 먼저 말한다. 둘째, 숫자와 구조를 숨기지 않고 공개한다. 예산, 부채, 행정 절차를 그대로 공개한다. 셋째, 정치적 수사를 최소화한다. 대신 '행정 언어'를 시민 언어로 번역한다.

이는 연설가의 화법이라기보다, 시민 설명회 사회자나 발표자의 화법에 가깝다. 그러나 바로 이 지점에서 이재명 스피치의 독자성이 형성된다. 그는 설득을 감정에 의존하지 않고, 투명하게 정보를 공유함으로써 신뢰를 얻는 방식을 택했다.

보고·지시·설명이 하나가 되는 순간

경기도지사 시절, 이재명의 말하기는 한 단계 진화한다. 행정 규모가 커지면서, 그의 스피치는 단순한 설명을 넘어 보고·지시·설득을 동시에 수행하는 언어가 된다. 이 시기 그는 수많은 현장을 찾아 문제 해결에 나선다.

재난 현장 브리핑, 코로나19 상황실 발표, 기자회견, 계곡 불법 점유 철거 현장 발언 등 숱한 현장에서 그의 목소리가 울려퍼졌다. 이때 이재명의 말은 연설문이 아니라 업무 수행의 일부였다. 그는 마이크 앞에서 먼저 현재 상황을 시민에게 보고하고, 공무원에게 방향을 지시하며, 이해관계자에게 정책의 불가피성을 설명했다. 잠시도 쉴틈 없는 긴장의 연속이었다.

이러한 말하기는 철저한 준비 없이는 불가능하다. 즉흥처럼 보이지만, 실제로는 현장 정보 · 행정 논리 · 정치 메시지가 이미 머릿속에서 구조화돼 있다. 사전에 비서진과 참모, 공직자들의 철저한 준비와 보고, 토론을 거쳐 나온 자료들이 그의 머릿속에 가득했다. 이재명 스피치의 현장성은 연출이 아니라, 행정 프로세스에 말이 포함된 구조에서 나온다.

그가 현장에서 맞은 '시민의 언어'란 무엇인가? 이는 낮추는 말이 아니라, 나누는 말, 소통하는 언어로 풀이된다. 이재명이 자주 강조하는 '시민의 언어'는 단순히 쉬운 말, 대중적 표현을 뜻하지 않는다. 그의 시민 언어는 첫째, 주어가 '정부'가 아니라 '우리'다. 둘째, 정책을 명령이 아니라 선택의 결과로 설명한다. 셋째, 전문 용어를 피하지 않되, 반드시 번역한다.

그는 정책을 발표할 때 이렇게 말한다. "이건 제가 하고 싶어서 하는 게 아니라, 지금 이 상황에서 안 하면 더 큰 비용이 드는 선택입니다." "조사결과를 보십시오. 여러분이 지금 안하시면, 10배, 100배 비용을 지불해야 합니다." 이 문장은 수사적으로 화려하지 않지만, 정치적으로 매우 강력하다. 책임을 회피하지 않으면서도, 결정을 시민과 공동으로 떠안는 구조를 만든다.

현장형 화법은 어떻게 국가적 화법이 되었는가

대통령이 된 이후, 이재명의 스피치는 또 한 번 변한다. 현장성이 사라진 것이 아니라, 도리어 국가 단위로 확장된다. 대통령의 말은 더 이상 개별 행정이 아니라, 국가 시스템 전체를 설명하고 있다. 과거에 보기 드문 타운홀미팅 등 지역주민과 이해관계자들을 직접 만나, 보고하고 토론하고 문제해결의 방법을 만드는 일이 매일 펼쳐지고 있다. 관련 지식과 법령, 현장 상황에 대해 이해가 없다면 불가능한 자리들이 이어지고 있다.

대통령으로서 이재명의 스피치는 국가 비전 제시, 위기 관리 신호 전달, 국제사회와의 메시지 정합성 등을 담으면서, 동시에 민생, 경제, 성장 등 다양한 국정현안을 조율하고 해결해 나간다.

그의 말하기는 대통령이 되어서도 여전히 보고 · 설명 · 결단의 구조가 유지된다. 그는 추상적 비전을 말할 때조차, 구체적 상황을 먼저 제시한다. 이는 루스벨트의 벽난로 담화와 닮아 있으며, 동시에 국가의 미래비전과 거대담론뿐 아니라 행정 실무에 밀착된 형태로 나타나고 있다.

즉흥처럼 보이는 말의 설계도

이재명 스피치의 가장 큰 오해는 "즉흥적이다"라는 평가다. 실제로 그의 말은 즉흥이 아니라 고도의 사전 구조화에 가깝다. 핵심 메시지는 2~3문장으로 압축돼 있다. 공격 지점과 방어 논리가 사전에 준비돼 있다. 현장 발언조차도 정책 방향과 일치한다.

그는 원고를 읽지 않지만, 논리의 흐름을 외운다. 이 방식은 토론과 브리핑에 강점을 만든다. 질문이 바뀌어도, 말의 구조는 흔들리지 않는다.

이어지는 성공 수행의 조건은 그가 지행합일, 즉 말과 행동의 일치를 보인다는 점이다. 이재명 스피치 리더십의 성패를 가르는 핵심은 말과 행동의 거리다. 그의 말이 설득력을 갖는 이유는, 말이 곧 행동으로 이어질 것이라는 기대가 존재하기 때문이다. 실제로 그가 말한 정책은 집행으로 이어지고, 약속한 일정은 공개적으로 관리되며, 실패조차도 설명의 대상이 된다. 이러한 점에서 그의 말은 국민의 신뢰를 얻는다. 이때 말은 홍보용 언어가 아니라 책임의 도구가 된다.

그런 의미에서 그는 시민에게 직접 말할 수 있는 지도자로 자리잡았다. 그의 스피치 리더십은 웅변의 전통이 아니라, 행정 민주주의의 언어다. 그는 말로 감동을 만드는 지도자라기보다, 말로 일을 시작하게 만드는 지도자다. "시민의 언어로 말하라"는 그의 화법 원칙은 결국 하나의 정치 철학으로 귀결된다.

정치는 설명해야 하고, 권력은 말로 숨겨져서는 안 되며, 지도자의 언어는 시민이 이해할 수 있어야 한다는 믿음이다. 여기서 우리는 하나의 결론에 이르게 된다. 이재명의 말하기는 정치적 기술이 아니라, 시민과 함께 국정을 운영하려는 방식 그 자체다.

공격과 질문에 대응하는 논증 구조

정치 지도자의 말하기 실력이 가장 적나라하게 드러나는 순간은 연설이 아니라 토론과 공격의 장면이다. 질문, 반박, 비난, 왜곡, 감정적 공격이 동시에 쏟아지는 상황에서 지도자의 언어는 즉각적으로 그의 사고 구조와 리더십의 깊이를 노출한다. 그래서 언어학자들은 "논쟁을 피하지 말고, 구조를 장악하라"고 조언한다. 이재명의 스피치 리더십이 독보적으로 평가받는 지점은 바로 여기다.

그는 토론을 회피하지 않고, 질문을 축소하지 않으며, 공격을 감정으로 맞받아치지 않는다. 대신 그는 논증의 구조 자체를 장악한다. 이재명이 토론·질문·공격 상황에서 어떻게 말하는지, 그 논증 화법의 내부 작동 원리를 해부해보자.

이재명은 토론을 승부의 장이 아니라 문제 해결의 과정으로 설정한다. 이 태도는 그의 말하기 전반을 지배한다. 그의 토론 화법에는 명확한 전제가 있다. 논쟁은 상대를 이기는 것이 아니라 논리를 정렬하는 과정이다, 질문은 공격이 아니라 불완전한 정보의 표출이다, 감정적 대응은 논증의 주도권을 포기하는 행위라는 것이다. 이 전제 위에서 이재명은 토론을 설계한다. 그래서 그의 말은 빠르지만, 흥분되지 않는다. 단호하지만, 감정적 고조를 최소화한다.

이재명 화법의 첫 번째 특징은 질문을 질문 그대로 받지 않는다는 점이다. 그는 질문을 다음 세 단계로 재구성한다. 첫째, 질문의 전제를 확인한다. 둘째, 전제가 틀렸다면 수정한다. 셋째, 수정된 전제 위에서 답한다.

예를 들어 공격적 질문이 들어올 때 그는 종종 이렇게 시작한다. "그 질문에는 두 가지 전제가 섞여 있습니다." 이 한 문장은 토론의 주도권을 즉시 가져온다. 질문자가 설정한 프레임에서 벗어나, 자신의 논증 무대를 만드는 것이다. 이는 키케로가 말한 수사학의 핵심이기도 하다, "상대의 논점을 반박하기 전에, 논점이 성립하는 토대를 흔들어라"라는 원칙과 정확히 맞닿아 있다.

그는 공격에 대응하는 3단 논증인 '인정 · 분리 · 전환' 기법을 잘 사용한다. 이재명이 공격을 받을 때 가장 자주 사용하는 구조이기도 하다. 첫째, 부분 인정이다. "그렇게 보일 수 있습니다." "일부에서는 그런 우려를 할 수 있습니다." 이는 상대를 인정하는 것이 아니라, 청중의 감정을 인정하는 장치다.

둘째, 쟁점 분리다. "하지만 그 문제와 이 사안은 구분해야 합니다." 여기서 그는 공격을 세분화한다. 상대가 던진 하나의 비판을 여러 요소로 쪼개고, 그중 가장 방어하기 쉬운 핵심 쟁점만 남긴다.

셋째, 논점 전환이다. "핵심은 이것입니다." 이 순간부터 토론은 상대의 질문이 아니라, 이재명이 설정한 논점을 중심으로 재편된다. 이 구조는 감정적 충돌을 최소화하면서도, 토론의 흐름을 장악하는 매우 고급 논증 기법이다.

숫자는 어떻게 설득이 되는가

이재명의 토론 화법에서 숫자는 장식이 아니다. 그는 데이터를 결론을 떠받치는 기둥으로 사용한다. 숫자를 먼저 던지지 않는다. 결론을 제시한 뒤, 필요한 만큼만 제시한다.

상대가 반박할 수 없는 공적 데이터만 쓴다. 이 방식은 "통계로 압도하는 토론"과 다르다. 오히려 그는 숫자를 줄이고,

구조를 명확히 한다. "이 정책이 옳은 이유는 세 가지입니다." 이후에 숫자는 그 세 가지를 증명하는 역할만 한다.

논증 화법의 또다른 핵심 기술은 질문을 다시 또 자주 던지는 것이다. 이재명의 토론은 일방향이 아니다. 그는 자주 질문으로 돌아간다. "그렇다면 대안은 무엇입니까?" "그 방식으로 해결된 사례가 있습니까?"

이 질문은 공격이 아니다. 상대를 곤란하게 만들기 위한 장치가 아니라, 정책 논의의 빈칸을 드러내는 질문이다. 이 순간 청중은 자연스럽게 비교하게 된다. 비판만 있는 쪽, 대안과 실행을 말하는 쪽, 이 구도가 형성되면, 말의 무게는 자동으로 이재명에게 기운다.

싸우지 않고 이기는 말은 가능한가

이재명의 토론 화법에서 가장 눈에 띄는 점은 분노의 관리다. 그는 억울한 공격을 받을 때도 감정을 폭발시키지 않는다. 목소리는 낮아지지만 느려진다. 문장은 짧아진다. 단정적 표현이 늘어난다. 그의 이성적인 태도는 그에 대한 신뢰를 높여준다.

이는 분노를 숨기는 것이 아니라, 분노를 논증의 에너지로 전환하는 방식이다. 감정이 실리되, 통제권은 놓치지 않는다.

대통령이 된 이후, 이재명의 논증 화법은 더 절제된 형태로 나타나고 있다. 토론의 목적이 상대 제압이 아니라, 국정 안정 신호 전달로 확장되기 때문이다. 그의 말하기는 시장과 국민에게 "통제되고 있다"는 신호, 공무원 조직에게 명확한 방향, 국제사회에 일관된 메시지를 주는 국가 지도자로서의 품격과 신뢰를 높여준다. 그래서 공격에는 더 짧게 답하고, 핵심만 남긴다. 이는 논증의 약화가 아니라, 책임 있는 말하기로의 진화다.

논증은 말싸움이 아니라 통치의 기술이다. 이재명의 토론·논증 화법은 웅변의 기술이 아니다. 그것은 행정을 수행해 온 사람이 체득한 사고방식의 언어화다.

그는 상대를 무너뜨리기보다, 문제를 해부하고, 구조를 재배치하고, 결론으로 이끈다. 그래서 그의 말하기는 때로 차갑게 느껴질 수 있다. 그러나 바로 그 점이 국정 운영에 필요한 언어다. 이재명의 논증 화법은 토론의 기술이 아니라, 국가를 설명하고 방어하는 통치 언어다.

그런 의미에서 정치 지도자의 말하기는 단지 설득의 기술이 아니다. 그것은 정책을 현실로 이동시키는 집행의 언어이며, 시민의 삶에 닿을 때 비로소 완성된다. 이재명의 스피치 리더십은 성남시장 시절의 현장 브리핑에서 출발해 경기지사 시기의 정책 설명형 화법을 거쳐, 당대표의 정치언어, 대통령의 국정 언어로 진화해왔다. 그 변화의 중심에는 한 가지 원칙이 있다. 치밀하게 준비하고, 과감하게 행동하며, 시민의 언어로 설명하라.

이재명의 말하기가 어떻게 복지와 경제 성장 정책을 '전문가의 언어'에서 '생활의 언어'로 변화시켜 왔는지, 그리고 그 과정이 왜 정치적 신뢰와 정책 성과로 이어졌는지를 살펴보자.

성남시장 시절, 문제 해결형 화법이란

성남시장 시기의 이재명은 연설가라기보다 현장 관리자에 가까웠다. 그의 말은 무대 위보다 현장에서 더 또렷했다. 기자회견, 주민 간담회, 공사 현장 브리핑에서 그는 늘 같은 구조로 말한다.

첫째, 문제를 구체적으로 규정한다. 둘째, 원인을 단순화해 설명한다. 셋째, 해결책을 단계로 제시한다. 넷째, 일정과 책임 주체를 명확히 한다.

그는 청년배당 정책을 설명할 때, '복지 확대'라는 추상어를 쓰지 않았다. 대신 "청년이 지역에서 소비하면 동네 상권이 살아난다"는 생활의 인과관계를 제시했다. 이는 파토스가 아니라 로고스의 대중화였다.

이 시기 이재명의 화법은 짧고 직설적이며, 숫자를 최소한으로 사용한다. 숫자는 근거가 아니라 확인 도구로만 쓰인다. 말의 주어는 늘 '시민'이다. '정부가 해준다'가 아니라 '당신의 삶에서 이렇게 바뀐다'는 서술이 반복된다.

경기지사 시절, 설명형 스피치란

경기지사 시기에 이재명의 말하기는 한 단계 확장된다. 광역행정의 복잡성을 감당해야 했기 때문이다. 이때 그는 정책을 구조로 설명하는 화법을 정교화한다.

대표적인 예가 기본소득 논의다. 이재명은 찬반 감정에 빠지지 않고, 항상 동일한 프레임을 유지한다. 정책의 목적, 재원 구조, 기대 효과, 반론에 대한 답변을 철저하게 준비하고 설파했다.

이 구조는 거의 변하지 않는다. 덕분에 그의 메시지는 반복될수록 더 명확해진다. 이는 퀸틸리아누스가 말한 '반복을 통한 설득'의 현대적 구현이다. 이 시기 그의 연설과 브리핑에서는 비유의 사용이 늘어난다. 예산은 '가계부'로, 행정 효율은 '중복 보험'에 비유된다. 추상적 행정 언어를 생활 세계로 끌어내리는 전략이다.

국정운영의 선두에 선 이재명이 스피치를 할 때 보여주는 중요한 특징은 복지와 경제 성장을 대립시키지 않는 언어 설계다. 그는 두 개념을 하나의 연쇄로 묶는다.

복지는 비용이 아니라 투자다. 투자는 소비를 만든다. 소비는 성장을 촉발한다.

이 논증은 단순하지만 일관되다. 그는 '선별 vs 보편'이라는 이념 프레임에 갇히지 않고, 효과의 흐름을 말한다. 이때 사용되는 언어는 정책 용어가 아니라 생활 서사다.

"아이에게 쓰는 돈은 부모의 소비가 아니라 사회의 미래 투자다." 이 문장은 정책 문장이면서 동시에 시민의 상식 언어다.

이는 철저한 준비의 흔적을 보이면서, 즉흥처럼 보이는 치밀함을 드러낸다. 이재명의 현장형 화법은 즉흥적으로 보이지만, 실제로는 고도로 준비된 수행이다. 그의 말하기에는 다양한 준비의 흔적이 반복적으로 드러난다. 수치와 근거의 암기 수준 숙지, 반대 논리에 대한 사전 정리, 질문 예상 목록, 현장 상황에 맞춘 표현 변주 등이 그것이다. 실제 그는 이 같은 상황에 대해 늘 준비하고 공부하며 철저하게 자신의 것으로 체화했다.

그래서 그는 질문을 받으면 메모를 보지 않고도 구조화된 답변을 한다. 이는 데일 카네기가 말한 '즉흥성은 준비의 결과'라는 원칙을 정확히 따른다.

설명은 어떻게 '신호'가 되는가

대통령이 된 이후 이재명의 말하기는 또 한 번 변한다. 정책 설명의 비중은 줄고, 국가가 통제되고 있다는 신호가 강화된다.

"문장은 더 짧아진다. 수식어는 줄어든다. 결론이 앞에 온다."

그러나 생활언어화 전략은 유지된다. 경제 성장 정책을 말할 때도 그는 여전히 "월급, 물가, 일자리"라는 단어로 시작한다. 이는 대통령의 언어가 관료의 언어로 굳어지는 것을 경계한 선택이다.

이재명 스피치 리더십의 성패는 결국 말과 행동의 일치에서 갈린다. 그는 말한 것을 빠르게 실행하거나, 실행 일정과 책임자를 명확히 밝힌다. 이 일치성이 그의 직설적 화법을 신뢰로 전환시킨다. 링컨이 말했듯, "말은 행동을 예고할 때 힘을 가진다." 이재명의 말은 늘 다음 행동을 동반한다.

정책은 숫자가 아니라 삶으로 말해질 때 살아난다. 이재명의 현장형 화법은 웅변의 미학이 아니다. 그것은 행정 경험이 축적된 언어이며, 시민의 일상과 직접 연결된 정치 언어다.

그는 복지와 경제 성장을 이념의 언어로 말하지 않는다. 대신 생활의 언어로 설명하고, 실행으로 증명한다. 이 점에서 그의 스피치 리더십은 '설득의 기술'을 넘어 통치의 기술로 진화했다. 정책은 이해될 때 지지받고, 실행될 때 신뢰받는다. 이재명의 말하기는 그 두 과정을 하나의 언어로 묶어내고 있다.

이재명의 말하기 습관은 무엇이 다른가

누구나 말할 때 자연스럽게 나오는 습관과 특징이 있다. 이재명 역시 본인만의 습관이 몸에 배어있다. 필자는 그가 경기지사 시절 발언하는 거의 대부분의 기자회견, 좌담회, 방송출연, 타운홀미팅, 정책토론회, 인터뷰, 백브리핑 등에 빠지지 않고 배석했다. 그의 공개 발언·토론·즉문즉답 장면에서 반복적으로 나타나는 행동·언어 습관을 살펴보면 대단히 유용하다.

반복적으로 관찰되는 특징 중 첫 번째는 늘 말하기 전 '짧은 멈춤'이 있다는 사실이다. 질문을 받거나 말을 해야 하면, 0.3~1초 정도의 사고 정리의 시간을 갖는다. 질문을 받으면 즉각 반응하기보다, 짧게 멈춘 뒤 말문을 연다. 그리고 시선을 고정하거나 아래로 잠시 떨어뜨린다. 안경을 만지거나, 양손을 부비기도 한다. 호흡을 한 번 고른 뒤 말을 시작한다. 이 습관은 즉흥적 감정 반응을 줄이고, "생각한 뒤 말한다"는 인상을 준다. 장점은 안정감, 신중함을 보여주지만, 위험요소는 강한 카리스마를 기대하는 청중에겐 느리게 보일 수 있다는 점이다.

둘째, "제가 보기에는…", "제 판단은…"을 자주 사용한다. 주어는 늘 '나'로 둔다. 그는 추상적 주어 대신 1인칭 주어를 많이 쓴다. "정부는…"보다 "제가 판단하기로는…", "저는 이렇게 봅니다"라고 말한다. 책임을 피하지 않는 구조다. 동시에 결론이 바뀔 가능성도 열어둔다. 이는 자신의 책임을 전면화하는 것으로, 단정하면서도 닫히지 않은 개방적인 인상을 준다.

셋째, 생활 비유를 즉각적으로 꺼낸다. 장부 · 가계부 · 상식 · 현장 등을 거론한다. 수많은 서민의 일상을 거쳐 온 자신의 삶에 대한 자신이 있기 때문이다. 그는 정책 설명을 하는 중에 어려운 정책을 생활 단어로 번역하는 습관이 있다. "장부를 써보면 압니다.", "가계부 적자 내면 안 되지 않습니까?" 이건 훈련된 사고방식의 결과다. 복잡한 정책을 생활 장면으로 환원한다. 장점은 이해도 상승효과가 있지만, 지나치게 단순화된 인상으로 보일 수도 있다.

넷째, 반박할 때도 감정 단어를 먼저 쓴 후 설명형으로 대응한다는 점이다. 상대의 감정을 인정한 후 자신의 논리를 전개하는 방식이다. 그는 직접 공격보다 이런 구조적 방법을 사용한다. "그렇게 느끼실 수 있습니다." "다만 구조를 보면…", "그래서 저는 이렇게 판단합니다." 이는 갈등을 구조화하는 습관으로, 공격적 반박보다 설명형 반박으로 문제를 해결한다. 이는 토론의 피로도를 감소시키는 효과를 낳는다.

다섯째, 단문으로 결론을 자르는 버릇이 있다. 그는 "핵심은 이겁니다"라고 말하곤 한다. 말을 길게 하다가도, 마지막엔 단문으로 정리하는 패턴도 있다. "결론은 분명합니다.", "그래서 해야 합니다.", "책임은 제가 집니다." 이 마무리 방식이 그의 단호하고 명쾌한 리더십 이미지를 강화한다.

여섯째, 몸의 중심이 앞으로 약간 기울어 있다. 현장형 태도다. 연설이나 대화 장면에서 상체를 약간 앞으로 숙이는 자세, 손을 펼치거나 아래로 눌러 안정시키는 동작, 손가락으로 지적하기보다 손바닥을 보이는 제스처를 쓴다. 이건 권위적 자세보다는 설명 · 설득형 자세에 가깝다. 필자는 절대 손가락으로 지적하거나, 카메라나 상대를 손가락으로 가리켜서는 안 된다고 조언했고, 그동안의 토론이나 회견을 보면 이는 잘 지켜진 것으로 판단된다.

일곱째, 감정 고조 시 속도가 빨라진다. 특히 불공정·불평등 이슈에는 더욱 그렇다. 평소엔 차분하지만, 불공정 · 기득권 · 구조 문제를 말할 때는 말 속도 증가, 어조 상승, 단어 선택이 직설적으로 변하는 상황으로 이어지곤 한다. 이건 가치 지점이 분명한 리더에게서 나타나는 특징이다.

여덟째, 실수를 숨기지 않고 인정하는 자세다. 그는 "그 부분은 부족했습니다"라고 솔직하게 시인한다. 정책·행정 과정에서 "검토가 부족했습니다", "더 살펴보겠습니다"와 같은 문장을 비교적 자주 사용한다. 이는 방어 대신 관리형 태도다.

결론적으로 이재명의 말하기 습관은 공격형 카리스마가 아니라 책임형 설명 리더십에 가깝다. 독자들도 참고할 스피치 리더십 포인트라는 점에서, 잘 활용하면 좋을 것이다.

Tip 02

[이재명 대통령의 제80차 유엔총회 기조연설]

세계 평화와 공동번영에 기여해 온 모든 유엔 회원국과 유엔 직원 여러분께 먼저 존경과 감사의 말씀을 전합니다.

아날레나 배어복 제80차 총회의장의 취임을 진심으로 축하드리고 안토니우 구테레쉬 사무총장의 변함없는 헌신과 노고에도 경의를 표합니다.

의장님과 사무총장님의 뛰어난 리더십 아래 이번 유엔총회가 더욱 의미 있는 성과를 거둘 수 있길 희망합니다.

의장님, 사무총장님, 그리고 각국 대표 여러분, 올해는 '유엔 창설' 80주년이 되는 뜻깊은 해입니다.

유엔이 걸어온 지난 80년은 인류의 존엄과 가치를 지키고 미래세대를 위한 길을 모색해 온 소중한 여정이었습니다.

누군가 유엔이 이룬 성취가 무엇인지 묻는다면, '대한민국의 80년 역사를 돌아보라', 이렇게 대답하겠습니다.

도전과 응전으로 점철된 대한민국의 역사는, 인류가 직면한 거대한 도전에 쉼 없이 맞서 온 유엔의 역사 그 자체라고 해도 결코 과언이 아닙니다.

대한민국은 유엔이 설립된 해 식민 지배에서 해방됐고 유엔의 도움으로 분단의 상흔과 전쟁의 폐허 속에서도 국가 정체성을 유지하며 산업화를 일궈내고, 민주주의를 꽃피웠습니다.

그렇기에 대한민국은 그 자체로 유엔의 존재 가치를 증명해 온

Tip 02

나라입니다.

대한민국이 참혹한 전쟁과 재난 속에서 우주의 무게만큼 고귀한 생명들의 희망을 되살릴 때마다 그 치열한 연대의 중심에서 유엔의 깃발이 나부꼈습니다.

유엔은 모든 이들에게 차별 없이 동등한 권리와 기회를 주기 위해 애썼고, 어린이들의 삶을 피워낼 교육과 백신을 제공했습니다.

유엔과 국제사회의 지원으로 일어선 동방의 작은 나라가 세계의 주목을 받는 당당한 유엔 회원국으로 거듭났고, 어느 나라보다 빠르게 국제사회 구성원으로서의 역할과 책임을 높여가고 있습니다.

한때 민주주의와 평화가 위기에 처했지만, 대한민국은 그때마다 불굴의 저력으로 일어섰습니다.

친위 쿠데타로도 민주주의와 평화를 염원하는 대한국민들의 강렬한 의지를 결코 꺾을 수 없었습니다.

지난겨울 내란의 어둠에 맞서 대한민국 국민들이 이뤄낸 '빛의 혁명'은 유엔 정신의 빛나는 성취를 보여준 역사적 현장이었습니다.

대한민국이 보여준 놀라운 회복력과 민주주의의 저력은 대한민국의 것인 동시에, 전 세계인의 것이 될 것입니다.

"당신이 나를 밝은 쪽으로, 빛이 비치는 쪽으로, 꽃이 피고 있는 쪽으로 끌고 가기를 바랍니다." 노벨문학상을 수상한 한강 작가의 말처럼, 대한민국은 민주주의를 향한 여정을 함께할 모든 이들에게 '빛의 이정표'가 될 것입니다.

저는 오늘 세계 평화와 인류 공영의 미래를 논의할 이 유엔총회에서, 세계 시민의 등불이 될 새로운 대한민국이 국제사회에 완전히 복귀했음을 당당하게 선언합니다.

유엔의 지원과 도움에 힘입어 성장한 우리 대한민국은 이제 민주주의 회복의 경험과 역사를 아낌없이 나누는 선도 국가 역할을 마다하지 않겠습니다.

각국의 끊임없는 노력에도 불구하고, '세계 평화와 안전 유지'라는 80년 전 국제사회의 결의와 염원은 아직 끝나지 않은 우리 모두의 과제입니다.

여전히 2억8000만 명의 인구가 극심한 기아 상태에 놓여있고, 우크라이나, 중동을 비롯한 세계 곳곳의 무력 분쟁, 이미 현실이 된 기후위기가 인류의 생존을 위협하고 있습니다.

유엔을 창설한 선각자들의 지혜에, 그리고 대한민국 국민이 증명한 길에 답이 있습니다. 방법은 하나, '더 많은 민주주의'입니다.

대한민국의 '국민주권정부'는 집단 지성의 힘으로 더 나은 대안을 찾아내는 민주주의의 혁신을 끊임없이 시도하고 있습니다.

국제사회가 직면한 공동의 과제를 해결할 방법드 결코 다르지 않습니다.

같은 문제를 겪는 모든 국가가 이곳 유엔에 모여 함께 머리를 맞대는 다자주의적 협력을 이어 나갈 때, 우리 모두 평화와 번영의 밝은 미래로 함께 나아갈 수 있을 것입니다.

총장이 제시한 '유엔80 이니셔티브'가 이 시대적 요구에 발맞춰 유엔의 진화와 발전을 이뤄낼 비전으로 자리 잡기를 기대합니다.

유엔 안전보장이사회 또한 변화된 국제 환경을 반영해서 비상임 이사국을 확대하고, 효과성과 대표성을 제고할 수 있기를 희망합니다.

대한민국은 2024년에서 2025년 임기에 안보리 이사국으로서, 안보리가 국제 평화와 안보의 위협에 능동적으로 대응할 수 있도록 노력하고 있습니다.

Tip 02

의장님, 총장님, 그리고 존경하는 각국 대표단 여러분, 민주주의를 회복한 대한민국은 이제 더 나은 미래를 꿈꿉니다.

대한민국은 유엔이 표방하는 자유와 인권, 포용과 연대의 가치를 굳건하게 수호하는 글로벌 책임 강국으로서의 역할을 다해나갈 것입니다.

대한민국에 거주하는 내외국인 모두가 사회의 동등한 구성원으로서 삶의 모든 현장에서 존중받을 수 있도록, 제도와 문화를 더욱 발전시켜 나갈 것입니다.

대한민국은 인권 존중의 가치를 실현하면서 국제 사회와의 협력을 강화하고 또 주도해 갈 것입니다.

당장의 생존이 시급한 위기의 시대에, 연대와 상생, 협력이란 말이 다소 생경하게 느껴질 수도 있습니다.

하지만 인류는 언제나 깊은 절망만큼 높은 희망을 꿈꾸었고, '더 나은 내일'을 향한 열정으로 지금의 진보를 이뤄냈습니다.

어려운 시기일수록, 인류 보편 가치에 대한 믿음이라는 유엔의 기본 정신으로 돌아가야 합니다.

전쟁의 참화를 물려주지 않겠다는 일념이 유엔 창립으로 이어져 분쟁을 예방하고 평화를 지켜냈던 것처럼, 미래의 인류가 살아갈 더 나은 세계를 위해 오늘의 우리는 더 협력하고, 더 신뢰하고, 더 굳게 손잡아야 합니다.

지속 가능한 미래를 향한 다자주의적 협력의 길, 우리 민주 대한민국이 앞서가겠습니다.

평화는 무엇보다 중요한 가치입니다. 대한민국에서도, 전 세계 어디에서도 평화는 민주주의와 경제발전의 기본적 토대가 됩니다.

지금 우리가 직면하고 있는 분쟁과 갈등은 인간의 존엄과 지속 가능한 발전의 이상이 평화가 없다면 얼마나 쉽게 무너질 수 있는지를 선명하게 설명해 줍니다.

오늘날 대한민국은 유엔의 평화유지 및 평화 구축 활동에 있어 핵심적인 기여국으로서 책임을 다하고 있습니다.

분단국가인 대한민국을 흔들림 없이 수호한 우리의 용사들이 유엔이 주도하는 '지속 가능한 평화'의 길을 돕고 있습니다.

평화를 위협하는 것은 물리적인 요소만이 아닙니다.

인공지능AI 기술이 안보 역량을 결정하고 사이버 공격이 국가 안보를 위협하는 시대, 우리는 이제 '보이는 적'을 넘어 '보이지 않는 적'과 맞서야 합니다.

AI 시대의 변화에 수동적으로 끌려다닌다면 기술 악용으로 인한 인권 침해의 그 어두운 그림자를 떨쳐내지 못한 채 양극화와 불평등 심화라는 디스토피아를 맞이하게 될 것입니다.

그러나 변화에 능동적으로 대처한다면 높은 생산력을 동력 삼아 혁신과 번영의 토대를 세우고, 직접 민주주의를 강화하는 유용한 기반을 만들 수 있습니다.

내일 안보리 의장으로서 주재하는 공개토의 자리가 인공지능의 책임 있는 이용을 촉진하는 국제사회의 노력에 큰 보탬이 될 것으로 확신합니다.

아울러 다음 달 대한민국 경주에서 열릴 APEC아시아태평양경제협력체 정상회의에서 'APEC AI 이니셔티브'를 통한 AI 미래 비전을 공유하고자 합니다.

첨단기술 발전이 인류의 보편적 가치에 기여하는 '모두를 위한 AI'의 비전이 국제사회의 '뉴노멀'로 자리 잡을 수 있도록 노력하겠습니다.

Tip 02

AI가 주도할 기술혁신은 기후 위기 같은 전 지구적 과제를 해결할 중요하고 또 새로운 도구가 될 것입니다.

지난 80년간 '지속 가능한 발전'의 길을 열어젖히고, 인류의 존망이 걸린 기후 위기 대응을 선도해 온 유엔의 노력에 세계 각국이 화답해야 합니다.

대한민국은 과학기술과 디지털 혁신을 활용해 에너지 효율을 높이고, 재생에너지 비중을 확대하면서 '에너지 대전환'을 추진하고 있습니다.

올해 안으로 책임감 있는 '국가 온실가스 감축목표'를 제출해 국제사회의 단합된 의지에 동참할 것입니다.

2028년 칠레와 공동 개최하는 '제4차 유엔 해양총회'에서도 지속가능한 해양 발전을 위한 실질적 연대를 구축할 수 있도록 할 것입니다.

이처럼 전 지구적 과제에 적극 대처하는 대한민국의 노력은 '지속 가능한 발전'이라는 인류 공동의 약속을 실현하겠다는 확고한 의지를 바탕으로 한 것입니다.

10년 전 유엔이 '지속 가능한 발전 목표'SDGs를 수립한 이래, 국제사회는 빈곤 퇴치와 불평등 해소를 위한 여러 진전을 이뤄냈습니다.

그러나 개발 재원에 대한 수요는 지속적으로 늘어나고, 가장 취약한 이들은 여전히 고통 속에 놓여있습니다.

엄중한 현실을 직시하고, 새로운 변화를 만들어 냅시다.

글로벌 개발 거버넌스를 구조적으로 개혁하는 동시에 재원의 질을 높이는 방향으로 나아가야 합니다.

'원조받던 나라'에서 '원조하는 나라'로 성장하고 도약한 대한민국의 사례가 더 많이 나올 수 있도록 함께 힘을 모아주실 것으로 믿습니다.

올해는 유엔 창설 80주년이자, 한반도 분단 80주년입니다. 새로운 도전과 함께 미완의 과제가 우리를 기다리고 있습니다.

민주 대한민국은 평화 공존, 공동 성장의 한반도를 향한 새로운 여정을 시작합니다.

그 첫걸음은 남북 간 무너진 신뢰를 회복하고, 상호 존중의 자세로 전환하는 것입니다.

대한민국 정부는 상대의 체제를 존중하고, 어떠한 형태의 흡수통일도 추구하지 않을 것이며, 일체의 적대 행위를 할 뜻이 없음을 다시 한번 분명하게 밝힙니다.

이 세 가지 원칙을 바탕으로 우선 남북 간 불필요한 군사적 긴장과 적대 행위의 악순환을 끊어내고자 합니다.

취임 직후 대북 전단 살포와 대북 방송 중단 등의 조치를 선제적으로 취한 것도 같은 이유입니다.

앞으로 우리 정부는 남북 간 군사적 긴장 완화와 신뢰 회복의 길을 일관되게 모색할 것입니다.

가장 확실한 평화는 싸울 필요가 없는 상태입니다.

'교류$_{\text{Exchange}}$, 관계 정상화$_{\text{Normalization}}$, 비핵화$_{\text{Denuclearization}}$', 즉 'END엔드'를 중심으로 한 포괄적인 대화로 한반도에서의 적대와 대결의 시대를 종식$_{\text{END}}$하고, '평화공존과 공동 성장'의 새 시대를 열어나가야 합니다.

교류와 협력이야말로 평화의 지름길이라는 사실은 굴곡진 남북 관계의 역사가 증명해 왔던 불변의 교훈이기도 합니다.

남북 간 교류·협력을 단계적으로 확대함으로써, 한반도에서 지속 가능한 평화의 길을 열어나가겠습니다.

한반도 평화는 남북은 물론 국제사회가 함께 만들어 가는 게 중요합니다.

Tip 02

남북 관계 발전을 추구하면서, 북미 사이를 비롯한 국제사회와의 관계 정상화 노력도 적극적으로 지지하고 협력하겠습니다.

비핵화는 엄중한 과제임에 틀림없습니다. 그러나 단기간에 해결되기 어렵다는 냉철한 인식의 기초 위에 현실적이고 합리적인 방안을 모색해야 할 시점이 됐습니다.

핵과 미사일 능력 고도화 '중단'부터 시작해, '축소'의 과정을 거쳐 '폐기'에 도달하는 실용적, 단계적 해법에 우리 국제사회가 지혜를 모아 주시길 바랍니다.

한반도에서의 항구적 평화 실현은 분쟁으로 고통받는 인류에게 새로운 희망과 가능성을 제공할 것입니다.

대한민국은 'E.N.D 이니셔티브'로 한반도의 냉전을 끝내고 세계 평화와 번영에 기여하기 위한 책임과 역할을 다하겠습니다.

서로 다른 나라의 국민이 상호 협력하며 전 지구적인 도전을 함께 헤쳐나가는 미래가 꿈 같은 장밋빛 전망처럼 들릴 수도 있습니다.

그러나 이는 결코 불가능한 꿈이 아닙니다.

평화란 단순히 무력 충돌이 없는 상태가 아니라 다름을 존중하며 함께 살아가는 공동체를 실현하는 것입니다.

다양성에 대한 존중과 열망이 우리 안에 살아있는 한, 언제든 연대하고 서로를 포용할 수 있습니다.

국경과 언어, 문화적 차이를 넘어 K-컬처가 전 세계인을 하나로 연결하고 있습니다.

K-컬처의 성공과 확산은 모든 배경의 차이를 넘어 인류 보편의 공감이 가능하다는 점을 입증하고 있습니다.

연대와 상생, 배려의 에너지를 모아 새로운 민주공화국을 열어낸 대한민국은 지속 가능한 미래, 인류의 새 역사를 향해 나아갈 준비를 마쳤습니다.

험난한 여정이 예상되지만, 시련이 있어도 도전을 멈추지 않았기에 인류는 한 단계씩 성장하며 오늘 여기까지 올 수 있었습니다.

민주주의의 위기 앞에서 대한민국 국민이 들었던 오색빛 응원봉처럼, 국제사회와 유엔이 인류의 미래를 밝힐 희망의 등불을 함께 들어주십시오.

'평화공존과 공동 성장'이라는 한반도의 새 시대를 향해, 그리고 '함께하는 더 나은 미래'Better Together의 세계를 향해, 우리 대한민국이 맨 앞에서 담대하게 나아가겠습니다.

긴 시간 경청해 주셔서 감사합니다.

이번 장은 대통령이
왜 설명해야 하는지를 중심으로,
말이 어떻게 정책과 제도로
이어지는지를 탐구한다.
비전은 서사가 될 때
힘을 얻고,
설명은 책임을 전제로 할 때
설득이 된다.
설득 실패는 논리의 부족이 아니라
신뢰의 붕괴에서 비롯된다.
용서와 통합의 언어는
갈등을 넘어
공동체의 질서를 재구성하며,
인문적 사유는
정치 언어에 깊이를 더한다.

3장

대통령은 왜 설명해야 하는가

연설은 어떻게 국가의 방향이 되는가

대통령의 연설은 단순한 발언이 아니다. 그것은 국가가 현재를 어떻게 인식하고, 미래를 어떤 방향으로 설정하는지에 대한 공식 선언이다. 그래서 대통령의 말은 언제나 정책 이전에 읽히고, 행동 이전에 해석된다. 말의 구조가 흔들리면 정책의 신뢰도 함께 흔들린다.

성공한 대통령 연설을 면밀히 들여다보면, 그 안에는 공통된 흐름이 있다. 화려한 수사나 감정적 고조보다 중요한 것은 시작 · 전개 · 절정 · 결말이라는 견고한 구조다. 이 구조는 연설을 듣는 국민의 인식과 감정을 단계적으로 이동시키는 설계도에 가깝다.

연설의 시작은 언제나 현실 인식에서 출발한다. 이 단계에서 대통령이 해야 할 일은 희망을 말하는 것이 아니라, 지금 우리가 무엇을 마주하고 있는지를 정확히 규정하는 것이다. 김대중 대통령이 외환위기 국면에서 "나라가 생긴 이래 가장 큰 경제적 시련"이라는 말로 연설을 연 것은 우연이 아니었다. 그는 국민을 안심시키기보다 먼저 현실을 직시했다. 이 솔직한 상황 규정은 공포를 키우지 않았다. 오히려 대통령이 문제를 축소하거나 회피하지 않는다는 신뢰를 만들었다. 그리고 이어진 그의 국민에 대한 걱정, 나라의 미래에 대한 애국심은 국가 지도자로서 그의 위상을 확고히 했고, 그는 약속대로 외환위기를 조기에 마무리하고 대한민국을 지구촌의 대표국가로 이끌었다.

성과보다 판단으로 신뢰를 얻는 법

이재명 대통령의 위기 브리핑에서도 같은 원칙이 반복된다. 코로나19 대응이나 재난 상황에서 그는 성과를 앞세우지 않는다. "확진자 수는 줄었지만 방심할 상황은 아니다"라는 문장은 낙관도 비관도 아닌 통제된 인식이다.

연설의 시작에서 대통령이 보여주는 것은 감정이 아니라 판단력이다. 이 판단력이 신뢰의 출발점이 된다. 전개 단계로 들어서면 연설은 설명의 영역으로 이동한다. 여기서 대통령의 언어는 감정적 호소를 잠시 내려놓고, 문제의 구조를 풀어내는 도구가 된다. 프랭클린 루스벨트의 벽난로 담화가 지금까지도 교본으로 남는 이유는 여기에 있다. 그는 대공황이라는 복잡한 금융 위기를 숫자나 전문 용어가 아니라, "왜 은행이 문을 닫았는지", "왜 정부가 개입해야 하는지"라는 일상 언어로 설명했다. 전개는 국민을 설득하는 구간이 아니라, 국민을 이해의 주체로 끌어올리는 구간이다.

노무현 대통령의 정치개혁 연설에서도 이 전개 방식은 뚜렷하다. 그는 정치의 실패를 개인의 도덕성 문제로 환원하지 않았다. 대신 "이 구조에서는 누가 대통령이 되어도 바꾸기 어렵다"고 말하며 문제를 제도의 영역으로 이동시켰다. 분노의 방향을 개인에서 구조로 옮기는 이 전개는, 시민에게 단순한 공감이 아니라 판단의 기준을 제공했다.

연설의 절정은 흐름 전체가 응축되는 지점이다. 이 구간에서 대통령은 가장 중요한 결단을 단 하나의 문장으로 압축한다. 링컨의 게티즈버그 연설에서 "자유의 새로운 탄생"이라는 문장은 전쟁의 의미를 단숨에 역사적 가치로 끌어올렸다. 그 이전의 설명과 맥락은 모두 이 한 문장을 위해 존재했다.

이재명 대통령의 정책 연설에서 절정은 종종 단호한 원칙 선언으로 나타난다. 계곡 정비나 불법 특권 청산 과정에서 나온 "법 앞에서 예외는 없다"는 문장은 감정을 자극하기보다 침묵을 만든다. 그의 절정은 환호를 끌어내는 수사가 아니라, 타협하지 않을 기준을 명확히 긋는 결단의 언어다. 이는 행정 책임자가 선택하는 절정의 형태다.

연설의 마지막, 결말은 감정을 정리하고 방향을 남기는 구간이다. 오바마의 "예스, 위 캔"Yes, we can은 그 자체로 정책 설명은 아니었지만, 국민이 반복하고 전파할 수 있는 방향성을 남겼다. 김대중 대통령이 남북관계를 설명하며 "평화는 선택이 아니라 생존의 길"이라고 마무리했을 때, 그 연설은 특정 정책을 넘어 국가의 장기 노선을 선언하는 언어가 되었다.

결말에서 중요한 것은 박수가 아니라 기억이다. 연설이 끝난 뒤 국민의 머릿속에 남는 한 문장이, 이후의 정치적 논쟁과 정책 실행의 기준이 된다.

결국 대통령 연설의 힘은 문장 하나가 아니라 흐름 전체에서 나온다. 시작에서 신뢰를 만들고, 전개에서 이해를 제공하며, 절정에서 결단을 보여주고, 결말에서 방향을 남길 때 연설은 단순한 말이 아니라 통치의 일부가 된다. 대통령의 스피치는 말의 기술이 아니라, 민주주의가 작동하는 방식 그 자체다.

비전은 어떻게 서사가 되는가

대통령의 말은 정책 이전에 국가의 방향을 드러내는 신호다. 위기와 갈등의 시대일수록 그 신호는 또렷해야 하고, 국민은 그 언어를 통해 국가가 작동하고 있다는 확신을 얻는다. 이재명 대통령의 스피치 리더십은 '설득의 미학'보다 '작동의 증명'에 방점을 둔다. 취임사에서 제시한 비전, 국회연설에서의 정책 서사, 기자회견과 현장 브리핑에서의 즉답과 설명은 하나의 서사로 이어진다. 그것은 거대한 수사보다 구체적 문제를 해결하는 국가의 손길을 언어로 보여주는 방식이다.

대통령의 출발점은 취임사다. 온 국민이 지켜보는 취임을 통해 새 대통령이 내놓는 비전은 추상이 아니라 약속의 목록이다. 취임사는 국가 비전의 선언문이다. 이재명의 취임사는 웅변보다 목록에 가깝다. 국민의 삶을 둘러싼 불안요소들인 물가, 주거, 일자리, 안전 등을 먼저 호명하고, 그에 대한 국가의 책임을 분명히 한다. '성장과 분배의 대립' 같은 오래된 프레임을 넘어, 성과로 평가받는 유능한 정부를 약속하는 구조다. 시작은 공감, 전개는 문제 정의, 절정은 국가의 책무 선언, 결말은 실행의 약속으로 닫힌다. 감정의 고조는 절제되어 있지만, 대신 약속의 구체성이 신뢰를 만든다. 이 취임사의 미덕은 비전의 생활언어화다. 비전은 먼 미래의 청사진이 아니라 당장 체감 가능한 변화의 경로로 제시된다. 이는 이후 국정 전반에서 반복되는 스피치 전략의 원형이 된다.

국회연설은 삼권분립의 민주주의 국가에서 갈등을 통과하는 정책 서사가 된다. 국회연설은 합의와 충돌이 공존하는 무대다. 이재명의 국회연설은 대립을 피하지 않되, 수사적 공세 대신 논증으로 통과한다. 구조는 명확하다. 현황 진단 · 대안 제시 · 재원과 일정 · 책임의 귀속으로 진행된다. 특히 재정과 제도의 설명에서 숫자와 사례를 병행해 추상화를 피한다. 반대가 예상되는 지점에서는 반론을 선제적으로 요약하고, 그에 대한 답을 제시하는 방식으로 방어선을 구축한다. 이 연설의 핵심은 '정책의 서사화'다. 정책은 나열이 아니라 이야기다. 왜 필요한지, 누가 이익을 얻는지, 어떤 위험을 줄이는지의 인과가 분명히 연결된다. 그 결과 국회연설은 갈등을 증폭시키는 장이 아니라, 쟁점을 공개적으로 정리하는 공론장의 기능을 수행한다.

대통령의 기자회견은 즉답의 윤리와 투명성의 언어가 특징이다. 기자회견은 통제되지 않은 질문이 쏟아지는 현장이다. 이재명의 기자회견은 '즉답의 윤리'를 중시한다. 모른다고 말할 것은 모른다고 하고, 확인이 필요한 사안은 시한을 제시한다. 장황한 해명 대신 핵심 쟁점을 요약하고, 판단 기준을 공개한다. 이 방식은 단기적 위험을 감수하는 대신 장기적 신뢰를 축적한다. 특히 위기 국면에서의 기자회견은 국가가 흔들리지 않는다는 신호를 준다. 감정의 과잉을 경계하며 사실과 조치의 분리를 명확히 한다. 국민은 '무슨 일이 벌어졌는지'와 '국가가 무엇을 하고 있는지'를 동시에 듣는다. 이 이중 전달이 불안을 낮춘다.

대통령의 현장 브리핑은 국가가 직접 현장의 국민에게 말을 건네는 방식이다. 이재명 스피치 리더십의 특징은 현장성이다. 계곡 정비, 재난 대응, 방역 브리핑에서 그는 정책의 결과가 발생하는 장소에 선다. 현장은 메시지를 검증한다. 설명은 짧고, 이유는 분명하며, 다음 조치는 즉각 제시된다. 몸의 방향과 시선은 청중을 향하고, 제스처는 절제된다. 이는 권위의 연출이 아니라 책임의 수행을 드러내는 몸짓이다. 현장 브리핑의 언어는 비유보다 수치와 절차에 가깝다. 그러나 그 건조함이 오히려 신뢰를 만든다. 감정은 절제되되, 시민의 불편과 분노를 인정하는 한 문장이 빠지지 않는다. 공감과 해결의 균형이 유지된다.

대통령의 위기 담화는 압축 · 간결 · 명확의 원칙을 지켜야 한다. 재난과 팬데믹은 말의 밀도를 요구한다. 이재명의 의

기 담화는 압축되어 있다. 상황 · 위험 · 행동요령 · 정부 조치 · 책임 주체의 순서가 흔들리지 않는다. 반복은 최소화하고, 핵심 문장은 두 번 말한다. 이는 공포를 자극하지 않으면서 행동을 유도하는 설계다.

이 과정에서 중요한 것은 침묵의 사용이다. 필요한 지점에서의 짧은 멈춤은 메시지의 무게를 높인다. 과잉 설명은 불안을 키운다. 위기 담화에서 그의 스피치는 '덜 말하지만 더 전달'하는 전략을 택한다.

말은 어떻게 제도가 되는가

이재명의 스피치 리더십은 제도화를 향한다. 연설은 끝이 아니라 시작이다. 취임사의 약속은 국회연설의 법안으로, 기자회견의 즉답은 행정 지침으로, 현장 브리핑의 설명은 실행 계획으로 이어진다. 말이 제도가 되는 경로가 공개될 때, 국민은 정치의 신뢰를 회복한다.

이 서사의 중심에는 '유능함'이 있다. 카리스마가 아니라 성과로 평가받겠다는 태도, 감정 동원이 아니라 문제 해결로 설득하겠다는 원칙이 일관되게 유지된다. 이는 민주적 리더십의 현대적 형태다.

대통령의 말은 국가의 작동을 들려주는 거대담론이다.

대통령의 스피치는 국가가 작동하는 소리다. 이재명의 말하기는 크지 않지만 분명하고, 화려하지 않지만 정확하다. 취임사·국회연설·기자회견·현장 브리핑으로 이어지는 일련의 연설은 하나의 메시지를 반복한다. 국가는 문제를 외면하지 않고, 공개적으로 설명하며, 실행으로 답한다.

갈등의 시대에 필요한 것은 웅변이 아니라 신뢰다. 신뢰는 언어의 정직함과 실행의 일치에서 생긴다. 이재명의 스피치 리더십은 그 일치를 제도화하려는 시도다. 대통령의 말이 곧 정책의 첫 줄이 되는 순간, 민주주의는 다시 작동하기 시작한다

갈등 앞에서 왜 정면으로 서는가

정치는 본질적으로 갈등의 예술이다. 이해관계가 충돌하고, 가치가 대립하며, 감정이 분출되는 공간에서 지도자는 선택을 강요받는다. 회피할 것인가, 중재할 것인가, 아니면 정면으로 맞서 설득할 것인가. 대통령의 말은 이 선택을 가장 분명하게 드러내는 도구다. 특히 갈등 국면에서의 스피치는 단순한 설명이나 해명이 아니라, 국가가 어디로 가고 있는지에 대한 선언이며 국민에게 보내는 신호다. 이재명 대통령의 스피치 리더십은 이 지점에서 뚜렷한 특징을 보인다. 그는 갈등을 피해 우회하기보다, 문제의 중심으로 들어가 당당하게 말하는

방식을 택해왔다.

많은 정치 지도자들이 갈등 상황에서 모호한 표현을 선택한다. 책임의 주어를 흐리고, 판단을 미래로 미루며, 갈등의 실체를 추상화한다. 반면 이재명의 화법은 구체적이다. 무엇이 문제인지, 누가 어떤 선택을 해야 하는지, 그 선택의 비용과 이익이 무엇인지 비교적 명확하게 제시한다. 이 방식은 지지와 반발을 동시에 불러오지만, 갈등을 장기화시키는 침묵의 정치를 거부한다는 점에서 정치적 메시지의 밀도가 높다.

경기도지사 시절 계곡 정비 정책은 이러한 스피치 리더십을 상징적으로 보여준다. 불법 점유 상인들과의 충돌은 불가피한 갈등이었다. 이재명은 현장 브리핑에서 '불법은 불법이고, 공공의 공간은 시민 모두의 것'이라는 원칙을 반복적으로 강조했다. 감정적 언사를 삼가면서도 원칙을 낮추지 않는 언어, 그리고 그 언어를 현장에서 직접 발화하는 방식은 갈등의 성격을 개인 대 행정의 문제가 아니라 공공성과 법치의 문제로 재구성했다.

정면 돌파형 메시지의 구조

이재명의 갈등 대응 스피치는 일정한 구조를 가진다. 첫째, 문제를 회피하지 않고 정면으로 규정한다. 둘째, 정책적·법적 근거를 제시해 감정의 과열을 식힌다. 셋째, 불가피한 불편과 고통을 인정하면서도 그 이후의 변화를 제시한다. 이 구조는 단호함과 설득을 동시에 겨냥한다.

코로나19 대응 과정에서의 담화 역시 같은 구조를 따른다. 방역 강화 조치로 인한 소상공인의 반발이 거셌던 시기, 그는 '고통을 알고 있다'는 공감의 언어로 시작하되, 곧바로 '지금 풀면 더 큰 피해가 온다'는 논리적 설명으로 전환했다. 이때 그의 메시지는 위로에 머무르지 않고, 정책 선택의 책임이 지도자에게 있음을 분명히 했다. 갈등을 감정으로 덮지 않고 판단의 문제로 끌어올리는 화법이다.

갈등 국면에서 대통령의 말은 종종 공격과 비난의 대상이 된다. 이재명의 토론과 기자회견에서 드러나는 특징은 질문을 회피하지 않고, 때로는 질문의 전제를 다시 묻는 방식으로 대응한다는 점이다. 이는 방어적 화법이 아니라 논점을 재정렬하는 전략에 가깝다.

재정 확대 정책에 대한 비판이 제기될 때, 그는 '재정 건전성'이라는 추상적 개념에 갇히기보다 '지금 쓰지 않으면 더 큰 비용을 치른다'는 시간의 논리를 제시한다. 갈등을 이념의 문제에서 행정의 문제로 이동시키는 이 전환은, 설득의 무대를 바꾸는 스피치 리더십의 핵심이다.

당당함은 어디에서 오는가

이재명의 당당한 메시지는 즉흥적 직설에서 나오는 것이 아니다. 오히려 철저한 준비와 데이터, 정책 설계에서 비롯된다. 갈등 국면에서 단호하게 말할 수 있는 지도자는 자신의 선택을 설명할 수 있는 언어를 이미 갖추고 있다. 숫자와 사례, 비교 가능한 대안이 준비되어 있기에 말은 흔들리지 않는다.

이 점에서 그의 스피치는 '감정의 정치'가 아니라 '설명의 정치'에 가깝다. 반대자들을 설득하지 못할 때도 있지만, 적어도 무엇을 왜 선택했는지는 명확히 남긴다. 이는 단기적 인기보다 장기적 책임을 중시하는 리더십의 언어다.

갈등 국면에서 정면으로 맞서는 메시지는 항상 환영받지 않는다. 그러나 민주주의에서 신뢰는 갈등의 부재가 아니라, 갈등을 다루는 방식에서 형성된다. 이재명의 스피치 리더십은 갈등을 숨기지 않고 드러내며, 그 갈등을 해결 가능한 문제로 구조화하려는 시도다.

대통령의 말은 단순한 커뮤니케이션이 아니라 통치의 일부다. 갈등 앞에서 당당하게 말하는 지도자는, 국민에게 불편한 진실을 공유할 용기를 가진 지도자다. 이재명의 스피치가 던지는 메시지는 분명하다. 문제는 피한다고 사라지지 않으며, 말하지 않으면 해결되지 않는다는 것이다. 갈등의 한가운데서 발화되는 이 당당한 언어야말로, 위기의 시대에 요구되는 대통령의 스피치 리더십이다.

설득 실패는 왜 발생하는가

대통령의 말은 언제나 성공하지 않는다. 오히려 민주주의 정치에서 더 중요한 순간은 '설득이 실패한 장면'이다. 환호보다 침묵, 박수보다 반발이 터져 나오는 순간에 지도자의 언어는 시험대에 오른다. 스피치 리더십은 박수를 끌어내는 기술이 아니라, 저항과 불신, 분노가 응축된 상황에서 어떻게 국정을 지속 가능하게 관리하느냐의 문제이기 때문이다.

이재명 대통령의 스피치 리더십 역시 수많은 성공 사례와 함께, 반대자 설득이 충분히 작동하지 않았던 순간들을 동시에 품고 있다. 실패의 장면들을 부정하기보다, 민주적 리더십이 반드시 통과해야 할 '위험 관리의 언어'라는 관점에서 냉철하게 분석해보자.

정책 갈등 국면에서 대통령의 연설이 흔히 부딪히는 첫 번째 한계는 '논리가 감정을 앞지를 수 없다는 사실'이다. 합리적 설명, 데이터, 제도적 근거가 충분함에도 불구하고 반대 여론이 누그러들지 않는 경우가 반복된다. 이는 스피치의 실패라기보다, 설득의 출발점이 어긋난 상황이다.

이재명 대통령이 특정 정책을 두고 강한 어조로 필요성과 불가피성을 설명했을 때, 지지층에게는 '유능함'으로 읽히지만, 반대층에게는 '밀어붙이기'로 인식된다. 이때 문제는 메시지의 내용이 아니라, 감정의 온도를 먼저 다루지 못한 구조에 있다. 갈등 국면에서 설득은 논증 이전에 공감의 언어로 시작되어야 한다.

이재명 스피치의 강점 중 하나는 분명한 결론 제시와 주저 없는 단정이다. 그러나 이 장점은 특정 조건에서 위험 요소로 전환된다. 사회적 이해관계가 첨예하게 갈린 사안에서 단호한 어조는 '결단'이 아니라 '배제'로 해석될 수 있다.

실제 현장 브리핑이나 기자회견에서, 대통령이 반대 논리를 조목조목 반박하며 빠르게 결론으로 나아갈 때, 일부 청중은 그 과정에서 자신들의 우려가 충분히 존중받지 못했다고 느낀다. 이는 말의 속도와 구조가 설득의 속도를 앞질렀기 때문이다. 리더의 언어가 너무 빨리 답을 제시하면, 청중은 아직 질문을 끝내지 못한 상태로 남게 된다.

팩트 중심 화법의 한계는 무엇인가

이재명 대통령은 사실과 수치를 중시하는 화법을 일관되게 유지해왔다. 이는 행정가형 리더십의 신뢰 기반이 된다. 그러나 갈등 상황에서는 이 또한 한계를 드러낸다. 반대자들은 종종 '팩트'가 아니라 '경험'과 '체감'을 근거로 움직인다.

정책 효과에 대한 수치가 제시될수록, 정책으로 불이익을 체감하는 집단은 오히려 더 강하게 반발한다. 이때 스피치는 정보 전달에는 성공하지만, 감정 설득에는 실패한다. 데이터는 반박을 줄이지만, 마음의 거리는 줄이지 못한다. 위험 관리는 바로 이 지점에서 시작된다.

대통령의 언어가 가진 구조적 위험은 그것이 토론의 시작이 아니라 '결론'으로 받아들여진다는 데 있다. 이재명 대통령이 공개 석상에서 명확한 판단을 밝힐수록, 그 말은 행정부 전체의 공식 입장이 된다. 이는 신속한 국정 운영에는 유리하지만, 사회적 숙의가 필요한 사안에서는 반발의 명분을 키울 수 있다.

설득이 실패하는 순간은 종종 여기서 발생한다. 대통령의 말이 너무 빨리 닫힐 때, 반대자들은 대화의 문이 닫혔다고 인식한다. 위험 관리형 스피치 리더십은 결론을 유예하는 언어, '아직 열려 있는 문장'을 전략적으로 남겨두는 데서 출발한다.

실패를 인정하는 말은 왜 도리어 힘이 되는가

흥미로운 점은, 설득 실패 이후의 대응이 오히려 리더십을 강화할 수 있다는 사실이다. 이재명 대통령이 일부 정책 추진 과정에서 속도 조절이나 보완 필요성을 언급했을 때, 반대 여론의 강도는 눈에 띄게 낮아졌다. 이는 정책 후퇴가 아니라,

스피치 전략의 전환이었다.

"충분히 설명되지 못했다", "현장의 우려를 더 듣겠다"는 발언은 약점이 아니라 위험 관리의 신호다. 실패를 부정하지 않고 관리하는 언어는, 장기적으로 설득의 가능성을 회복시킨다. 민주적 지도자의 스피치는 언제나 '완성형'이 아니라 '수정형'이고 '수용형'이어야 한다.

모든 반대자를 설득할 수 있는 언어는 존재하지 않는다. 중요한 것은 설득의 성공률이 아니라, 실패했을 때 어떤 태도로 말하는가이다. 이재명 대통령의 스피치 리더십은 갈등을 피하지 않는 강점과 함께, 그로 인해 발생하는 위험을 동시에 관리해야 하는 단계에 와 있다.

반대자 설득 실패의 순간들은 리더십의 결함이 아니라 민주주의의 정상 작동을 보여주는 장면일 수 있다. 대통령의 언어가 해야 할 일은 모든 갈등을 잠재우는 것이 아니라, 갈등이 폭력과 파국으로 치닫지 않도록 붙들어 두는 것이다. 스피치 리더십의 진짜 성패는 박수의 크기가 아니라, 반대 속에서도 국정이 계속 움직이게 만드는 언어의 지속성에 있다.

김대중의 '용서' · 만델라의 '통합' · 이재명의 '제도화', 세 언어의 차이는 무엇인가

정치에서 통합은 선언으로 이루어지지 않는다. '국민 통합'

이라는 말은 가장 많이 쓰이지만, 가장 어렵고, 또 쉽게 공허해지는 언어이기도 하다. 통합은 감정의 문제이면서 동시에 제도의 문제다. 그래서 지도자의 언어는 언제나 두 갈래 길 앞에 선다. 마음을 먼저 움직일 것인가, 구조를 먼저 바꿀 것인가. 김대중과 만델라는 전자의 길에서 역사를 만들었고, 이재명은 후자의 길에서 다른 방식의 통합을 시도한다.

세 사람의 언어는 닮지 않았다. 그러나 모두 분열의 시대에 등장했고, 모두 통합을 말해야만 했던 지도자들이었다. 차이는 말의 방향과 말이 닿는 지점에 있다.

용서의 언어는 어떻게 힘이 되는가

김대중의 말은 상처에서 시작한다. 그의 정치적 언어는 개인적 고통과 집단적 비극을 분리하지 않는다. 감옥, 사형선고, 망명, 투옥의 길은 험난하기만 했다. 그의 삶 자체가 한국 현대사의 폭력과 직결돼 있었기 때문이다. 그래서 김대중의 통합 언어는 언제나 윤리적 차원에서 출발한다.

그가 집권 이후 반복해서 사용한 단어는 '용서'와 '화해'였다. 이 단어들은 정치적으로는 위험한 선택이었다. 가해자가 분명한 역사 앞에서 용서를 말하는 것은 피해자의 분노를 다시 자극할 수 있기 때문이다. 그러나 김대중은 그 위험을 피하지 않았다.

“용서는 망각이 아닙니다. 화해는 굴복이 아닙니다.”

이 문장은 김대중 언어의 핵심 구조를 보여준다. 그는 감정을 직접 건드리지 않는다. 대신 오해를 먼저 제거한다. 용서를 약함으로 오해하지 말라는 선제적 방어다. 그다음에 그는 민주주의라는 더 큰 가치로 말을 확장한다. 개인의 고통을 국가의 미래로 옮기는 방식이다.

김대중의 통합 언어는 도덕적 고지에 있다. 그는 국민에게 요구하지 않는다. 대신 먼저 보여준다. 자신이 용서함으로써 국민도 화해할 수 있다고 믿는다. 이 언어는 상처 입은 공동체에 강력한 치유 효과를 낳았다. 그러나 동시에 정책 추진의 속도는 느려질 수밖에 없었다. 그의 언어는 통합의 방향을 제시했지만, 구체적 실행은 사회 각 주체에게 남겨두었다.

통합은 어떻게 정치적 서사가 되는가

만델라의 언어는 김대중과 닮았지만, 그 사용법은 다르다. 만델라는 용서를 개인의 미덕이 아니라 국가의 서사로 만들었다. 그의 통합 언어는 말뿐 아니라 장면으로 완성된다.

럭비 월드컵 결승전에서 백인 팀의 유니폼을 입고 등장한 장면은 하나의 연설이었다. 그는 말하지 않았지만, 이미 충분히 말하고 있었다. 만델라의 통합 언어는 상징과 연출을 통해 전달된다. 그의 말은 짧고 단순하지만, 언제나 장면과 결합되어 있다.

"나는 과거의 죄수를 대표하지 않습니다. 나는 이 나라의 대통령입니다."

이 문장은 개인 서사의 종결 선언이다. 그는 피해자의 위치에 머물지 않는다. 대신 국가의 대표로 이동한다. 여기서 중요한 것은 '나'의 재정의다. 만델라는 자신의 고통을 지우지 않지만, 그것을 정치의 중심에 두지도 않는다.

만델라의 통합 언어는 상대를 설득하기보다 안심시킨다. 백인 소수 지배층에게 "보복은 없다"는 신호를 보내고, 흑인 다수에게는 "존엄은 지켜졌다"는 메시지를 전달한다. 그의 언어는 양쪽 모두에게 완전한 만족을 주지 않지만, 폭력을 멈추게 할 만큼 충분한 신뢰를 만든다.

제도화된 설득이란 무엇인가

이재명의 통합 언어는 전혀 다른 출발점에 있다. 그는 용서를 말하지 않는다. 화해를 먼저 요구하지도 않는다. 대신 그는 문제를 해결하는 구조를 제시한다. 그의 언어에서 통합은 감정의 합의가 아니라, 제도의 수용 과정이다.

이재명은 분열을 인정한다. 그의 말은 자주 이렇게 시작된다.

"찬성도 있고, 반대도 있습니다."

이 문장은 통합을 선언하지 않는다. 오히려 갈등의 존재를 공식화한다. 그리고 그는 그 갈등을 제거하려 하지 않는다. 대신 그 갈등이 관리 가능한 상태로 들어오도록 설계한다.

계곡 정비, 코로나 방역, 복지 정책, 규제 개혁. 이 모든 정책에서 이재명의 말하기는 동일한 구조를 가진다. 그는 먼저 반대의 논리를 요약해 말한다. 상대의 말을 빼앗지 않는다. 그 다음 그는 정책의 필요성을 수치와 사례로 설명한다. 그리고 마지막에 이렇게 말한다.

"이 정책은 인기 있는 선택이 아닐 수 있습니다. 그러나 필요한 선택입니다."

이 문장은 통합의 언어가 아니다. 그러나 바로 이 지점에서 이재명의 통합은 작동한다. 그는 동의를 요구하지 않는다. 대신 예측 가능성을 제공한다. 정책이 어떻게 집행될지, 어떤 기준이 적용될지, 예외는 무엇인지 명확히 말한다. 국민은 그 정책을 사랑하지 않아도, 받아들일 수 있게 된다.

이재명의 통합은 감정의 해소가 아니라 제도의 신뢰에서 나온다. 그는 국민을 설득하려 하기보다, 정책이 스스로 설명하도록 만든다. 영상 브리핑, 현장 설명, 즉석 질의응답은 모두 같은 목적을 가진다. "이 정책은 숨겨진 의도가 없다"는 메시지다.

세 언어가 던지는 하나의 질문

김대중의 언어는 상처를 끌어안는다. 만델라의 언어는 미래를 연출한다. 이재명의 언어는 현재를 밀어붙인다. 이 차이는 개인의 성향이 아니라, 각자가 마주한 역사적 조건의 차이다.

군부 독재 이후의 한국, 인종 분리 이후의 남아공, 그리고 다층적 갈등이 일상화된 현대 한국 사회. 통합의 방식은 달라질 수밖에 없다. 오늘의 갈등은 선과 악의 대립이 아니라, 이해관계의 충돌로 나타난다. 그래서 오늘의 통합은 용서만으로는 부족하고, 상징만으로는 지속되지 않는다.

이재명의 언어가 다소 거칠게 들리는 이유는 여기에 있다. 그는 통합을 감정의 봉합이 아니라 운영 가능한 상태로 정의하기 때문이다. 그의 말은 위로보다 설명에 가깝고, 화해보다 규칙에 가깝다. 그러나 그 규칙이 반복될 때, 갈등은 서서히 제도 안으로 흡수된다.

이들이 이루는 통합의 다음 단계를 살펴보자. 김대중의 용서는 민주주의의 도덕적 기초를 만들었고, 만델라의 통합은 국가 붕괴를 막았다. 이재명의 통합은 그 다음 단계를 향한다. 갈등이 사라지지 않는 사회에서, 갈등을 작동 가능한 에너지로 바꾸는 것이 그의 방식이다. 그의 언어는 그 실험의 일부다.

통합은 말로 완성되지 않는다. 그러나 말없이 시작되지도 않는다. 지도자의 언어는 언제나 시대의 질문에 대한 하나의 대답이다. 그리고 지금, 그 질문은 이렇게 바뀌었다.

"우리는 어떻게 다르면서도 함께 운영될 수 있는가."

이재명의 언어는 바로 그 질문 위에 놓여 있다. 그리고 하나씩 성공의 길을 열어가고 있다.

경청에서 스피치까지, 여섯 단계로 완성되는 리더십

정치는 기술이 아니라 해석이다. 정책은 숫자로 설계되지만, 국정은 인간을 상대로 한다. 그래서 지도자에게 필요한 것은 단순한 언변이 아니라 인문학적 소양에 기반한 스피치 커뮤니케이션 능력이다.

이재명 대통령의 리더십을 분석할 때 흔히 직설 화법, 현장 소통, SNS 활용 등을 이야기한다. 그러나 그 이면에는 보다 깊은 구조가 존재한다. 경청에서 시작해 독서, 글쓰기, 말하기, 토론, 스피치로 이어지는 6단계 인문학적 소통 과정이다.

필자가 처음 창안해서 사용하면서 강조해온 '인문학적 스피치 커뮤니케이션'의 개념과 6단계 구조, 그리고 그것이 지도자의 리더십과 어떻게 연결되는지를 정리해보자.

왜 인문학적 스피치인가?

행정은 효율을 다루고, 정치는 이해관계를 다룬다. 그러나 국정은 인간의 삶과 존엄을 다룬다.

인문학적 스피치란 단순히 문학적 표현을 잘하는 말하기가 아니다. 그것은 다음의 세 요소를 포함한다. 첫째, 맥락을 이해하는 능력으로, 역사와 사회적 배경 인식을 이해하는 것이다. 둘째, 인간을 중심에 두는 관점으로, 정책의 수혜자에 대한 공감이 필요하다. 셋째, 가치를 언어로 구조화하는 힘으로, 정의, 공정, 공동체의 의미를 설명할 수 있다. 지도자가 인문학적 소양을 갖출 때, 말은 지시가 아니라 설득이 된다.

1단계 — 경청: 말의 출발점

인문학적 스피치는 듣기에서 시작한다. 경청은 단순히 상대 말을 기다리는 것이 아니다. 상대의 감정과 맥락을 읽어내는 해석의 과정이다.

이재명 대통령의 현장 간담회와 타운홀미팅은 경청을 국정의 일부로 만드는 장면을 보여준다.

시민 발언을 끝까지 듣고, 핵심을 요약하며 되묻고, 정책 반영 여부를 설명한다

이 과정은 말하기 이전의 윤리다. 듣지 않는 지도자의 말은 공허하다.

2단계 — 독서: 사고의 깊이

인문학적 소통의 토대는 독서다. 독서는 단순 정보 습득이 아니라, 타인의 삶을 이해하는 연습이다.

역사, 철학, 문학, 경제, 법학 등 다양한 분야의 축적은 정책 발언을 단

순한 행정 설명이 아니라 가치 해석으로 확장시킨다.
지도자가 고전과 현대 사상을 넘나들며 언급할 수 있을 때, 말은 깊이를 가진다. 숫자 뒤에 사람을, 정책 뒤에 철학을 담을 수 있다.

3단계 — 글쓰기: 생각의 구조화

글쓰기는 사고를 정제하는 도구다. SNS 게시물, 기고문, 연설문 초안 작성 과정에서 논점을 정리하고, 표현을 다듬고, 불필요한 감정을 제거하는 훈련이 이루어진다.
글을 쓰는 지도자는 즉흥적 발언의 오류를 줄인다. 문장은 생각의 골격이기 때문이다. 이재명 대통령이 정책을 설명할 때, 핵심 문장을 반복적으로 구조화하는 방식은 글쓰기 훈련의 흔적이라 볼 수 있다.

4단계 — 말하기: 공감의 전달

말하기는 단순 발성이 아니라 감정 전달이다. 훈련된 발음과 발성, 속도의 조절, 어조의 변화, 침묵의 활용 등 다양한 말하기 기법이 몸에 배어 있어야 한다.
인문학적 말하기는 상대를 설득하기 전에 이해하려는 태도를 전제한다. 정책 설명 중 시민의 사례를 인용하고, 현장에서 들은 목소리를 다시 언급하는 방식은 공감 기반 말하기의 특징이다.

5단계 — 토론: 사고의 확장

토론은 자신의 생각을 시험하는 공간이다. 반대 의견을 수용하고, 논리를 검증받고, 수정하는 과정에서 사고는 단단해진다.
지도자가 토론을 두려워하지 않을 때, 정책은 독단이 아니라 합의로 발전한다. 이재명 대통령은 공개 토론, 질의응답, 언론 인터뷰에서 즉답과 숙의를 구분하는 태도를 보인다.
이는 토론을 정치적 공격이 아닌 학습의 장으로 인식하는 태도다.

6단계 — 스피치: 가치의 언어화

스피치는 모든 과정을 종합한 결과물이다. 경청을 통해 수집한 목소리, 독서를 통해 축적한 맥락, 글쓰기로 정제한 구조, 말하기로 전달한 공감, 토론으로 검증한 논리. 이 다섯 단계가 응축될 때 비로소 인문학적 스피치가 완성된다.

스피치는 감정을 움직이지만, 그 뿌리는 사유다.

인문학적 말하기가 만드는 스피치 리더십

인문학적 스피치는 특정 이슈에 종속되지 않는다. 경제 정책에도 적용 가능하고, 외교 발언에도 적용 가능, 사회 갈등 조정에도 적용 가능하다. 왜냐하면 그 중심에는 인간과 가치가 있기 때문이다. 지도자가 어떤 사안을 다루든 "이 정책이 사람에게 어떤 의미인가"를 설명할 수 있을 때, 국정은 기술을 넘어 철학이 된다.

지도자의 길은 고독하다. 결정은 비판을 동반한다. 인문학적 소양은 지도자가 권력에 취하지 않고, 비판에 무너지지 않게 하는 정신적 토대다. 경청은 겸손을, 독서는 성찰을, 글쓰기는 절제를, 말하기는 공감을, 토론은 유연성을, 스피치는 책임을 요구한다. 이 여섯 단계는 결국 지도자의 윤리를 만든다.

말을 잘하는 지도자는 많다. 그러나 인문학적으로 말하는 지도자는 드물다. 인문학적 스피치 커뮤니케이션은 단순 화술이 아니라 사고의 체계다. 듣고, 읽고, 쓰고, 말하고, 토론하고,

스피치하는 전 과정을 통해 지도자는 자신의 언어를 단련한다.

이재명 대통령이 어떤 현안과 국정 이슈를 다루든 인문학적 소양을 기반으로, 가치와 맥락을 설명하고, 국민의 삶을 중심에 두는 언어를 구사할 때 그의 리더십은 단순한 행정 능력을 넘어선다.

결국 지도자의 말은 정책을 넘어 시대를 규정한다. 인문학적 스피치는 그 시대를 인간의 얼굴로 남기는 언어다. 경청에서 시작해 스피치로 완성되는 여섯 단계의 길. 그 길 위에서 지도자는 권력이 아니라 책임의 무게를 배운다.

인문학적 스피치는 첫째, 어떤 상황에서든 위기 대응 능력을 높여준다. 경제 위기, 외교 갈등, 사회적 참사 등 어떤 현안에서도 활용 가능하다. 인간의 존엄과 공동체 가치를 중심에 두는 언어는 국민의 불안을 낮춘다.

둘째, 통합의 언어를 가능케 한다. 인문학적 소양은 이분법적 언어를 경계한다. 상대를 적이 아니라 다른 이해관계자로 인식한다.

셋째, 정책의 설득력과 이해도를 높여준다. 숫자만 나열하는 설명보다, 정책이 왜 필요한지 역사적·사회적 맥락을 제시할 때 설득력은 배가된다.

듣기는 어떻게 통치의 기술이 되는가

정치에서 말은 힘이다. 그러나 더 큰 힘은 듣는 데서 나온다. 지도자의 언어가 국민을 설득할 수는 있지만, 지도자의 귀가 국민을 안심시킨다.

이재명의 리더십에서 주목해야 할 한 축은 '직설 화법'이 아니라 '경청의 구조'다. 그는 타운홀미팅, 시민 간담회, 현장 방문, 온라인 라이브 방송 등에서 상대의 발언 시간을 보장하고, 중간에 끊지 않으며, 메모하거나 고개를 끄덕이는 방식으로 참여적 소통을 실천해왔다. 그의 경청 리더십의 특징과 의미, 통치적 효과, 한계, 그리고 제도화 과제를 분석해보자.

정치인의 경청은 종종 연출로 오해받는다. 그러나 통치의 맥락에서 경청은 세 가지 기능을 가진다. 첫째, 정보 수집 기능이다. 정책의 흐름과 사각지대를 파악하게 해준다. 둘째, 정서 안정 기능이다. 지도자가 들어주면, 국민들의 불안이나 의구심이 완화된다. 셋째, 참여 확장 기능이다. 민주적 정당성이 확보되고, 추진력이 생긴다. 이재명 대통령의 현장 소통 방식은 이 세 기능을 동시에 겨냥한다.

경청은 탁월한 심리적 효과와 신뢰자본을 축적하는 역할을 한다. 경청은 첫째, 권력 거리 축소 효과를 나타낸다. 대통령과 시민의 물리적 · 심리적 거리를 좁히는 효과가 있다. 의자 높이를 맞추고, 마이크를 공유하고, 눈높이를 맞추는 장면은 상징적이다.

둘째, 감정의 완충 작용을 한다. 비판적 발언도 끝까지 듣는 태도는 갈등을 완화한다. 경청은 반대 의견을 제거하지 않고 흡수하는 기술이다. 셋째, 신뢰의 축적이다. 사람은 자신의 말이 기록되고 반영된다고 느낄 때 신뢰를 형성한다. 경청은 신뢰 자본의 출발점이다.

온라인 경청의 확장은 쌍방향 구조를 활성화시킨다. 이재명은 오프라인뿐 아니라 SNS 라이브, 댓글 피드백, 공개 질의응답 등을 통해 디지털 경청을 병행한다.

라이브 방송 중 실시간 질문 반영, 댓글 언급 후 즉석 답변, 후속 게시물에서 의견 수렴 결과 공개 등이 이뤄진다. 이 방식은 일방향 홍보를 넘어 쌍방향 구조를 만든다.

경청 리더십은 통치적 의미로도 읽힌다. 경청은 단순 미덕이 아니라 전략이다. 첫째, 정책 실패 확률을 감소시킨다. 현장 의견을 선반영하면 정책 수정 비용이 줄어든다. 둘째, 갈등 관리 능력을 강화시킨다. 대립 상황에서 먼저 듣는 태도는 협상력을 높인다. 셋째, 민주주의의 체감도를 상승시킨다. 국민이 "참여했다"고 느끼는 순간, 정책의 수용성은 높아진다.

그러나 경청은 만능이 아니다. 경청은 한계도 갖고 있고, 도전과제도 갖고 있다. 첫째, 시간의 제약이다. 모든 목소리를 들을 수는 없다. 선별된 현장만 듣는다는 비판이 나올 수 있다.

둘째, 기대 상승의 위험치를 높인다. 듣는 순간, 해결 기대도 커진다. 반영되지 않으면 실망은 더 커진다. 셋째, 퍼포먼스 논란 여부다. 카메라가 있는 자리의 경청은 연출로 오해받을 수 있고, 형식적인 통과의례로만 제한적으로 활용될 가능성도 있다.

타운홀미팅은 무엇을 바꾸었는가

이재명은 대통령 취임 후 여러 지역에서 타운홀미팅을 통해 꽉 막혀 있던 지역 현안에 해법을 제시하고, 직접 지역주민과 소통해왔다. 취임 후 첫 광주 타운홀미팅 이후, 대전, 부산, 강원, 대구, 경기 북부, 충남, 울산, 경남에서 열렸고, 2026년 2월27일 전북 타운홀미팅까지 모두 10차례의 타운홀미팅을 진행했다. 이재명은 매번 지역주민 200여명이 참석하는 타운홀미팅을 임기 초반부터 적극적으로 진행해왔다. 타운홀미팅은 주관 부처와 대통령이 SNS에서 밝힌 내용을 종합해 보면, 타운홀 미팅에서 논의되는 현안과 이후 추진 방향을 파악할 수 있다는 점에서 매우 유용하다.

타운홀미팅의 특징은 첫째, 통문을 통제하지 않는 방식이어서 시민들의 참여 열기가 높다. 타운홀미팅에서 사전 질문을 제한적으로만 걸러내고, 즉석 발언을 허용하는 방식은 긴장도를 높이지만 진정성을 강화한다. 예상 밖 질문도 수용하고, 비판적 질문도 차단하지 않는다. 즉답이 어려운 사안은 “검토하겠다”고 명확히 표현해준다. 이는 권위적 리더십과 다른 풍경을 만든다.

둘째, 말 끊지 않는 소통 분위기가 정착됐다. 경청의 가장 기본은 말을 끊지 않는 것이다. 그는 시민 발언이 길어져도 중간에 자르기보다 끝까지 듣고, 핵심을 요약해 되묻는 방식을 사용한다. “말씀의 핵심은 ○○라는 뜻인가요?” 이 질문은 단순 확인이 아니라, 상대의 말을 존중하는 신호다.

셋째, 현장 중심 경청이 진행된다. 재난 지역, 산업 현장, 청년 행사 등에서 시민의 구체적 사례를 듣고 그 자리에서 관련 부처에 검토를 지시하는 방식은 ‘듣기 → 행정 연결’ 구조를 보여준다. 경청이 감정적 위로에 그치지 않고 정책 반영의 통로가 되는 순간이다.

듣는 대통령은 왜 더 강한가

경청이 이벤트가 아니라, 사람들의 요구나 의구심을 풀어주는 진정한 제도가 되기 위해서는 무엇이 필요할까?

첫째, 후속 보고 시스템의 정착이다. 타운홀 이후 정책 반영 현황 공개와 함께 검토 결과가 정기적으로 발표되는 것이 바람직하다. 둘째, 시민 패널의 다양화다. 일부 계층이나 세대에 국한되지 않게, 지역 · 세대 · 직업 균형을 잡아야 한다. 비판적 목소리도 의도적으로 포함시키는 것이 바람직하다. 셋째, 기록과 공개다. 경청 내용을 정리해 데이터화하고 공개하면 투명성이 높아진다.

경청은 태도이면서 기술이다. 요약 능력, 감정 공감 능력, 즉답과 숙의의 구분, 반대 의견 수용력, 이 네 요소가 결합될 때 경청은 리더십이 된다. 특히 말보다 귀가 앞설 때, 상호 이해와 신뢰가 높아진다. 이재명은 강한 메시지 정치로 주목받아왔다. 그러나 통치 국면에서 더욱 중요한 자산은 '듣는 능력'이다. 말이 빠르면 박수는 얻을 수 있다. 그러나 귀가 열려야 신뢰를 얻는다. 경청은 갈등을 없애지 않는다. 그러나 갈등을 관리할 수 있게 한다.

지도자의 권위는 말에서 나오지 않는다. 누가 먼저 말하느냐가 아니라, 누가 더 오래 듣느냐에서 나온다. 이재명의 경청 리더십은 탈권위적 소통, 참여 확대, 정책 보완이라는 긍정적 효과를 만들어왔다.

이제 과제는 분명하다. 경청을 이벤트가 아니라 제도로 만들 것, 기록하고, 반영하고, 공개할 것, 듣는 시간을 통치의 시간으로 전환할 것 등을 실천해야 한다.

듣는 대통령은 약한 대통령이 아니다. 오히려 가장 강한 민주적 권위의 형태다. 말의 시대를 넘어 귀의 시대로 향한다. 경청은 선택이 아니라, 민주주의의 기본 기술이다.

독서는 당당한 말하기의 출발점인가

말을 잘하는 사람은 문장을 고르는 사람이 아니다. 말을 잘하는 사람은 생각의 깊은 우물을 갖고 있어, 언제든 주옥같은 사색의 언어를 내놓을 수 있는 언어의 부자다. 스피치는 즉흥처럼 보이지만, 그 즉흥을 가능하게 하는 것은 오랜 시간 축적된 언어의 저장고다. 이재명 스피치 기술의 핵심을 파고들다 보면, 결국 하나의 단순한 진실로 귀결된다. 그는 많이 읽은 사람의 말하기를 한다. 실제 경기지사 시절 언론 인터뷰를 할 때, 이재명은 준비된 인터뷰 자료를 보지 않고 자신만의 사색과 분석의 틀로 답변을 하곤 했다. 이미 수많은 고전과 최근 국정의 흐름을 꿰뚫고 있어서, 어떤 곤혹스러운 질문에도 척척 답변을 하곤 했다.

이재명의 언어는 장식적이지 않다. 화려한 수사나 인상적인 어구를 과시하지 않는다. 대신 그의 말은 낯설 정도로 평이하고, 때로는 투박하다. 그러나 그 평이함 속에는 구조가 있고, 그 투박함 속에는 논리가 있다. 이것은 훈련된 웅변의 결과라기보다, 독서를 통해 길러진 인문학적 근력의 결과에 가깝다.

기술보다 사유가 먼저인가

정치 스피치를 기술의 문제로만 접근하면, 쉽게 오해에 빠지거나 실수하게 된다. 발성, 제스처, 속도, 시선 처리 등 스피치의 모든 요소가 중요하지만, 이는 어디까지나 말의 '표면'이다. 그 표면 아래에 '깊은 무엇'이 없는 말은 오래 버티지 못한다.

이재명의 말은 기술 이전에 사유의 결과물이다. 그는 정책을 설명할 때도, 반대 의견에 대응할 때도, 늘 '왜'라는 질문을 거친다. 이 '왜'는 단순한 논리적 접속사가 아니라, 사고의 습관이다. 그리고 이 습관은 독서에서 형성된다.

고전을 읽는다는 것은 답을 외우는 일이 아니다. 질문을 견디는 연습이다. 인간은 왜 권력을 남용하는가, 국가는 왜 존재하는가, 정의는 무엇이며 공정은 어떻게 훼손되는가. 고전은 이 질문들을 해결해주지 않는다. 대신 질문을 더 깊고 불편하게 만든다. 이 불편함을 견뎌본 사람의 말은 가볍지 않다. 이재명의 스피치에는 바로 이 질문의 깊은 물결이 남아 있다. 그래서 그의 말은 때로 날카롭고, 때로 단정적이지만, 공허하지 않다.

이재명의 말하기에서 반복적으로 발견되는 특징 중 하나는 구조적 안정감이다. 즉석 질문에도 그의 답변은 대체로 같은 흐름을 따른다. 문제 제기 → 원인 분석 → 선택지 비교 → 결론과 책임의 순이다. 이 구조는 연설문 작성 기술만으로는 몸에 배지 않는다. 이는 사유의 프레임이며, 그 프레임은 고전 읽기를 통해 형성된다. 아리스토텔레스의 정치학, 맹자의 왕도정치, 한나 아렌트의 책임 윤리까지, 고전은 모두 하나의 공통점을 가진다. 사건을 단일 감정이 아니라 구조로 바라본다는 점이다.

이재명의 스피치가 감정적 논쟁으로 흘러가지 않는 이유도 여기에 있다. 그는 분노를 사용하지만, 분노에 머물지 않는다. 비판을 하지만, 인신공격으로 이동하지 않는다. 항상 다시 구조로 돌아온다. 이것은 말하기 기술이 아니라, 독서를 통해 체화된 사고의 습관이다.

인문학은 어떻게 도덕 언어를 만드는가

정치 언어에서 가장 위험한 순간은 도덕을 말할 때다. 도덕은 쉽게 독선이 되고, 정의는 쉽게 상대를 악으로 규정한다. 이재명의 말이 종종 강하게 들리면서도, 도덕주의로 전락하지 않는 이유는 무엇인가? 이는 그의 언어가 인문학적 독서에서 길러진 상대성 감각을 갖고 있기 때문이다.

고전은 단순한 선악 구도를 허락하지 않는다. 플라톤은 이상국가를 말하면서도 인간의 한계를 인정했고, 공자는 도덕을 말하면서도 상황의 맥락을 중시했다. 이런 텍스트를 통과한 언어는 절대화되지 않는다. 이재명은 정책을 설명할 때 '옳다'보다 '필요하다'는 표현을 자주 쓴다. '선하다'보다 '지금 가능한 최선'이라는 말을 택한다. 이 언어 선택은 우연이 아니다. 이는 도덕을 절대화하지 않는 인문학적 감각의 결과다.

흥미롭게도 독서는 말을 빠르게 하지 않는다. 오히려 말을 늦춘다. 많이 읽은 사람의 말은 급하지 않다. 이재명의 스피치에서도 이 특징은 분명하다. 그는 질문을 받으면 곧장 결론으로 뛰어들지 않는다. 잠깐 멈추고, 문장을 고른다. 차분한 표정으로 질문자를 응시한 뒤, 서서히 답변에 나선다. 이 짧은 침묵은 생각이 없는 침묵이 아니라, 사유를 호출하는 침묵이다. 독서를 통해 축적된 개념과 사례, 언어들이 그 순간 호출된다. 그래서 그의 즉석 발언은 준비된 원고처럼 들리기도 한다.

독서는 말을 화려하게 만들지 않는다. 대신 말을 견고하게 만든다. 이 견고함은 위기 상황에서 더 빛난다. 코로나 브리핑, 정책 논란, 공격적 질문 앞에서 이재명의 말은 흔들리기보다 단단해졌다. 이는 훈련된 발성이 아니라, 사유의 저수지가 있기 때문이다. 정책적 대안의 사전 토론과정까지 마친 그에게는 최적의 답변을 할 준비가 된 셈이다.

멋보다 의미가 중요한 이유

오늘날 정치 스피치는 쉽게 쇼가 된다. 한 문장, 한 장면, 한 클립이 소비된다. 유튜브 시대에 더욱 그런 양상이 강해졌다. 그러나 이재명의 말은 '인용하기 좋은 문장'보다는 '설명하기 필요한 문장'에 가깝다. 이것은 전략이기 이전에, 독서가 만든 취향이다.

독서를 많이 한 사람은 문장을 장식으로 보지 않는다. 문장은 의미를 전달하는 도구다. 그래서 그의 말은 종종 투박하지만, 사라지지 않는다. 당장은 박수를 덜 받아도, 정책의 근거로 남는다. 멋지게 말하는 것보다 의미 있게 말하는 것. 이재명 스피치의 핵심 기법은 바로 여기에 있다. 그리고 그 출발점은 언제나 독서다.

지도자의 독서는 그 자신 혼자만의 일이 아니다. 지도자가 읽는다는 것은 개인의 취미가 아니다. 그것은 곧 국가의 언어를 준비하는 일이다. 지도자의 독서 수준은 정책 설명의 깊이가 되고, 위기 대응 언어의 밀도가 된다.

이재명의 독서는 스피치를 위해 존재하지 않는다. 그러나 그의 스피치는 독서 없이는 설명되지 않는다. 고전은 그의 말에 인용되지 않지만, 그의 말의 뼈대를 이루고 있다. 이것이 바로 보이지 않는 스피치 기술이다.

스피치 훈련은 발성으로 시작할 수 있지만, 리더십의 언어는 독서에서 출발하고 완성된다. 이재명의 말하기는 이 단순한 진실을 증명한다. 그는 멋있게 말하려 하지 않는다. 대신 말이 책임질 수 있을 만큼만 말하려 한다. 그리고 그 책임감을 책에서 배운다. 고전은 말을 가르치지 않는다. 대신 말해야 할 이유와 말하지 말아야 할 선을 가르친다. 멋지고 의미 있게 말하기의 기본은, 결국 독서다. 이재명 스피치 기술의 핵심은 그

가장 오래된 방법 위에 서 있다.

고전은 어떻게 논증 근육을 키우는가

플라톤은 "생각하지 않는 삶은 살 가치가 없다"라고 말했다. 정치의 언어도 마찬가지다. 생각하지 않는 말은 울릴 수는 있어도, 오래 남지 않는다. 질문 앞에서 흔들리는 지도자의 말은 바로 그 지점에서 무너진다. 준비된 문장은 읽을 수 있지만, 준비되지 않은 질문에는 사고의 체력이 필요하기 때문이다.

이재명 스피치의 힘은 여기에 있다. 그는 질문 앞에서 말을 고르기 전에, 생각의 구조를 세운다. 골똘히 생각에 잠긴 그의 표정에서 그 상황을 읽을 수 있다. 이 능력은 타고난 재능이 아니라, 오랜 독서가 만든 근육에 가깝다.

질문은 지식이 아니라 사고의 깊이를 묻는다. 아리스토텔레스는 '니코마코스 윤리학'에서 "우리는 반복적으로 하는 행위의 총합이다"라고 말한다. 질문에 강한 사람은 반복적으로 사유해온 사람이다. 고전은 질문의 형식을 가르친다. 소크라테스의 대화편은 답보다 질문이 길다. 맹자는 왕의 질문을 그대로 받지 않고, 언제나 기준을 되묻는다. 한나 아렌트는 "악의 평범성"이라는 질문 하나로 20세기 정치철학의 방향을 바꾸었다.

이 텍스트들을 통과한 사고에는 공통점이 생긴다. 질문을 공격으로 받아들이지 않고, 사유의 출발점으로 삼는 태도다. 이재명의 즉답 능력은 이 태도에서 나온다. 이재명이 소년공의 고난 속에서도 공부하고 독서하던 그 씨앗이 열매를 맺은 셈이다.

답하기 전에 왜 질문을 다시 묻는가

이재명이 즉석 질문 앞에서 자주 사용하는 화법은 단순하다. "그 질문의 전제를 먼저 살펴볼 필요가 있습니다."

이는 회피가 아니다. 키케로가 '웅변가에 대하여'에서 말했듯이, "논증의 절반은 문제를 어떻게 정의하느냐에 달려 있다."

잘못된 질문에는 정답이 없다. 그래서 그는 질문을 분해하고, 쟁점을 재정렬한다. 이 태도는 독서에서 길러진다. 철학은 언제나 "왜?"보다 먼저 "무엇을 묻고 있는가?"를 묻기 때문이다. 그는 질문의 의도조차 의심하고 분석하면서, 최선의 답변을 통해 국민을 섬기는 정치의 성공을 이루고자 한다. 지도자의 바람직한 자세다.

그에게는 흑백을 거부하는 사고의 힘도 충만하다. 정치 분야의 질문은 종종 단순화를 강요한다. 언론도 이 같은 흑백 논리의 질문을 던지며 함정을 파곤 한다. 찬성인가 반대인가,

성공인가 실패인가.

그러나 몽테뉴는 『수상록』에서 이렇게 썼다. “확실한 판단을 내릴 수 없는 문제에 단정은 위험하다.”

이재명의 답변이 때로 불편하게 느껴지는 이유는, 그가 단정을 경계하기 때문이다. 그는 항상 조건을 붙인다. 맥락을 설명한다. 선택의 비용을 말한다. 이것은 우유부단이 아니라, 사고의 정직함이다. 고전을 읽은 사람은 흑백의 유혹을 경계한다. 그래서 그의 말은 느리지만, 쉽게 무너지지 않는다.

공격을 감정이 아닌 논증으로 받는 기술은 실력이 있어야 한다. 니체는 “생각하는 사람은 공격받을 준비가 되어 있다”고 말했다.

공격적 질문 앞에서 많은 정치인은 목소리를 높인다. 그러나 이재명은 비교적 자주 공격을 논증의 장으로 옮긴다.

“그렇게 보실 수 있습니다. 다만 사실관계는 이렇습니다.”

이 문장은 싸움의 언어가 아니다. 토론의 언어다. 독서는 사람을 공격적으로 만들지 않는다. 대신 방어적이지 않게 만든다. 논리를 가진 사람은 감정을 방패로 쓰지 않아도 되기 때문이다. 그러나 그 토론은 그렇게 오래 걸리지 않는다. 충분히 사전에 검토하고 준비가 되어있기 때문에, 상호 검증과 의견 교환을 통해 답을 곧바로 찾아내기 때문이다.

즉흥 답변의 저장고는 어떻게 만들어지는가

보르헤스는 "나는 상상력보다 기억에 의해 쓰여진다"고 말했다. 질문에 강한 사람은 사례를 많이 기억한다. 이재명의 답변에는 자주 현장의 기억이 등장한다. 성남의 예산, 경기도의 행정, 정책 집행의 실제 장면들. 이것은 경험이기도 하지만, 동시에 독서가 만든 사고방식이기도 하다.

독서는 사례를 축적하는 행위다. 역사, 제도, 인간 심리의 축적. 이 저장고가 있을 때 즉흥성은 감각이 아니라 정확성이 된다.

그는 늘 고난에 굴하지 않고, 도전해서 이루는데 익숙했다. 언론 등이 제기하는 모든 질문에 대해, 그는 다 답하지 않겠다며 반론을 제기하곤 했다. 자신이 옳다고 판단하는 관점을 관철하는 용기가 있어야 가능한 일이다.

괴테는 말했다. "완벽한 해답을 찾으려는 집착이 진실을 가린다."

이재명의 말하기에서 자주 등장하는 문장이 있다. "완벽한 해답은 없습니다." "지금 시점에서의 최선입니다."

이 말은 약함이 아니라 성숙이다. 고전은 인간 인식의 한계를 가르친다. 그래서 그는 확신을 과시하기보다, 책임을 강조한다. 이것이 민주적 리더십의 언어다.

독서는 말을 넘어 리더십을 만든다. 세네카는 말했다. "말을 다스리지 못하는 사람은 삶도 다스리지 못한다."

그러나 그보다 앞서 다스려야 할 것은 생각이다. 이재명의 스피치가 질문 앞에서 강한 이유는, 그의 말이 아니라 그의 사고가 오래 단련되어 있기 때문이다.

고전과 양서는 그의 논증 근육을 만들었다. 그래서 그는 질문 앞에서 흔들리기보다, 기준을 세운다. 말은 훈련으로 다듬을 수 있다. 하지만 생각의 깊이는 읽은 만큼만 깊어진다. 지도자의 언어는 책장에서 시작된다.

반대자와 대화하는 힘은 어디서 오는가

정치의 현장은 늘 준비되지 않은 질문으로 시작된다. 기자회견장, 현장 브리핑, 항의하는 시민 앞에서 지도자의 말은 원고보다 먼저 시험대에 오른다. 이때 드러나는 것은 말솜씨가 아니라 사고의 윤곽이다. 즉흥은 기술이 아니라, 축적된 생각의 노출이기 때문이다. 파스칼은 말했다. "나는 짧게 쓰는 법을 몰라서 길게 썼다."

지도자가 되면 자주 대하게 되는 즉흥 브리핑의 미학은 생각과 브리핑의 길이가 서로 반대로 작동한다는 점이다. 길게 생각한 사람이 짧게 말한다. 즉흥 브리핑은 즉석 발언이 아니다. 그것은 미리 완성된 사고 구조를 공개하는 행위다.

이재명의 현장 브리핑을 보면 공통된 흐름이 있다. 문제를 회피하지 않고, 질문을 반복하지 않으며, 말을 꾸미지 않는다. 자신의 생각을 가감없이 표현한다. 그는 대체로 4단계에 걸쳐 브리핑을 진행한다. 첫째, 사실 확인 – 무엇이 벌어졌는가, 둘째, 기준 제시 – 판단의 원칙은 무엇인가, 셋째, 선택에 대한 설명 – 왜 이 결정을 했는가, 넷째, 한계 인정 – 무엇이 아직 미완인가를 다룬다. 이 구조는 정해진 원고를 따르는 것이 아니라, 사고의 습관에서 나온다. 한나 아렌트가 말한 것처럼, "정치란 행동 이전에 판단의 문제"이기 때문이다.

그가 현장 브리핑에서 사용하는 언어는 설명을 통한 공감과 소통이다. 설명은 변명이 아니기 때문이다. 정책 갈등의 현장에서 그는 종종 비판자들과 마주 섰다. 계곡 정비 과정에서, 방역 조치의 강화 국면에서, 행정 결정에 반발하는 시민들 앞에서, 정책 결정에 반발하는 노조원들 앞에서, 그는 자리를 피하지 않았다.

여기서 중요한 것은 설득의 방식이다. 그는 감정에 맞서지 않는다. 대신 구조로 대응한다. "불편하실 수 있습니다." 이 문장은 동의가 아니다. 공감이다. 그 다음에 이어지는 말은 언제나 판단의 기준이다. 더불어 그는 그들이 수용할 가능성이 큰 대안을 준비하고, 적극적으로 소통한다.

존 롤즈가 '정의론'에서 말했듯이, "공적 결정은 누구나 이해할 수 있는 이유 위에 서야 한다." 즉흥 브리핑에서 이재명이 반복하는 것은 바로 이 '이유의 공개'다. 설득은 강요가 아니라, 판단의 재료를 제공하는 행위이기 때문이다.

설득의 영역과 불설득의 경계

모든 대화가 설득으로 끝나지는 않는다. 이 사실을 인정하는 순간, 지도자의 말은 성숙해진다. 이재명의 화법에는 분명한 선이 있다. 설명할 수는 있으나, 모든 반대를 수용하지는 않는다. 이것은 권위주의가 아니라 책임의 문제다. 막스 베버는 지도자의 윤리를 신념의 윤리와 책임의 윤리로 구분했다. 정치는 후자의 영역이다.

그는 때로 이렇게 말한다. "동의하지 않으실 수 있습니다. 그러나 이 결정은 필요합니다." 이 문장은 설득의 실패가 아니라, 불설득을 감내하는 결단이다. 민주적 리더십은 항상 합의를 보장하지 않는다. 대신 결정의 이유를 숨기지 않는다.

이재명은 늘 냉철하고 당당한 태도로 공공의 영역에 등장한다. 그는 공세적인 질문에 대해 공격적인 반격으로 맞서지 않는다. 공격적 질문 앞에서 감정이 앞서지 않는 냉정한 태도를 취할 수 있는 이유는 어디에서 오는가. 그 뿌리는 인문학적 사고 훈련에 있다. 소크라테스의 대화편에서 질문은 상대를 무너뜨리기 위한 무기가 아니다. 사고를 드러내는 도구다. 이재명의 말하기에서도 질문은 위협이 아니라 사고를 점검하는 장치로 작동한다.

그래서 그는 질문을 다시 말해준다. 전제를 분리한다. 쟁점을 좁힌다. 이는 독서가 만든 태도다. 고전은 언제나 말한다. 질문은 답보다 오래 남는다.

속도를 조절하는 힘은 어디서 오는가

즉흥 브리핑의 또 다른 특징은 속도다. 빠를 때는 빠르고, 멈출 때는 멈춘다. 이는 훈련된 사고만이 가능한 영역이다. 몽테뉴는 "판단의 속도는 경험이 아니라 성찰에서 나온다"고 했다.

이재명의 말하기에는 자주 유보의 언어가 등장한다. "더 검토하겠다." "지금은 답할 수 없다." 이 말은 무능의 고백이 아니다. 인식의 한계를 아는 사람만이 할 수 있는 말이다. 독서는 인간이 모든 것을 알 수 없다는 사실을 반복해서 가르친다. 그래서 그의 말은 때로 멈출 줄 안다.

정치인의 즉흥 발언이 위험한 이유는 생각이 아니라 감정이 먼저 나오기 때문이다. 그러나 이재명의 즉흥성은 반대다. 감정을 최소화하고, 사고를 최대한 공개한다. 보르헤스는 말했다. "나는 즉흥적으로 말하지만, 우연히 생각하지는 않는다."

즉흥 브리핑의 미학은 바로 여기에 있다. 준비된 사고를 감추지 않는 용기가 그것이다. 설득되지 않을 가능성을 알면서도 설명을 포기하지 않는 태도가 중요하다.

말은 순간에 나오지만, 생각은 시간을 통과한다. 이재명의 즉흥 브리핑과 반대자와의 대화는 기술이 아니라, 그가 추구하는 사고의 공개 방식을 그대로 보여준다. 그 사고의 바탕에는 독서와 인문학이 있다.

고전은 그에게 답을 주지 않았다. 대신 질문하는 법을 가르쳤다. 그래서 그는 현장에서 도망치지 않고, 말을 줄이지 않고, 생각을 숨기지 않는다. 정치의 언어는 언제나 평가받는다. 그러나 사고의 깊이는 쉽게 닮지 않는다. 즉흥 브리핑은 순간의 장면이지만, 그 미학은 오랜 독서의 시간 위에서만 가능하다.

독서는 어떻게 사유의 정치가 되는가

말은 갑자기 생기지 않는다. 즉흥처럼 보이는 한 문장도, 현장에서 튀어나온 듯한 한 단락도, 그 이면에는 축적된 사고의 근육이 있다. 정치 지도자의 언어는 더더욱 그렇다. 말은 개인의 재능이 아니라, 오래 읽고 오래 생각한 사람의 생활 방식에서 나온다.

이재명의 스피치가 종종 "즉흥적이지만 허술하지 않고, 직설적이지만 비어 있지 않은" 이유는 어디에 있을까. 답은 단순하다. 그는 말하기 이전에 읽기를 해온 사람이다. 그것도 단발적 독서가 아니라, 삶의 국면마다 반복된 습관 독서의 축적이다. 독서는 재능이 아니라 체력이다. 프란츠 카프카는 말했다. "책은 우리 안의 얼어붙은 바다를 깨는 도끼여야 한다."

정치인의 독서 역시 그렇다. 교양의 장식이 아니라, 사고를 깨우는 도구여야 한다. 이재명의 독서는 자기계발서식의 '처세 독서'와는 거리가 멀다. 법률가 시절부터 이어진 그의 독서는 문제 상황을 해석하고, 논증하고, 결단하는 체력을 기르는 방향으로 축적돼 왔다.

그가 질문에 강한 이유는, 답을 많이 외워서가 아니다. 독서는 그에게 질문을 구조화하는 훈련이었다. 고전은 언제나 질문으로 시작한다. "국가는 무엇인가", "정의는 누구의 편인가", "권력은 어디서 정당성을 얻는가". 이 질문들이 머릿속에 층층이 쌓이면, 현실의 질문은 낯설지 않게 다가온다. 아리스토텔레스는 '수사학'에서 말한다. "설득은 기술이 아니라 판단의 결과다."

판단은 하루아침에 생기지 않는다. 판단은 읽고, 비교하고, 실패하고, 다시 읽는 과정에서 생긴다. 이재명의 언어가 단순한 주장에 머물지 않고 논증의 형태를 띠는 이유는, 그의 독서가 사고의 체력을 길러왔기 때문이다.

독서는 습관인가, 즐거움인가

독서는 의무가 될 때 오래가지 못한다. 이재명의 독서 이력에서 주목할 점은, 그것이 생존의 도구이자 즐거움의 공간이었단 사실이다. 가난과 노동, 고시 준비의 시간 속에서 책은 도피처이자 무기였다. 니체는 말했다. "나를 죽이지 못한 것은 나를 더 강하게 만든다."

독서는 이 문장을 현실로 만드는 과정이다. 책은 고통을 제거하지 않지만, 고통을 해석할 언어를 준다. 이재명의 독서는 현실 도피가 아니라 현실 돌파였다. 법과 제도, 역사와 철학, 사회과학적 텍스트들이 그의 사고에 층을 만들었고, 그 층은 쉽게 무너지지 않는 논증의 골격이 되었다.

독서는 결국 즐거움이 된다. 반복된 읽기는 속독을 가능하게 하고, 맥락을 단번에 파악하게 만든다. 이는 곧 말의 속도와 정확성으로 전환된다. 즉흥 브리핑에서의 빠른 구조 설정, 질문에 대한 즉시 반응은 모두 이 독서 체력의 부산물이다.

독서가 경험과 만날 때, 언어는 창작이 된다. 독서만으로는 정치적 언어가 완성되지 않는다. 책은 경험과 만나야 한다. 이재명의 언어가 추상적 도덕론에 머물지 않고 구체적인 이유는, 그의 독서가 행정 경험 · 현장 경험과 끊임없이 충돌했기 때문이다.

계곡 정비, 코로나 대응, 기본 정책 논쟁 과정에서 그의 말은 늘 현장 → 원리 → 결론의 구조를 띤다. 이는 책에서 배운 구조다. 동시에 현장에서 다듬어진 구조다. 알베르 카뮈는 '페스트'에서 이렇게 썼다. "진실은 추상 속에 있지 않고, 사람들 사이에 있다."

이재명의 언어는 이 문장을 정치적으로 실천한다. 그는 이론을 앞세우지 않고, 사례를 통해 원리를 설명한다. 독서로 익힌 개념은 현장에서 검증되고, 다시 언어로 재조립된다. 이 과정에서 말은 반복이 아니라 창작이 된다.

질문에 강한 사람은 어떻게 만들어지는가

토론과 기자회견에서 이재명의 강점은 질문을 회피하지 않는 태도다. 어떤 질문도 당당하게 대답하려 노력한다. 이는 성격의 문제가 아니라 사고 구조의 문제다. 독서를 많이 한 사람은 질문을 두려워하지 않는다. 질문은 공격이 아니라, 생각을 정리할 기회라는 것을 알기 때문이다.

플라톤의 대화편이 그러했고, 공자의 문답이 그러했다. 고전은 언제나 질문으로 진행된다. 이재명의 화법 역시 대화형 논증에 가깝다. 반대자의 질문을 재정의하고, 전제를 해체하고, 다시 자신의 논지로 이끈다.

이는 독서가 만든 근육이다. 암기된 지식이 아니라, 사고의 반사신경이다. 질문을 받으면 문장을 떠올리는 것이 아니라, 구조를 떠올린다. 그래서 그의 즉흥 발언은 감정적일 수는 있어도, 공백으로 무너지지 않는다.

정치 지도자의 언어는 시대를 남긴다. 루스벨트의 라디오는 대공황의 공포를 견뎠고, 김대중의 사자후는 민주주의의 절망을 넘어섰다. 이재명의 언어가 지향하는 지점 역시 분명하다. 실천 가능한 언어, 제도로 이어지는 말이다. 한나 아렌트는 말했다. "정치는 말과 행동이 만나는 공간이다."

독서는 이 만남을 가능하게 한다. 읽지 않는 지도자의 말은 감정에 갇히고, 읽지 않는 정치의 언어는 선동으로 추락한다. 이재명의 스피치가 때로 거칠고 논쟁적일지라도, 공허하지 않은 이유는 그 바닥에 읽기의 시간이 깔려 있기 때문이다.

독서는 가장 조용한 정치라는 말이 있다. 독서는 눈에 띄지 않는다. 표를 얻지도, 박수를 받지도 않는다. 그러나 독서는 정치인의 말 속에서 살아남는다. 한 문장, 한 단락, 한 연설 속에서 샘솟듯 살아오른다.

이재명의 언어를 이해하려면 그의 말만 보아서는 안 된다. 그가 읽어온 시간을 함께 보아야 한다. 습관으로 읽고, 즐거움으로 축적하고, 경험으로 숙성시킨 사유가 그의 말 뒤에 있다. 정치는 결국 말로 시작해 제도로 끝난다. 그리고 그 말의 시작은 언제나, 조용한 독서였다.

정치인의 말은 그가 무엇을 읽어왔는지를 숨기지 못한다.

단어의 선택, 문장의 리듬, 논증의 방향에는 언제나 사상의 흔적이 남는다. 이재명의 언어 역시 그렇다. 그의 스피치는 즉흥처럼 보이지만 즉흥이 아니고, 직설처럼 들리지만 단순하지 않다. 그 말의 뿌리는 오랜 독서와 공부, 그리고 그것을 현실에 적용해온 실천의 시간에 있다.

이재명은 '지식인 정치인'이라는 말보다, 실천적 지식인이라는 표현에 더 가깝다. 그는 이론을 말하기 위해 읽은 것이 아니라, 현실을 바꾸기 위해 읽어온 사람이다. 그의 독서와 사상 흐름은 화려한 철학사의 나열이 아니라, 문제를 해결하기 위한 사유의 도구함에 가깝다.

법과 정의는 어떻게 언어가 되는가

이재명의 사고의 출발점에는 법이 있다. 사법연수원 시절부터 이어진 법률 독서는 그에게 논증의 기본 형식을 제공했다. 사실 · 쟁점 · 해석 · 결론이 그것이다. 그의 말하기가 감정적 대립으로 치닫기보다, 구조화된 설명으로 귀결되는 이유다.

경기도지사 시절 그의 현안에 대한 판단력은 매우 빨랐다. 사안의 법적 성격과 내용, 해결 방안, 민원인들의 반발과 소송 등을 재빠르게 분석하고, 결정을 내렸다. 행정 절차와 대안, 주민들과의 소통 등에 대해서도 빠짐없이 언급했으며, 이 과정에는 법률가와 행정가 출신이라는 점이 큰 장점으로 작용했다.

법률 텍스트는 감정을 배제한다. 대신 책임과 결과를 묻는다. 이재명의 스피치에서 자주 등장하는 "그래서 누가 책임지는가", "결과는 누구에게 돌아가는가"라는 질문은 법적 사고의 잔향이다. 이는 도덕적 비난이 아니라 책임의 구조를 묻는 질문이다.

막스 베버가 말한 "책임윤리"는 이 지점에서 그의 언어와 만난다. 신념을 말하되, 결과를 회피하지 않는 태도. 이재명의 말이 때로 부담스럽게 들리는 이유는, 그것이 듣기 좋은 약속이 아니라 책임을 전제로 한 언어이기 때문이다.

이재명의 정치적 언어에서 김대중의 그림자는 분명하다. 이재명은 공사석에서 김대중에 대한 존경과 신뢰를 자주 언급하곤 했다. 김대중의 저작과 연설, 민주주의에 대한 사유는 이재명에게 권력과 시민의 관계를 바라보는 틀을 제공했다.

김대중은 말했다. "행동하지 않는 양심은 악의 편이다." 이 문장은 이재명의 정치적 기질과 정확히 맞닿아 있다. 그의 스피치에는 관조가 없다. 상황 설명 다음에는 반드시 행동의 요청이 따라온다. 정책 추진 과정에서 "그래서 이렇게 하겠다"라는 문장이 반복되는 이유다.

민주주의를 말하되, 추상적 가치에 머물지 않고 제도와 예산, 집행으로 연결하는 방식은 김대중적 민주주의의 현대적 변주라 할 수 있다.

사회과학과 인문학은 어떻게 실천이 되는가

이재명의 독서 흐름에서 중요한 축은 사회과학과 행정 담론이다. 복지국가론, 재정 정책, 불평등 구조에 대한 논의들은 그의 정책 언어를 구성하는 뼈대다. 이는 그의 스피치가 '도덕적 호소'에 머물지 않고, 가능성과 실행 조건을 함께 제시하는 이유이기도 하다.

존 롤스의 '정의론'에서 강조된 공정성과 최소 수혜자에 대한 고려는, 그의 정책 언어에서 "가장 약한 사람부터"라는 표현으로 반복된다. 다만 그는 롤스를 인용하지 않는다. 대신 생활 언어로 번역한다. 철학은 그의 말 속에서 이름을 지우고 기능만 남는다.

이 점에서 그의 스피치는 학자보다 행정가에 가깝다. 개념을 설명하기보다, 개념을 작동시키는 언어를 사용한다. 그러나 이재명의 독서가 기술적 지식에만 머물렀다면, 그의 말은 효율적일 수는 있어도 깊지는 않았을 것이다. 그러나 그의 질문은 종종 존재론적이다. "국가는 누구를 위해 존재하는가", "정책은 누구의 삶을 바꾸는가." 이는 고전과 인문학 독서의 흔적이다.

공자, 맹자, 플라톤과 같은 고전은 직접 인용되지는 않지만, 대화형 사고의 방식으로 그의 언어에 스며 있다. 질문을 던지고, 반론을 예상하고, 다시 정리하는 구조는 고전적 문답법에 가깝다. 한나 아렌트의 말처럼, "사유하지 않는 인간은 악을 저지를 수 있다"는 점, 악의 평범성의 이면을 그는 사고하고 성찰했다.

이재명의 스피치는 끊임없이 사유를 드러낸다. 확신을 말하면서도, 그 확신이 어디에서 왔는지를 설명하려 한다. 이는 권위적 언어가 아니라, 사유를 공개하는 언어다.

끊임없이 공부하는 정치인의 힘

이재명의 스피치에서 가장 중요한 특징은 완결된 말이 없다는 점이다. 그는 종종 "더 보겠다", "검토하겠다", "바꿀 수 있다"고 말한다. 이는 우유부단함이 아니라, 공부하는 정치인의 언어다.

정치는 결단의 영역이지만, 결단 이전에는 반드시 학습이 필요하다. 이재명의 말에는 그 과정이 숨겨지지 않는다. 그는 공부한 흔적을 감추지 않고, 오히려 드러낸다. 그래서 그의 말은 때로 투박하지만, 공허하지 않다.

역사를 통해 실천적 지식인의 말은 늘 세상을 움직였다.

이재명의 언어는 완성형이 아니다. 그것은 진행형의 언어다. 끊임없이 읽고, 질문하고, 수정하며 현실 속에서 검증된다. 그래서 그의 스피치는 하나의 작품이라기보다, 계속 쓰이고 있는 문장에 가깝다.

정치에서 말은 약속이 아니라, 행동의 서문이다. 그리고 그 서문은 언제나 공부에서 시작된다. 이재명의 스피치를 이해하는 가장 정확한 방법은, 그의 말 뒤에 놓인 독서의 시간과 사유의 노동을 함께 보는 것이다. 그곳에서 우리는 한 정치인의 언어가 어떻게 실천으로 이어지는지를 보게 된다.

이재명의 스피치에 스며든 책들

말의 근원은 언제나 읽기의 궤적으로 파악할 수 있다. 정치인의 언어는 우연히 만들어지지 않는다. 그 말이 어디로 가는지는, 그가 어떤 책을 거쳐 왔는지를 보면 알 수 있다. 이재명의 스피치에는 한 권의 결정적 책이 있다기보다, 여러 사상 흐름이 겹겹이 퇴적된 지층이 있다. 이 장은 그 지층을 지도처럼 펼쳐 보이는 시도다.

첫 번째, 법·정의의 계열의 책이다. "누가 책임지는가"라는 질문의 출처이기도 하다. 핵심 사상은 법적 사고, 책임 윤리, 결과 중심 논증이다. 이에 따른 스피치는 쟁점 구조화, 반론

예상, 책임 귀속 질문의 특성을 드러낸다. 그가 읽었던 헌법, 행정법, 형법 기본서 전반, 사법연수원 교재 및 판례집, 막스 베버 '직업으로서의 정치' 등은 그의 행동과 사고에 깊은 영향을 끼쳤다.

이재명의 말에는 늘 법정의 형식이 숨어 있다. 사실을 제시하고, 쟁점을 분리하고, 판단의 근거를 설명한다. 감정적 분노보다 "이게 법적으로, 제도적으로 가능한가"라는 질문이 앞선다.

베버의 책임윤리는 그의 스피치에서 이렇게 번역된다. "그럴듯한 말 말고, 결과를 설명하라." 그래서 그의 말은 때로 차갑게 들리지만, 동시에 현실적이다.

두 번째, 민주주의 · 인권의 계열의 책들이다. 김대중의 언어를 지나 현실로 가는 교량이다. 핵심 사상은 민주주의, 시민주권, 권력의 정당성에 기초한다. 스피치는 시민 호명, 권력의 이유 설명, 정당성 강조를 특징으로 한다. 김대중 연설집·자서전, 대중참여 민주주의 관련 저작들, 한국 민주화 운동사 관련 서적 등이 그것이다.

김대중의 책과 연설은 이재명에게 정치 언어의 윤리를 가르쳤다. 권력은 명령이 아니라 설득에서 나온다는 믿음이다. 다만 이재명은 김대중의 '희망의 수사'를 집행의 언어로 바꾼다.

"국민이 주인입니다"라는 문장은 이재명의 말에서는 이렇게 변한다. "주인이니까, 이 과정도 설명 드리겠습니다." 그래서 그는 '대한민국은 주권자인 국민이 주인인 민주공화국이다'라는 헌법 조문을 입이 닳도록 반복하곤 했다.

세 번째, 복지국가·경제 정의의 계열의 책들이다. '공정'과 '효율'을 동시에 말하는 언어를 여기서 배웠다. 핵심 사상은 분배 정의, 국가의 역할, 재정 책임이다. 그의 스피치는 숫자 제시, 비용 · 효과 설명, 반대 논리 선제 차단 등의 특성으로 나타난다. 존 롤스 '정의론', 토마 피케티 '21세기 자본', 복지국가론·불평등 연구서 다수가 이에 해당된다.

이재명의 복지 언어는 감성적 연민이 아니라 구조 설명에 가깝다. 그는 "불쌍하니까 도와주자"보다 "이게 더 효율적이다"라고 말한다. 이는 롤스적 정의론이 행정 언어로 번역된 결과다. 그는 철학자의 이름을 부르지 않는다. 대신 이렇게 말한다. "결국 돈은 이렇게 돌아옵니다." 이것이 그의 생활 언어화 전략이다.

네 번째, 고전 · 동양사상의 계열의 책이다. 그가 직설적이지만 단선적이지 않은 이유이다. 핵심 사상은 공공성, 도덕과 정치의 긴장, 자기 수양이다. 스피치는 이분법 회피, 질문형 화법, 숙고의 흔적 등으로 나타난다. 공자 · 맹자 관련 고전 해설서, 한국 고전 산문 · 사상서, 역사 인물 평전 다수가 이에 해당된다.

이재명의 말은 단호하지만, 흑백논리에 갇히지 않는다. 이는 동양 고전 특유의 균형 감각에서 온다. 옳고 그름을 말하되, 맥락을 지운 적은 없다. 그래서 그는 종종 말한다. "그럴 수도 있습니다. 하지만…" 이 접속사는 고전적 사유의 흔적이다.

다섯 번째, 노동 · 현실 인문학의 계열의 책들이다. 삶에서 출발한 언어가 그의 입에 익은 이유다. 핵심 사상은 인간의 존엄, 노동의 가치, 체험의 철학이다. 스피치는 자기 경험 소환, 추상 개념의 생활 번역을 특징으로 한다. 전태일 평전, 한국 노동운동사 관련 서적, 르포 · 현장 기록 문학이 이에 해당된다.

이재명의 말이 설득력을 얻는 결정적 이유는 자기 경험을 숨기지 않는 태도다. 이는 노동 서사와 르포 문학의 영향이다. 그는 이론을 말하기 전에, 늘 삶의 장면을 꺼낸다. "제가 해봤습니다." 이 문장은 어떤 철학인용보다 강하다.

그는 현대 정치 · 행정 실무서의 계열도 즐겨 읽는다. 이는 쉼없이 진행되는 즉흥 브리핑의 비밀이기도 하다. 핵심 사상은 위기관리, 정책 커뮤니케이션, 정보 공개다. 스피치는 압축, 속도, 판단 기준 공개를 특징으로 한다. 위기관리 · 재난대응 매뉴얼, 행정학 · 정책 결정 관련 서적, 해외 리더십 사례서, 손자병법 등의 병법전략서 등이 대표적이다.

이재명의 즉석 브리핑은 감각이 아니라 훈련된 사고의 결과다. 그는 결론을 먼저 말하고, 근거를 압축해 제시한다. 이는 행정 실무서적과 위기 대응 사례 학습의 산물이다.

읽은 사람만이 설명할 수 있다. 이재명의 스피치는 웅변이 아니라 설명에 가깝다. 설명은 공부 없이는 불가능하다. 그의 말은 책의 문장을 그대로 옮기지 않는다. 대신 책에서 얻은 질문을 현실에 던진다. 그래서 그의 스피치는 차갑지 않지만 뜨겁지도 않다. 대신 움직인다.

정치에서 가장 무서운 말은 화려한 말이 아니라, 읽고 생각하고 계산된 말이다. 그리고 그 말은, 언제나 한 권의 책에서 시작된다.

글쓰기는 어떻게 시작되는가

글쓰기는 빈종이 앞에서 시작되지 않는다. 글은 이미 머릿속에서 여러 번 쓰인 뒤에야 종이 위로 내려온다. 좋은 원고란 갑자기 떠오른 문장이 아니라, 오래 숙성된 생각이 제자리를 찾은 결과다. 정치인의 연설문이든, 한 편의 칼럼이든, 책의 한 장이든, 모든 글의 출발점은 언제나 같다. 무엇을 쓸 것인가가 아니라, 무엇을 오래 생각해왔는가다.

소재는 발견인가, 축적인가

많은 사람들은 글의 소재를 찾으려 한다. 그러나 실제로 좋은 소재는 찾는 것이 아니라 쌓이는 것이다. 하루의 뉴스, 현장에서 들은 한 문장, 시민의 질문, 회의 중 스쳐간 의문, 책에서 밑줄 그은 문장 하나. 이 모든 것은 당장은 글이 되지 않는다. 그러나 머릿속 어딘가에 남아 서서히 서로를 부른다.

이재명의 말과 글이 현장성과 밀도를 동시에 갖는 이유도 여기에 있다. 그는 한 번의 사건을 곧바로 문장으로 만들지 않는다. 대신 비슷한 사건들이 반복될 때까지 기다린다. 그 반복 속에서 구조가 보이고, 문제의 본질이 드러난다. 소재란 결국 '특이한 사건'이 아니라, 여러 번 마주친 질문에서 출발한다.

창작 메모는 문장이 아니라 '질문'이다. 나쁜 메모는 문장을 적는다. 좋은 메모는 질문을 남긴다. 왜 이 장면이 불편했는가? 이 정책은 누구에게 유리하고, 누구에게 설명되지 않았는가? 이 말은 왜 설득력이 있었는가, 혹은 없었는가?

이 질문들은 당장 답을 요구하지 않는다. 오히려 답을 유예한 채, 생각을 계속 자극한다. 고전 독서는 이 질문의 깊이를 키운다. 아리스토텔레스는 "모든 탐구는 질문에서 시작된다"고 했다. 플라톤의 대화편에는 완성된 결론보다 끝없이 이어지는 질문이 더 많다. 이재명의 즉흥 브리핑이나 토론 대응이 강한 이유도 같다. 그의 머릿속에는 문장이 아니라 질문들의 지도가 있다. 그래서 어떤 공격이 와도, 이미 오래 생각해온 질문의 영역으로 대화를 끌고 갈 수 있다.

고전은 왜 사고의 근육인가

고전을 읽는 이유는 인용하기 위해서가 아니다. 고전은 문장을 빌려주는 책이 아니라, 생각하는 방식을 훈련시키는 책이다. 키케로를 읽으면 문장이 아니라 구조를 배우게 되고, 세네카를 읽으면 분노를 다루는 태도를 배우게 되며, 한나 아렌트를 읽으면 책임과 판단의 무게를 배우게 된다.

이재명의 말 속에 고전의 흔적이 남아 있는 이유는 그가 고전을 '외우듯' 읽지 않았기 때문이다. 고전은 그의 머릿속에서 현대의 정책, 행정, 갈등 상황과 끊임없이 충돌하고 번역되었다. 그래서 그의 글과 말에는 '추상은 짧고, 사례는 길다. 원칙은 단단하고, 표현은 생활어다'라는 특징이 생긴다. 이것이 고전 독서가 만들어내는 문체다.

인문학적 사고는 글의 '속도'를 조절한다. 좋은 글은 빠르지 않다. 독자는 빨리 읽을 수 있지만, 글쓴이는 오래 생각한 흔적을 남긴다. 인문학적 사고란 서두르지 않는 사고, 결론을 유예할 줄 아는 태도다.

그래서 좋은 원고는 항상 조금 늦게 완성된다. 이재명의 정책 설명 글이나 연설문을 보면 당장의 여론보다 장기적 구조를 설명하려는 대목이 반복된다. 그는 당장 박수를 받는 문장보다, 나중에 다시 읽혀도 의미가 남는 문장을 선택한다. 이것은 정치적 계산이 아니라, 사유의 속도에서 나오는 선택이다.

고전을 현재형으로 읽는다는 것

고전은 그대로 쓰면 박제가 된다. 그러나 현대의 문제와 만나면 살아 움직인다. 정의는 복지 정책으로, 자유는 노동 조건으로, 존엄은 안전 규제로, 책임은 예산과 행정 절차로 번역된다.

이재명의 글쓰기와 스피치가 가진 힘은 이 번역 능력에 있다. 그는 사상을 주장하지 않고, 제도로 옮긴다. 그래서 그의 문장은 이념보다 실무에 가깝고, 연설은 선언보다 설명에 가깝다. 이것이 '유능함'으로 읽히는 이유다.

글은 결국 삶의 정리로 나타난다. 좋은 원고란 말 잘하는 기술의 산물이 아니라, 오래 생각해온 삶의 정리다. 독서가 습관이 되고, 질문이 쌓이고, 경험이 사고와 만나고, 그것이 다시 문장으로 정리될 때 비로소 글은 힘을 갖는다.

그래서 멋지게 말하고 싶다면, 먼저 조용히 읽어야 한다. 설득하고 싶다면, 먼저 오래 생각해야 한다. 글쓰기는 기술 이전에 태도의 문제이기 때문이다.

쓰는 힘을 기르면 생각하고 말하는 힘이 생긴다. 말을 잘하는 사람은 많다. 그러나 언제, 어느 자리에서, 어떤 질문이 던져져도 무너지지 않는 말을 하는 사람은 드물다. 그 차이는 재치가 아니라 쓰기의 힘에서 나온다.

쓰는 사람은 생각을 정리한다. 정리된 생각은 말이 된다.

그래서 글을 쓸 수 있는 사람은 준비된 연설이 없어도, 원고가 없어도, 즉흥적인 발언에서 길을 잃지 않는다. 글쓰기는 생각을 훈련시키는 가장 엄격한 방식이다. 생각은 머릿속에 있을 때는 모호하다.

그러나 글로 옮기는 순간, 논리는 구멍을 드러내고, 감정은 과장인지 진심인지 판별된다. 쓰기란 결국 자기 사고에 대한 가장 냉정한 검증이다. 그래서 글을 꾸준히 써온 사람은 말할 때도 문장을 남발하지 않는다. 불필요한 수식 대신 구조를 선택하고, 즉각적인 반응 대신 맥락을 제시한다.

이재명의 즉흥 브리핑이나 기자회견 일문일답에서 흔들리지 않는 이유도 여기에 있다. 그의 말은 즉석에서 나오는 것처럼 보이지만, 실은 이미 수없이 써본 생각들이 말의 형태로 다시 등장하는 것에 가깝다. 쓰는 사람은 질문을 견디는 사람이다. 글을 쓴다는 것은 타인의 질문을 미리 맞는 일이다.

"왜 그렇게 생각하는가." "그 근거는 무엇인가." "다른 선택지는 없는가."

이 질문들을 견디지 못하면 문장은 앞으로 나아가지 못한다. 그래서 쓰는 사람은 자연스럽게 질문에 강해진다. 즉흥 발언이 실패하지 않는 이유도 여기에 있다. 갑작스러운 공격이나 예상치 못한 질문 앞에서 쓰는 사람은 당황하지 않는다. 이미 글을 쓰는 과정에서 자기 자신에게 가장 가혹한 질문을 던져봤기 때문이다.

인문학과 사회과학은 말의 깊이를 만든다. 즉흥 발언이 가벼워지는 순간은 언제인가? 경험은 많지만, 그것을 해석할 언어가 없을 때다. 바로 이 지점에서 인문학과 사회과학이 작동한다. 역사는 현재를 상대화하고, 철학은 판단의 기준을 제공하며, 사회학은 개인의 경험을 구조 속에 위치시킨다.

이재명의 말 속에 고전의 이름은 거의 등장하지 않는다. 그러나 그의 문장에는 구조를 보는 눈, 권력을 의심하는 태도, 책임을 묻는 윤리가 스며 있다. 이는 독서가 장식이 아니라 사고의 틀이 되었기 때문이다. 경험과 경륜은 글을 통해 비로소 힘을 얻는다. 경험만으로는 설득할 수 없다. 경험은 해석될 때 비로소 의미를 갖는다.

글쓰기는 경험을 우연에서 교훈으로, 사건에서 구조로, 개인적 체험에서 공적 언어로 바꾼다. 그래서 잘 쓰는 사람은 자기 경험을 과시하지 않는다. 대신 그 경험이 왜 중요한지 설명한다. 정치든, 행정이든, 리더십이든 결국 사람을 움직이는 것은 많이 겪은 사람이 아니라 겪은 것을 설명할 수 있는 사람이다.

세상을 바꾸는 사람은 결국 '잘 쓰는 사람'이다. 역사를 바꾼 연설 뒤에는 언제나 글이 있었다. 사회를 움직인 정책 뒤에는 반드시 문장이 있었다.

잘 쓴 글은 생각을 바꾸고, 생각은 말을 바꾸며, 말은 행동을 바꾼다. 그래서 쓰는 힘을 기른 사람은 어느 자리에서도 길을 잃지 않는다. 즉흥적으로 말해도 실패하지 않고, 공격 앞에서도 중심을 잃지 않으며, 갈등 속에서도 설명을 포기하지 않는다. 인문학적 사고와 사회과학적 이해, 현장의 경험과 오랜 성찰을 문장 속에 담아낼 수 있는 사람. 그 사람이 결국 세상을 바꾼다.

말은 왜 갑자기 나오지 않는가

우리는 종종 즉흥적인 한 문장에 감탄한다. 준비되지 않은 질문 앞에서 흔들리지 않는 답변, 현장의 온도를 정확히 짚어내는 짧은 발언, 반대자와의 날선 공방 속에서도 중심을 잃지 않는 언어. 그러나 그런 말은 결코 즉흥적으로 태어나지 않는다. 그것은 오래 쓰인 문장의 기억이며, 반복된 사고의 결과이고, 축적된 문체의 자연스러운 발화다.

좋은 글이 수준 높은 말솜씨를 만들고, 말은 결국 정치를 바꾼다. 이재명의 스피치를 떠올려보면 이 사실은 더욱 분명해진다. 즉석 브리핑, 현장 질의응답, 예고 없는 논쟁 국면에서도 그의 말은 일정한 결을 유지한다. 분노는 절제되고, 논지는 선명하며, 메시지는 언제나 '정책'과 '민생'으로 귀결된다. 이는 타고난 언변의 문제가 아니라, 쓰는 힘이 만든 말하기의 결과다.

좋은 말은 좋은 글에서 나온다. 글을 쓰지 않는 사람은 말을 빌려온다. 그러나 글을 쓰는 사람은 자기 말을 갖는다.

그 글의 문체는 성격이 아니라 훈련의 산물이다. 많은 이들이 문체를 타고난 개성으로 오해한다. 그러나 문체는 성격이 아니라 습관이다. 더 정확히 말하면, 사유의 반복에서 형성된 리듬이다.

이재명의 문체는 장식적이지 않다. 은유를 남발하지 않고, 화려한 수사를 탐하지 않는다. 대신 그의 문장은 대체로 짧고 직선적이며, 논증의 방향이 분명하다. 이는 그가 법률가 출신이기 때문만은 아니다. 그는 끊임없이 읽고, 정리하고, 쓰는 사람이다. 고전과 정책 자료, 역사서와 사회과학 서적을 넘나들며 사유의 근육을 단련해왔다.

니체는 "문체는 사유의 생리학"이라고 말했다. 생각이 단련되지 않은 문체는 장황해지고, 준비되지 않은 말은 감정에 휘둘린다. 이재명의 말이 갈등 국면에서도 일정한 논리적 긴장을 유지하는 이유는, 그가 말을 하기 전에 이미 수없이 글로 생각을 정제해왔기 때문이다.

독서가 문장을 만들고, 문장이 말의 품격을 만든다. 독서는 단순한 지식 축적이 아니다. 독서는 타인의 사고 구조를 내 몸에 이식하는 과정이다. 고전을 읽는다는 것은 오래 살아남은 질문과 문장을 자신의 언어 체계 속으로 들이는 일이다.

김대중의 연설에는 성서적 리듬과 동양적 인내의 언어가 공존했다. 만델라의 말에는 고통을 견딘 자만이 가질 수 있는 절제된 품격이 있었다. 이재명의 언어에는 다른 결이 있다. 그것은 현실 정치의 언어, 정책과 제도의 언어다. 그러나 그 바탕에는 독서를 통해 축적된 인문학적 사유가 깔려 있다.

그의 발언 속에는 노골적인 인용은 드물지만, 맥락 속에 스며든 고전적 사고가 있다. 공정에 대한 집요함은 아리스토텔레스적 정의론을 닮아 있고, 국가의 책임을 말할 때는 홉스와 루소의 사회계약론적 인식이 겹쳐 보인다. 이는 외워서 말하는 것이 아니라, 사유의 구조가 이미 그렇게 작동하고 있기 때문이다.

독서가 습관이 되지 않으면 문장은 빌린 것이 된다. 그러나 독서가 삶과 결합되면, 문장은 자기 것이 된다.

글쓰기는 즉흥 발언을 어떻게 만드는가

아이러니하게도, 원고 없이 말하는 사람일수록 가장 많이 쓴 사람이다. 즉흥 발언은 준비의 부재가 아니라, 준비의 공개다.

이재명의 즉흥 브리핑은 종종 '날것'처럼 보이지만, 그 안에는 명확한 구조가 있다. 문제 제기, 원인 진단, 정책적 해법, 시민에게 던지는 질문. 이 네 단계는 그가 수없이 써온 정책 글과 연설 원고의 기본 틀이다. 구조가 몸에 배어 있기 때문에, 상황이 달라져도 말은 무너지지 않는다.

몽테뉴는 "나는 글을 쓰기 위해 생각하지 않는다. 생각하기 위해 글을 쓴다"고 했다. 쓰기는 사고의 훈련이며, 그 훈련이 축적될수록 말은 즉흥적이면서도 실패하지 않는다. 말하기의 자유는 쓰기의 고통을 통과한 자에게만 허락된다.

그렇다면 나만의 문체는 어떻게 만들어지는가? 문체는 흉내에서 시작되지만, 반복 속에서 변형된다. 처음에는 존경하는 작가나 지도자가 사용하는 문장의 구조를 따라 쓰고, 좋아하는 작가의 리듬을 모방한다. 그러나 일정 시점이 지나면 모방은 벗겨지고, 남는 것은 자기 사고의 결이다.

이재명의 문체가 흥미로운 이유는, 그것이 특정 정치인의 문체를 닮지 않았다는 점이다. 그는 김대중처럼 웅변적이지 않고, 노무현처럼 서사적 감정에 기대지도 않는다. 대신 설득과 집행을 전제로 한 언어를 구사한다. 이는 그의 삶의 경로가 변호사, 지방행정가, 정치인, 정책 설계자로서 이어지면서, 그 자신만의 독특한 문체로 응결된 결과다.

결국 나만의 문체란, 내가 살아온 방식이 언어로 드러난 것이다. 그래서 문체는 단기간에 만들어지지 않는다. 읽고, 쓰고, 말하고, 다시 고쳐 쓰는 반복 속에서만 생겨난다.

좋은 글은 왜 세상을 움직이는가

정치는 말의 예술이 아니라, 의미의 전달 기술이다. 의미는 구조를 통해 전달되고, 구조는 글쓰기에서 단련된다. 그래서 좋은 글을 쓰는 사람은 좋은 말을 하고, 좋은 말을 하는 사람은 사람을 움직인다.

이재명의 스피치 리더십은 화려함보다 신뢰에 기초한다. 그 신뢰의 근원은 일관된 문체, 반복된 논증, 그리고 독서와 사유로 단련된 사고력이다. 그는 말로 세상을 속이려 하지 않는다. 대신 글로 생각을 다듬고, 말로 정책을 설명한다.

결국 세상을 바꾸는 사람은 말을 잘하는 사람이 아니라, 잘 쓰는 사람이다. 쓰는 힘을 기르면 생각의 깊이가 생기고, 생각의 깊이는 말의 무게가 된다. 그 무게가 쌓일 때, 지도자의 언어는 구호를 넘어 역사로 남는다.

좋은 글은 설명인가, 대화인가

사람이 고개를 끄덕이며 읽는 글에는 공통점이 있다. 가르치려 들지 않고, 옆에 앉아 이야기하듯 말한다는 점이다. 말하듯 쓰는 글의 출발점은 간단하다.

"이 문장을 소리 내어 읽었을 때, 숨이 막히지 않는가?"

숨이 막히는 문장은 대개 이렇다. 개념이 먼저 나오고, 설명이 뒤따르고, 결론이 다시 반복된다. 이건 학술 보고서의 문법이지, 사람의 말이 아니다. 이재명의 말과 글이 비교적 쉽게 읽히는 이유는, 결론부터 말하고 이유를 덧붙이는 화법을 쓰기 때문이다.

"이건 잘못됐다. 왜냐하면..."

이 구조는 말의 구조이자, 이해의 구조다. 글을 쓸 때 가장 먼저 해야 할 일은 문장을 '정리'하는 게 아니라, 사람에게 말을 거는 태도로 돌아오는 것이다. 좋은 글을 쓰고 말하는 사람의 논리는 세상 속에서 뼈대가 되고, 감성은 숨이 된다.

Tip 03

[이재명 대통령 2026년도 예산안 국회 시정연설 전문]

존경하는 국민 여러분,
우원식 국회의장님과 국회의원 여러분,

새 정부 출범 이후 첫 정기국회에서
내년도 정부 예산안을 직접 설명드리게 되어
매우 뜻깊게 생각합니다.

예산안 설명에 앞서,
경주 APEC의 성공을 위해 힘을 모아주신
모든 국민들께 깊이 감사드립니다.
국민 여러분의 응원과 국회의 협력에 힘입어
우리 대한민국은 세계의 번영과 교류 협력을 주도하는
글로벌 책임강국으로 단단히 자리매김할 수 있었습니다.
APEC 정상회의 최초로
인공지능과 저출생·고령화 등 인류가 공동으로 직면한 도전과제를
함께 풀어가기로 합의했고,
문화창조산업을 APEC의 새로운 성장동력으로 명문화함으로써
향후 K-컬처의 지속가능한 성장을 공고히 했습니다.

세계가 주목하는 가운데 '경주선언'을 이끌어 내면서
대한민국이 아시아태평양 지역의 교류와 번영,

역내 평화 증진을 위한 역할을 주도할 수 있었습니다.

특히, APEC 주간에 이뤄진 한미 정상회담을 통해

미국과 관세 협상을 타결함으로써

우리 경제의 불확실성을 완화하였습니다.

우리 주력 수출 품목인 자동차와 반도체 분야에서

경쟁국과 동등한 수준의 관세를 확보함으로써

평평한 운동장에서 경쟁할 수 있는 토대를 마련했습니다.

대미 투자패키지에는 연간 투자상한을 설정해

많은 분들이 우려했던 외환시장에 미치는 충격을 최소화하였고

투자 프로젝트 선정과 운영 과정에서도

다층적 안전장치를 마련함으로써 투자금 회수 가능성을 높였습니다.

또한, 원자력 추진 잠수함 핵연료 공급 협의의 진전을 통해

자주국방의 토대를 더욱 튼튼하게 다지고,

우라늄 농축과 사용 후 핵연료 재처리를 위한 획기적 계기 마련으로

미래 에너지 안보를 강화할 수 있게 되었습니다.

한-중 정상회담을 통해서는

한중관계를 전면 회복하고,

양국이 전략적 협력 동반자로서

실용과 상생의 길로 다시 함께 나아가기로 다시 합의 했습니다.

무엇보다 '민생이 가장 중요하다'는 공감대 속에,

양국 중앙은행 간 70조 원 규모의 통화스왑 계약과

초국가 스캠 범죄 대응을 비롯한 6건의 MOU를 체결했습니다.

최악의 상황에서도 최선의 결과를 만들기 위해

영혼까지 갈아 넣으며 총력을 다했다는 말씀을 드립니다.

Tip 03

앞으로도 정부는 국익 중심의 실용외교를 바탕으로
대한민국의 국력을 키우고 위상을 한층 높여나가겠다는 말씀도 드립니다.

오늘은 제가 대통령 취임 선서를 한 지
정확히 5개월째 되는 날입니다.
불법 계엄의 여파로 심화된 민생경제 한파 극복을 위해
지난 5개월 동안 비상한 각오로 임했고,
다행히 지금 우리 경제는 위급상황을 벗어나고 있습니다.
소비심리가 살아나고,
올해 1분기 마이너스로 후퇴했던 경제성장률이
3분기에는 무려 1.2%로 반등하며 6분기 만에 최고치를 기록했습니다.
주가지수도 4천을 돌파했습니다.
국민 여러분의 협력으로
주가를 옥죄던 지정학적 리스크, 지배구조 리스크,
시장 투명성 리스크가 일부 개선되고,
인공지능 등 산업경제 정책이 조금씩 자리를 잡아간 덕분이라고 생각합니다.
그러나 여기에서 안주하거나 만족하기엔
우리가 처한 상황이 결코 녹록지 않습니다.
우리는 지금 겪어보지도 못한 국제 무역 통상질서의 재편과
인공지능 대전환의 파도 앞에서
국가 생존을 모색해야 할 절체절명의 위기에 처해 있습니다.
변화를 읽지 못하고 남의 뒤만 따라가면 끝없이 도태될 것이지만

변화를 선도하며 한 발짝 앞서가면 무한한 기회를 누릴 수 있습니다.
농경 사회에서 산업 사회로,
산업 사회에서 정보 사회로 전환해 왔던 것처럼
인공지능 사회로의 전환은 피할 수 없는 필연입니다.
산업화 시대에는 하루가 늦으면 한 달이 뒤처지고,
정보화 시대에는 하루가 늦으면 일 년이 뒤처졌지만,
인공지능 시대에는 하루가 늦으면 한 세대가 뒤쳐지게 됩니다.
안타깝게도 지난 정부는
천금 같은 시간을 허비한 것도 모자라
R&D 예산까지 대폭 삭감하며 과거로 퇴행했습니다.
출발이 늦은 만큼 지금부터라도 부단히 속도를 높여
선발주자들을 따라잡아야 우리에게도 기회가 생깁니다.

박정희 대통령이 산업화의 고속도로를 깔고,
김대중 대통령이 정보화의 고속도로를 낸 것처럼,
이제는 인공지능 시대의 고속도로를 구축해,
도약과 성장의 미래를 열어야 합니다.

정부가 마련한 2026년 예산안은
바로 인공지능 시대를 여는 대한민국의 첫 번째 예산입니다.
정부 예산은 모두 국민이 낸 세금이고,
그 세금에 국민 한 분 한 분의 땀과 눈물이 배어 있는 만큼
단 한 푼의 예산도 허투루 쓰지 않기 위해 노력했습니다.
미래를 대비하기 위해 꼭 필요한 예산은 과감하게 편성하되

Tip 03

불필요하거나 시급하지 않은 예산은 대폭 삭감했습니다.
저성과·저효율 지출을 포함하여
역대 최대 규모인 27조 원의 지출을 삭감하였고,
모든 내역을 투명하게 공개하여
국민께서 제대로 감시하고 주권을 행사할 수 있도록 했습니다.
정부는 2026년 총지출을
올해 대비 8.1% 증가한 728조 원으로 편성했습니다.
인공지능 시대, 미래 성장과 재정의 지속가능성을 함께 고려한
전략적 투자인 만큼 국회의 적극적인 협조를 부탁드립니다.

이제, 내년 예산안의 중점 방향에 대해 설명 드리겠습니다.
첫째, '인공지능 시대'를 열기 위한 투자를 대폭 확대하고
성장의 토대를 단단히 다지겠습니다.
'인공지능 3대 강국' 도약을 위한 대전환에 총 10조 1천억 원을 편성했습니다.
이는 올해 예산 3조 3천억 원보다 3배 이상 늘어난 규모입니다.
이 가운데 2조 6천억 원은 산업·생활·공공 전 분야 인공지능 도입에 투입하고,
인재양성과 인프라 구축에 7조5천억 원을 투입합니다.
우선, 피지컬 인공지능선도 국가 달성을 위해
국내의 우수한 제조 역량과 데이터를 활용하여
중점사업에 집중투자 하겠습니다.
로봇, 자동차, 조선, 가전·반도체, 팩토리 등
주요 산업 분야를 중심으로 인공지능 대전환을 신속하게 이루기 위해

향후 5년간 약 6조 원을 투입하겠습니다.
이 예산으로
지역 특화산업과 연계한 피지컬 인공지능 지역거점을 광역별로 조성하고,
대규모 R&D·실증 추진을 통해 인공지능 기반 지역 혁신을 촉진하겠습니다.
바이오헬스, 주택·물류 등 생활밀접형 제품 300개의
신속한 인공지능 적용을 지원하고,
복지·고용, 납세, 신약심사 등을 중심으로
공공부문 인공지능 도입을 확산하겠습니다.

다음으로,
인재양성과 핵심 인프라 구축에도 과감하게 투자하겠습니다.
인공지능 경쟁력 강화를 위한 고급인재 1만 1천 명을 양성하고,
세대별 맞춤형 교육을 통해
국민 누구나 인공지능을 주도적으로 활용할 수 있도록 지원하겠습니다.
AI 시대의 경쟁력을 좌우하는 핵심 부품인
고성능 GPU 1만 5천 장을 추가 구매해
정부 목표인 3만 5천 장을 조기에 확보하겠습니다.
엔비디아에서 GPU 26만 장을 한국에 공급하기로 한 만큼
국내 민간기업이 GPU를 확보하는 데에도 어려움이 없을 것입니다.
인공지능·콘텐츠·방위산업 등
첨단전략산업 분야의 핵심 기술 개발을 위한 R&D 투자도
역대 최대 규모인 35조 3천억 원으로 19.3% 확대 편성하였습니다.

Tip 03

향후 5년간 150조 원의 국민성장펀드를 조성해
미래 성장의 씨앗인 첨단전략산업 육성을 도모하고,
성장의 혜택을 국민께서 함께 누릴 수 있도록 하겠습니다.
인공지능 시대에는 문화의 중요성이 지금보다 훨씬 더 커질 수밖에 없습니다.

세계가 주목하는 우리 문화의 힘을 더욱 키우기 위해
K-컬처 투자도 아끼지 않겠습니다.
K-콘텐츠 펀드 출자 규모를 2천억 원 확대해
문화콘텐츠 산업에 투자하고,
청년 창작자가 생계 부담 없이 창작활동에만 전념할 수 있도록 지원하겠습니다.
한류와 연계한 K-푸드·K-뷰티 붐업을 위해
수출바우처와 융자지원을 대폭 확대하여
생산·판매·유통 등 밸류체인 전 단계에서 지원을 강화하겠습니다.

인공지능 기술은 방위산업의 판도도 바꾸고 있습니다.
첨단기술을 보유한 스타트업 발굴과 R&D 투자로
방위산업을 인공지능 시대의 주력 제조업으로 육성하고,
방산 4대 강국의 발판을 마련할 것입니다.
이를 위해 내년도 국방 예산을
올해보다 8.2% 증액된 약 66조 3천억 원으로 편성했습니다.
재래식 무기체계를 인공지능 시대에 걸맞은 최첨단 무기체계로 재편하고,

우리 군을 최정예 스마트 강군으로 신속히 전환하여
국방력을 획기적으로 강화하고, 우리의 염원인 자주국방 실현을
확실하게 실현하겠습니다.
북한 연간 GDP의 1.4배에 달하는 국방비를 사용하고,
전 세계 5위의 군사력으로 평가받는 우리 대한민국이
국방을 외부에 의존한다는 것은 국민적 자존심의 문제 아니겠습니까.

둘째, 취약계층의 생활을 두텁게 보호하고,
국민의 생명과 안전을 굳건히 지키겠습니다.
새로운 기술 발전은 인류의 삶의 질 향상에 기여하지만
한편으로는 격차가 커지는 그늘을 드리우기도 합니다
시대 변화의 충격을 가장 빨리 가장 크게 받는
사회적 약자와 취약계층을 보호하는 것은 국가의 기본 책무입니다.
저소득층의 안정적 소득기반 마련을 위해
기준중위소득을 역대 최대인 6.51% 인상하여
생계급여를 4인 가구 기준 매월 200만 원 이상 지원하도록 하겠습니다.
발달장애인 주간활동 서비스 지원 인원을 확대하고,
장애인 일자리를 대폭 확충하여
자립과 사회 참여의 토대를 공고히 하겠습니다.
각종 사고와 재해·재난으로부터
국민의 안전을 확보하는 데에도 만전을 기할 것입니다.
더 이상 일터에서 다치거나 목숨 잃는 일은 없어야 합니다.
근로감독관을 2천 명 증원하고,
일터지킴이를 신설하여 산재사고 예방에 적극 대처하겠습니다.

Tip 03

건설·조선업 등의 산재 빈발 업종은 현장을 상시 점검할 것입니다.
1만 7천 개소의 영세사업장과 건설현장에는
안전시설 확충을 지원하겠습니다.
재해·재난 예방 및 신속 대응에
전년 대비 1조 8천억 원을 증액한 총 5조 5천억 원을 편성했습니다.
이제는 국민 모두가 생계와 생명의 위기 앞에 홀로 남겨지지 않는,
기본이 튼튼한 사회를 만들어 가겠습니다.

근본적으로는 한반도 평화 정착을 위해 최선을 다하겠습니다.
평화가 흔들리면
민주주의도 경제도 국민의 안전도 위협받을 수밖에 없습니다.
남북 간 신뢰 회복과 대화 협력 기반 조성을 위해
담대하고 대승적인 노력을 기울여 나가겠습니다.
휴전선 일대에서의 군사적 긴장 완화 노력을 지속하고,
교류협력E, 관계정상화N, 비핵화D를 통한 'END 이니셔티브'로
평화 공존 공동성장의 한반도 새 시대를 (+확실히) 열어가겠습니다.

마지막으로,
생애주기별 촘촘한 지원과 함께 균형발전에도 적극 나서겠습니다.
인공지능 시대에는 모두가 주역이고,
모든 지역이 중심이 되어야 합니다.
먼저, 연령대별 맞춤형 지원으로
인구구조 변화에 적극 대응하겠습니다.
출생률 반등을 위해 아동수당 지급 연령을

만 7세에서 2026년 만 8세 이하까지 확대하고,
임기 내 12세 이하까지 늘려나가겠습니다.
청년미래적금을 신설해
저소득 청년이 저축을 하는 경우
정부가 최대 12%를 매칭 적립하여
청년의 자산 형성도 돕겠습니다.
일상생활에 어려움을 겪는 어르신들이
살던 곳에서 불편함 없이 노후를 보내실 수 있도록
'지역사회 통합돌봄'을 전국으로 확산하고,
노인 일자리도 110만 명에서 115만 명으로 확대하여
사회 참여 기회를 넓히겠습니다.
국민의 생활비 부담을 덜기 위해
대중교통 정액 패스를 도입하여 교통비 부담을 대폭 낮출 것입니다.
경영안정바우처 지급과 24조 원 규모의 지역사랑상품권 발행으로
어려움을 겪는 소상공인 지원도 확실히 하겠습니다.

정부는 이번 예산안을 편성함에 있어
수도권 1극 체제로 굳어진 현재의 구도를 극복하고
지역이 성장의 중심이 되어 5극 3특의 새 시대를 열도록
지방우대 재정 원칙을 전격 도입했습니다.
수도권 집중 완화와 국토균형발전을 위해
수도권에서 거리가 멀수록 더 두텁게 지원하도록 설계했습니다.
그 일환으로 아동수당과 노인일자리 등 7개 재정사업을
비수도권 지역에서 더 많이 지원받을 수 있도록 설계했습니다.

Tip 03

그 외 재정이 투입되는 지방 사업 선정시
지방우선, 지방우대를 지속적으로 확대하겠습니다.
인구감소지역 주민께는 월 15만 원의 농어촌 기본소득을 지급하겠습니다.
지역전략산업과 연계하여
거점국립대를 지·산·학·연 협력의 허브로 육성하고,
학부·대학원·연구소를 아우르는 패키지형 지원체계를 구축하겠습니다.
지방정부가 여건에 맞게 스스로 사업을 결정할 수 있는
포괄보조 규모도 10조 6천억 원으로 기존보다 3배 가량 대폭 확대해
지방정부 행정의 자율성을 확실히 제고했습니다.

대한민국의 오늘을 일궈 온 자랑스러운 국민 여러분,
국회의장님과 국회의원 여러분,
내년은 'AI 시대'를 열고,
대한민국의 새로운 백년을 준비하는 역사적 출발점이 될 것입니다.
다가오는 미래가 절망과 불안이 넘치는 세상이 아니라
희망과 기회로 충만할 수 있도록 함께 노력하면 좋겠습니다.
저는 우리 국민의 저력을 믿습니다.
그래서 자신 있습니다.
전쟁의 폐허 속에서 한강의 기적을 일궈내고,
금 모으기 운동으로 IMF 외환위기를 극복해 낸
우리 국민이 힘을 모은다면 못해낼 일이 뭐가 있겠습니까.
산업화와 정보화를 성공적으로 이뤄낸 것처럼

위대한 대한 국민과 함께 'AI 시대'의 문을 활짝 열겠습니다.

대한민국의 미래를 위해

정부는 열린 자세로 국회의 제안을 경청하고,

좋은 대안은 언제든 수용하겠습니다.

비록 여야 간 입장의 차이는 존재하고 이렇게 안타까운 현실도 드러나지만

국민과 나라를 위하는 진심은 다르지 않다고 믿습니다.

이번 예산안이 법정기한 내에 통과되어

대한민국이 새로운 미래로 나아갈 수 있도록

초당적인 협력을 부탁드립니다.

2026년 예산안이 치밀한 심사를 거쳐 신속하게 확정되길 기대합니다

고맙습니다.

이번 장은
스피치의 실제 전략을 다룬다.
첫 문장, 어조와 강약, 표정과 태도는
모두 메시지의 일부다.
반박은 상대를 이기는 기술이 아니라
신뢰를 관리하는 방식이며,
사과는 위기를 통제하는
언어가 된다.
반복·대비·압축 같은 구조는
기억을 남기고,
프레임 전환은
의미의 방향을 바꾼다.
결국 설득은 기술이 아니라
훈련된 전략의 결과임을 보여준다.

4장

반박은 이기기 위한 것인가

논리의 순서와 감성의 온도

논리적인 글이라고 해서 차갑지 않아도 된다. 감성적인 글이라고 해서 흐릿할 필요도 없다. 논리는 독자를 길 잃지 않게 하는 지도이고, 감성은 그 길을 끝까지 걷게 만드는 힘이다. 말하듯 잘 쓰는 글은 보통 통상적인 작문의 순서를 따른다.

첫째, 상황 제시다. 지금 무슨 얘기를 하려는가? 둘째, 감정 공유다. 이게 왜 중요한가, 왜 불편한가? 셋째, 이유 설명이다. 그래서 문제가 무엇인가? 넷째, 해결 방향이다. 그래서 우리는 무엇을 해야 하는가?

이 순서는 연설에도, 칼럼에도, 정책 설명에도 그대로 적용된다. 이재명이 현장 브리핑에서 자주 쓰는 구조 역시 이와 같다.

"지금 현장이 이렇습니다." "시민들이 불안해합니다." "원인은 이렇습니다." "그래서 이렇게 하겠습니다."

논리는 명확하고, 감정은 과장되지 않는다. 감정을 앞세우지 않고, 공감으로 문을 연 뒤 논리를 들여놓는다.

한 문장에 한 생각, 왜 중요한가

말하듯 쓰는 글의 핵심 규칙 하나를 꼽으라면 '한 문장에 한 생각'을 원칙으로 한다. 문장은 당연히 짧게 단문으로 되어야, 이해가 쉽다. 사람은 말할 때 여러 생각을 한숨에 내뱉지 않는다. 그런데 글을 쓰기 시작하면 갑자기 욕심이 생긴다. 그래서 문장이 길어지고, 독자는 길을 잃는다.

이재명의 문장을 보면, 대부분 이렇게 끊어진다. 판단 → 멈춤, 설명 → 멈춤, 요청 → 멈춤의 특성이 드러난다. 이건 단순한 문체 문제가 아니라, 청자를 전제로 한 사고방식이다. 읽는 사람이 어디서 고개를 끄덕일지 계산된 문장이다.

글을 쓸 때 스스로에게 물어보면 좋다. "지금 이 문장에서 내가 말하고 싶은 건 딱 하나인가?" 아니라면, 문장은 쪼개야 한다. 문장을 쪼개는 순간, 글은 말에 가까워진다.

스토리텔링은 왜 사례에서 살아나는가

사람은 논리보다 이야기를 먼저 기억한다. 그래서 말하듯 쓰는 글에는 반드시 구체적인 장면이 들어가야 한다. "정책이 필요하다"보다 "이 동네에서 아이 키우는 부모가 이렇게 달한다"가 먼저다.

이재명의 글과 말에 자주 등장하는 것은 숫자보다 사람의 얼굴이다. 계곡 정비 이야기에서도, 코로나 대응에서도, 그는 늘 현장을 먼저 꺼낸다. 장면, 문제, 판단, 해법으로 구성된다. 이 순서는 독자의 머리가 아니라, 가슴을 먼저 연다. 가슴이 열리면, 논리는 저절로 따라온다.

그 감성은 '꾸미는 것'이 아니라 '절제하는 것'이 되어야 한다. 감성을 자극한다고 해서 감정을 과하게 드러낼 필요는 없다. 오히려 감정은 절제될수록 강해진다. 김대중의 언어가 울림을 가졌던 이유는, 분노를 절규로 터뜨리지 않았기 때문이다.

만델라의 언어가 깊었던 이유는, 용서를 과시하지 않았기 때문이다. 이재명의 말 역시 마찬가지다. 그는 감정을 숨기지 않지만, 과잉되게 소비하지 않는다. 분노는 판단으로 정제되고, 슬픔은 책임의 언어로 바뀐다. 글에서도 똑같다. 감정을 설명하지 말고, 상황을 보여줘라. 그러면 독자가 대신 느낀다.

결국, 잘 쓰는 사람은 많이 쓴 사람이다. 말하듯 쓰는 글은 재능의 문제가 아니다. 습관의 결과다. 매일 조금씩 쓰는 사람은 생각을 말처럼 정리할 수 있고, 말처럼 정리된 생각은 어떤 상황에서도 흔들리지 않는다. 그래서 쓰는 힘은 곧 말하는 힘이고, 말하는 힘은 결국 사람을 설득하는 힘이 된다.

글을 잘 쓰고 싶다면, 이렇게 시작하면 된다. 오늘 한 생각을 세 문장으로 적어보기, 길어지면 쪼개기, 소리 내어 읽어보기, 어색하면 고치기를 원칙으로 해보자. 고치고 또 고치고, 퇴고를 반복하면 더 좋은 글이 나온다. 이 반복이 쌓이면, 어느 순간 글이 말을 닮기 시작한다. 그때부터 당신의 문체는 남의 것이 아니라, 당신의 언어가 된다.

첫 문장은 왜 권력인가

무대에 오르는 순간, 연사는 이미 평가받고 있다. 말을 시작하기 전, 한 발짝 걷는 속도와 시선의 방향, 숨의 깊이까지도 청중은 읽어낸다. 스피치는 입을 여는 순간 시작되는 것이 아니다. 숨을 들이마시는 순간 이미 시작된다.

첫 문장은 정보가 아니라 신호다. 신뢰의 신호, 확신의 신호, 방향의 신호다. 그리고 그 신호가 스피치 전체의 권위를 결정한다. 스피치 리더십의 관점에서 ① 말하기의 출발점 ② 어조와 강약 조절 전략 ③ 긴장과 집중의 관리 ④ 주목을 이끄는 첫 문장 설계 ⑤ 멋진 오프닝의 구조와 형식을 체계적으로 살펴보자.

대부분의 사람은 스피치를 말의 기술로 이해한다. 그러나 실제로 스피치의 출발은 발음이 아니라 호흡과 태도다.

첫 3초의 힘을 기억하자. 연사는 무대에 선 뒤 바로 말하면 안 된다. 3초간 숨을 들이마시고, 청중을 바라보는 연기를 해야 한다. 이 짧은 정적은 세 가지 효과를 만든다. 첫째, 청중의 시선을 모은다. 둘째, 화자의 심박을 안정시킨다. 셋째, 공간의 리듬을 장악한다. 침묵은 두려움의 표시가 아니라 통제의 표시다. 리더는 침묵을 두려워하지 않는다.

연사는 첫 문장 이전의 준비 루틴을 몸에 익혀야 한다. 복식호흡 2회, 턱과 어깨 이완, 발의 중심 안정, 시선 천천히 이동, 자연스러운 팔과 발 등 신체동작이 필요하다. 말은 성대에서 나오지만, 권위는 자세에서 나온다.

어조와 강약은 무엇을 좌우하는가

좋은 스피치는 큰 소리나 고함이 아니다. 낮고 단단한 음성이 가장 강하다. 어조의 4단 전략을 살펴보자. 첫째, 낮게 시작하라. 둘째, 중요한 단어에서는 속도를 늦춰라. 셋째, 핵심 문장 전에 1초간 정적을 두어라. 넷째, 마무리는 낮고 단호하게 하라. 이 원칙을 항상 기억하라.

실제 "오늘 우리는… (정적) 결정해야 합니다." 이렇게 말해보자. 속도는 감정을 조절하고, 강약은 권위를 만든다.

속도 조절의 법칙도 기억하자. 설명 구간: 보통 속도, 감정 구간: 느리게, 선언 구간: 분명하고 단호하게 진행한다. 빠르게 말하면 지식은 전달되지만, 천천히 말하면 확신이 전달된다.

볼륨의 전략도 중요한 요소다. 볼륨은 크게가 아니라 선명하게다. 목소리를 밀어 올리지 말고, 공명을 앞으로 보내라. 강한 메시지는 소리가 아니라 리듬에서 나온다.

이 같은 스피치 과정에서 자연스럽게 발생하는 긴장은 제거 대상이 아니다. 에너지의 원천이다. 긴장을 전환하는 3단계(긴장을 인정한다. 호흡으로 리듬을 맞춘다. 메시지에 집중한다)를 늘 기억하자. 긴장은 "나"를 향할 때 불안이 되고, "메시지"를 향할 때 집중이 된다.

시선 역시 전략적으로 움직여야 한다. 한 사람을 3초 바라본다. 천천히 다음 사람으로 이동한다. 좌우 균형을 맞춘다. 시선은 설득의 통로다. 빠르게 흔들리면 불안해 보이고, 고정되면 공격적으로 보인다.

손동작과 공간 활용도 중요하다. 손은 허리 위, 가슴 아래에서 사용하고, 핵심 문장에 맞춰 동작해야 한다. 불필요한 흔들림을 제거하고, 몸의 움직임은 문장의 구조를 시각화해야 한다.

오프닝은 어떻게 설계되는가

오프닝은 설명이 아니라 장악이다. 첫 문장은 청중의 사고 방향을 결정한다. 오프닝은 6가지 형식으로 나뉜다. 첫째, 질문형이다. "우리는 왜 이 문제를 아직도 해결하지 못했을까요?" 이는 청중의 사고를 즉시 열어준다. 둘째, 선언형이다. "오늘 우리는 새로운 출발선에 서 있습니다." 팔로워를 이끄는 리더의 리더십에 적합한 형식이다. 셋째, 스토리형이다. "어젯밤, 저는 한 시민을 만났습니다." 감정 연결에 효과적이다. 넷째, 대비형이다. "우리는 많은 것을 가졌지만, 가장 중요한 것을 잃고 있습니다." 문제의식 형성에 강력하다. 다섯째, 숫자형이다. “지금 이 순간에도 1만 명이 선택을 기다리고 있습니다.” 긴장감을 만드는 유형이다. 여섯째, 침묵 후 단문형이다. 3초 정적 후에 “이제 바꿀 때입니다”라고 말한다. 객석에 긴장감을 불어넣는 가장 강력한 방식 중 하나다.

오프닝은 대개 주목, 문제 제기, 방향 제시와 같은 기본 3단 구조를 갖는다. “여러분, 우리는 지금 갈림길에 서 있습니다. 그리고 저는 오늘, 새로운 길을 제안하려 합니다”와 같은 방식이다. 이 구조는 간결하면서도 리더십을 드러낸다. 관객의 감정곡선을 놀라움 → 공감 → 희망, 긴장 → 이해 → 결단으로 설계한다. 청중은 감정의 흐름 속에서 움직인다.

더 고급지게 사용하면, 반복 구조 활용법, 프레이밍 전략, 문장연결법 등이 있다. 반복구조 활용법은 “우리는 두려워하지 않습니다. 우리는 멈추지 않습니다. 우리는 나아갑니다”와 같은 방식이다. 3단 반복은 기억을 만든다.

프레이밍 전략은 과거의 문제를 미래의 가능성으로 전환하는 것처럼 틀을 재구성하는 방식이다. “우리는 실패했습니다”가 아니라 “우리는 배웠습니다”를 사용하는 것이다. 언어는 현실을 재구성한다.

문장연결법은 첫 문장과 마지막 문장의 연결을 통해 긴밀도를 높인다. 오프닝에서 던진 문장을 엔딩에서 다시 가져오면 완성도가 높아진다. 처음 문장에서 “우리는 새로운 시작점에 서 있습니다”라고 말하고, 마지막에 “이제, 그 시작을 함께 열어갑시다"라고 말하는 방식이다.

오프닝 설계의 핵심 체크리스트를 살펴보자. 한 문장 15단어 이내, 핵심 단어 1개 강조, 속도 느리게 시작, 첫 문장 암기, 침묵 활용, 시선 천천히 이동, 목소리 낮게 시작 등의 방법을 숙지하자.

스피치 리더십에서 리더의 말은 정보 전달에 국한되지 않는다. 가장 중요한 것은 방향 제시 기능이다. 첫 문장은 그 방향의 선언이다. 멋진 오프닝은 화려함이 아니라, 단단함이다. 짧고, 낮고, 분명하게 가야 한다. 청중은 문장의 수사를 기억하지 않는다. 그러나 첫 순간의 인상을 오래 기억한다.

스피치는 입으로 시작되지 않는다. 태도로 시작된다. 호흡은 안정감, 어조는 권위, 강약은 확신, 침묵은 통제의 특성을 갖는다. 첫 문장은 방향이다. 리더는 이렇게 말한다. 천천히, 낮게, 분명하게 발화한다. 그리고 멈출 줄 안다. 멋진 오프닝은 기교가 아니라 구조다. 구조는 연습으로 완성된다. 무대에 오르는 순간을 기억하라. 당신이 말을 시작하기 전, 이미 리더십은 평가받고 있다.

왜 그는 감독처럼 말하는가

스피치는 더 이상 "서서 말하는 기술"이 아니다. 현대의 리더는 연설자가 아니라 연출자다. 청중은 객석에만 있지 않다. 현장에 있고, 화면 너머에 있고, 카메라 렌즈 뒤에도 있다. 현대의 스피치에서는 말은 소리로 전달되지만, 설득은 공간과 화면을 통해 완성된다.

스피치 리더십의 관점에서 스피치의 출발, 무대 구조 읽기, 관객 구성 분석, 메시지·동선·표정 전략, 카메라 각도 활용, 감독형 입체 스피치 설계 구조를 체계적으로 살펴보자.

무대를 읽는 눈은 무엇인가

대부분의 연설자는 대본을 먼저 준비한다. 그러나 리더는 먼저 공간을 읽는다. 무대는 연설자의 성패를 결정하는 권력 구조의 핵심이기 때문이다 무대의 높이, 객석의 배열, 조명의 방향은 이미 권위의 구조를 만든다.

무대가 높으면 수직적 관계, 원형 배치는 참여적 구조, 직선 배열은 집중형 구조가 된다. 리더는 자신이 서는 위치가 어떤 메시지를 전달하는지 이해해야 한다.

무대 중앙은 안정, 좌측은 문제 제기, 우측은 해결과 미래를 의미하며, 동선은 곧 논리의 흐름이다.

감독형 스피치는 관객을 하나로 보지 않는다. 방송이 일상화된 시대에 현장 관객과 화면 관객은 구분이 된다. 현장 관객은 에너지와 리듬을 본다. 화면 관객은 표정과 디테일을 본다. 따라서 메시지는 이중 구조로 설계해야 한다. 현장용 문장은 리듬과 반복을 강조하고, 카메라용 문장은 눈빛과 표정의 섬세함을 준비한다.

관객의 심리도 잘 읽어야 한다. 관객은 평가, 관망, 참여, 3단계를 통해 연설을 듣고 본다. 첫 1분 안에 평가가 끝난다. 따라서 오프닝은 설명이 아니라 관계 형성이다.

공간을 고려한 메시지 설계

감독형 스피치는 메시지를 입체적으로 설계한다. 기본 4막 구조에서는 1막: 공간 장악, 2막: 문제 제기, 3막: 대비와 전환, 4막: 결단과 행동으로 구성한다.

1막 공간 장악은 중앙 정지, 3초 침묵, 낮은 톤 첫 문장으로 구성되며, 이 순간 청중에 대해 측정하고 평가를 위한 인상을 담아간다.

2막 이동을 통한 논리 전개에서 문제를 제기할 때는 좌측으로 이동한다. 공간 이동은 사고 이동을 유도한다. "우리는 지금 이런 문제를 마주하고 있습니다." 동선은 메시지의 시각적 구조다.

3막 중앙 복귀와 대비에서는 현재와 미래를 대비하는 내용을 담아 중앙으로 돌아온다. "그러나 우리는 선택할 수 있습니다." 복귀는 안정과 통합의 신호다.

4막 우측 이동과 선언에서는 해결과 결단을 우측에서 만들어낸다. "이제 우리는 나아갑니다." 청중의 시선은 자연스럽게 미래로 이동한다.

동선은 왜 설득의 일부인가

동선 분야에서는 속도의 법칙의 중요하다. 문제 제기는 느리게, 데이터나 자료 설명은 보통 속도로, 선언할 때는 정지 후 단호하게 말해야 한다. 걷는 속도가 빠르면 불안으로 보이고, 너무 느리면 망설임으로 보인다.

멈춤의 기술도 중요하다. 강한 문장 전, 한 걸음 멈춰 준비하고 터뜨린다. 정지는 힘이다.

표정은 어떻게 리더십이 되는가

현대 스피치의 절반은 표정이다. 기본 원칙은 중립 표정 70%, 미소 20%, 단호함 10%로 구성한다. 지속적 미소는 가벼워 보이고, 지속적 무표정은 차갑게 보인다.

시선의 전략도 필수적이다. 카메라가 있을 경우 문장 시작은 객석을 향한다. 핵심 단어는 카메라를 의식해야 하고, 마무리는 전체 시선을 향해야 한다. 눈은 메시지의 화살이다.

카메라 각도는 무엇을 바꾸는가

감독형 스피치는 카메라를 이해한다. 정면 샷은 권위와 안정을 나타내며, 선언형 문장에 적합하다.

측면 샷은 생각과 설명을 의미하며, 스토리텔링 구간에 적합하다. 클로즈업은 감정 전달에 필수적이며, 중요 문장 직전 사용한다. 와이드 샷은 공간 장악을 나타내며, 행동 촉구 구간에서 활용한다.

입체 스피치 4단계 구조란 무엇인가

감독처럼 스피치를 준비한다는 것은 메시지 구조 설계, 동선 설계, 카메라 대응 설계, 표정 설계, 침묵 설계 등을 입체적으로 조화롭게 다뤄야 한다.

통합 설계를 살펴보면, 오프닝에서는 중앙 정지 → 침묵 → 카메라 정면으로 움직인다. 이 때 연설자는 "우리는 지금 선택의 순간에 서 있습니다"라고 말을 한다. 문제 제기에서는 좌측 이동 → 객석 응시로 이동하며, "이 길은 쉽지 않았습니다"라고 말한다. 전환 시에는 중앙 복귀 → 클로즈업 경로로 이동하며, "하지만 우리는 배웠습니다"라고 말한다. 마지막 선언에서는 우측 이동 → 와이드 샷으로 이동하며, "이제 우리는 나아갑니다"라고 함께 전진할 것을 호소한다. 이것이 입체적 스피치다.

감정 곡선과 공간의 결합도 중요하다. 공간은 감정을 시각화한다. 좌측 = 과거, 중앙 = 현재, 우측 = 미래를 상징한다. 이 단순한 구조만 이해해도 스피치는 훨씬 안정된다.

감독형 리더십의 본질은 무엇인가

리더는 말하는 사람이 아니라, 공간을 설계하는 사람이다. 말은 공기 중으로 흩어지지만, 공간 속 움직임은 기억에 남는다. 청중은 문장보다 장면을 기억한다.

결국 스피치는 입체적 설계라는 점을 이해할 수 있을 것이다. 좋은 스피치는 단순한 화술이 아니다. 메시지, 동선, 표정, 시선, 카메라, 침묵, 이 모든 것이 결합된 하나의 연출이다.

리더는 연설자가 아니라 감독이다. 무대 위에서 당신이 움직이는 방식, 카메라를 바라보는 순간, 정지 후 던지는 한 문장. 그 모든 것이 리더십을 만든다.

입체적으로 설계하라. 공간을 읽어라. 카메라를 이해하라.

그리고 멈출 줄 알아라. 스피치의 완성은 말이 아니라 연출된 리더십이다.

표정이 있는 말하기란 무엇인가

스피치는 말이 아니라 '장면'이다. 리더의 한 문장은 단어의 배열이 아니라, 공간 · 표정 · 침묵 · 강약 · 감정의 배치가 어우러진 종합 연출이다.

무대는 물리적 공간이지만, 동시에 심리적 공간이다. 관객은 청중이지만, 동시에 판단자이자 동반자다. 리더의 스피치는 이 둘 사이에서 긴장을 만들고, 신뢰를 쌓고, 감동을 조직한다.

무대 구조와 관객 구성, 그리고 단호 · 온기 · 강조 · 침묵, 표정이 있는 말하기를 중심으로, 관객을 끌어들이는 입체적 스피치 전략을 체계적으로 정리해보자.

첫 10초는 왜 권력인가

관객은 10초 안에 세 가지를 판단한다. 이 사람은 믿을 만한가, 이 말은 들어볼 가치가 있는가, 이 자리에 나와 어떤 관련이 있는가? 따라서 오프닝은 정보 전달이 아니라 관계 설정이다.

오프닝은 정지, 단문 선언, 관객 연결의 3단 구조로 구성된다. 첫째, 정지는 무대 중앙에 서서 2~3초 침묵하는 것이다. 시선은 천천히 관객을 가로지른다. 이미 메시지는 시작되었고, 관객은 집중하기 시작한다. 둘째, 단문 선언은 짧고 단호한 문장 한 줄로 요약하는 것이다. "우리는 지금 갈림길에 서 있습니다." "오늘 저는 결단을 말하려고 이 자리에 섰습니다." 이런 식으로 말을 던진다. 셋째, 관객 연결은 "여러분의 삶과 연결되는 지점"을 즉시 제시한다. 오프닝은 길면 힘이 빠진다. 강력한 오프닝은 길지 않다. 짧되, 단단해야 한다.

무대 구조를 읽는 리더의 시선

무대를 읽지 못하면 스피치는 평면이 된다. 리더는 연설자가 아니라 '공간 설계자'다. 리더는 무대의 세 지점을 활용해야 한다. 중앙은 선언과 결단, 좌측은 설명과 논리, 우측은 공감과 이야기를 나타낸다. 중앙은 권위의 자리다. 이동은 메시지 전환을 의미해야 한다.

가령 정책 설명은 좌측에서 차분히 진행하다가, "그래서 우리는 바꾸겠습니다"라는 선언은 중앙으로 이동해 단호하게 말한다. 동선은 메시지의 구조다.

관객 구성에 따른 전략 차이도 고려해야 한다. 관객은 하나의 집단이 아니다. 관객 중 지지층은 에너지와 확신을 전한다. 중도층은 논리와 안정을 나타낸다. 비판층은 존중과 여지를 고려한다. 전문가는 근거와 구조를 중시하며, 일반 시민은 스토리와 감정에 충실하다. 스피치는 항상 '가장 설득이 필요한 집단'을 기준으로 설계한다. 위대한 리더는 지지층을 흥분시키지 않는다. 중도층을 안심시키는 배려와 소통을 중시한다.

단호함과 온기를 동시에 세우는 법

단호함은 큰 목소리가 아니라, 리더십의 중심축이다. 주어가 분명한 문장이다. "검토하겠습니다"가 아니라, "제가 책임지고 바꾸겠습니다"가 되어야 한다. 단호한 문장은 주어가 있고, 동사가 능동이며, 문장이 짧다. 루스벨트는 "우리가 두려워해야 할 것은 두려움 그 자체다"라며, 공포를 말하면서도 두려워하지 않는 어조로 말했다. 단호함은 속도보다 '멈춤'에서 나온다. 핵심 문장 직전 1초의 정지는, 마이크보다 강력하다.

온기는 설득의 숨결을 상징한다. 단호함이 뼈라면, 온기는 혈액이다. 차가운 확신은 저항을 만든다. 따뜻한 확신은 신뢰를 만든다. 온기를 만드는 방법은 세 가지다. 첫째, 1인칭 복수 사용으로 "우리"를 강조한다. 둘째, 경험을 공유하며, "저 역시…"라고 말한다. 셋째, 낮은 톤과 느린 속도로 말하는 것이다. 오바마의 연설은 단호하지만 항상 "함께"를 반복했다. 온기는 연약함이 아니다. 관객을 동료로 대하는 태도다.

강조는 메시지를 각인시키는 기술이다. 강조는 소리를 키우는 것이 아니라, 구조를 세우는 것이다. 가장 유용한 강조 기법은 3단 반복 구조다. 우리는 준비했습니다. 우리는 시작했습니다. 우리는 끝까지 가겠습니다. 이 같은 반복구조를 통한 리듬은 기억을 만들어준다. 케네디가 1962년 취임연설에서 말한 "그러므로, 존경하는 국민 여러분! 국가가 여러분에게 무엇을 해 줄 것인가 묻지 말고, 여러분이 국가를 위해 무엇을 할 수 있는가를 물어 보십시오." And so, my fellow Americans: ask not what your country can do for you, ask what you can do for your country. 구조는 대구법의 힘이었다.

숫자의 활용도 좋은 기법이다. "세 가지를 말씀드리겠습니다." 관객은 이처럼 정리된 메시지를 신뢰한다. 침묵은 소리는 없지만, 실제로는 가장 강력한 문장이다. 침묵은 비어 있는 시간이 아니다. 의미를 관객에게 넘기는 순간이다. 중대한 결정, 사과, 희생, 국가적 사건을 언급할 때, 말을 줄이고 시선을 고정한다. 침묵은 긴장을 만든다. 긴장은 집중을 낳는다. 집중은 감동을 만든다.

진정성은 어떻게 보이는가

표정은 메시지의 진정성을 증명한다. 단호한 메시지는 턱선 고정, 시선 정면으로, 공감 메시지는 눈썹 이완, 고개 약간 기울임으로, 강조 순간은 눈빛 고정, 속도 감소로 표현한다. 억지 표정은 금방 들킨다. 감정은 먼저 생각을 설득해야 자연스럽다.

감동을 만드는 4단 설계도 살펴보자. 감동은 우연이 아니다. 구조다. 현실 인식, 갈등 제시, 결단 선언, 함께의 약속이 이어져야 한다. 이 네 단계를 통과하면, 관객은 “이야기를 들었다”가 아니라 “과정을 함께 했다”고 느낀다.

현대사회에서는 카메라와 미디어 환경까지 고려하는 입체 스피치를 펼쳐야 한다. 현대 스피치는 현장과 화면이 동시에 존재한다. 카메라 정면은 핵심 메시지, 측면 이동은 설명 구간, 클로즈업 예상은 감정 장면을 나타낸다.

리더는 연설자가 아니라 감독이다. 카메라를 통해 수백만 명이 본다. 따라서 말은 짧고, 표정은 분명해야 한다.

입체적 스피치는 통합공식을 따른다. ‘공간 설계 × 메시지 구조 × 감정 조율 × 침묵 활용 × 관객 분석’와 같은 복합 고차 방정식이다. 이 다섯 요소가 맞물릴 때, 스피치는 정보 전달을 넘어 ‘장면’이 된다.

스피치는 말이 아니라 존재를 설계해야 한다. 리더의 스피치는 문장 기술이 아니다. 존재의 설계다. 단호함은 방향을 주고, 온기는 사람을 묶고, 강조는 기억을 남기고, 침묵은 무게를 더한다. 무대를 읽고, 관객을 분석하고, 동선을 설계하고, 표정과 속도를 조율하라.

그때 스피치는 단순한 말하기를 넘어, 리더십 그 자체가 된다. 리더는 말을 하는 사람이 아니다. 사람을 움직이는 장면을 만드는 사람이다.

속도·볼륨·리듬은 어떻게 설계되는가

스피치는 내용 이전에 '에너지'다. 같은 문장도 어떻게 말하느냐에 따라 공기가 달라진다. 어떤 연설은 정확하지만 지루하다. 어떤 연설은 완벽하지 않아도 살아 움직인다. 그 차이는 속도 · 볼륨 · 리듬 · 호흡에 있다. 이 네 가지가 스피치의 심장 박동이다.

리더의 말은 단지 전달되는 것이 아니라, 청중의 심박과 동기화되어야 한다. 무대 구조와 관객 구성을 고려해, 통통 튀는 스피치의 힘을 어떻게 구조화하고 설계할 것인지 체계적으로 살펴보자.

첫 박자를 잡는다는 것

음악에 전주가 있듯, 스피치에는 '첫 박자'가 있다. 첫 박자가 불안하면 연설 전체가 흔들린다. 첫 발언에서 3초 정지, 1문장 선언은 대표적인 기법이다. 무대 중앙에서 2~3초 멈춘다. 숨을 들이마시고, 복식호흡으로 첫 문장을 던진다. 짧고 단호한 문장으로, 불필요한 수식어는 모두 제거한다. "오늘, 저는 방향을 말하겠습니다." 이 한 문장이 청중의 리듬을 설정한다.

속도도 중요하다. 설득의 가속과 감속 역할을 하기 때문이다. 속도는 설득의 전략이다. 빠르면 열정이 되고, 느리면 신뢰가 된다. 기본 원칙은 정책 설명은 중간 속도, 강조 구간은 느리게, 고조 구간은 점진적 가속, 감동 구간 → 느리게, 길게 조정한다. 오바마의 연설은 빠르지 않지만, 지루하지 않다. 핵심 문장에서 속도를 낮추고, 연결 구간에서 자연스럽게 흐르게 만든 결과다. 대신 속도는 '차이'에서 힘이 생긴다. 처음부터 끝까지 같은 속도는 평면적이다. 통통 튀는 스피치는 빠름과 느림이 교차한다. 리더는 말의 DJ다. 박자를 조절해 청중의 집중을 유지한다.

볼륨은 권위와 친밀의 스위치 역할을 한다. 볼륨은 단순한 크기가 아니다. 관계 설정의 장치다. 높은 볼륨은 선언과 결단을, 낮은 볼륨은 공감과 고백을, 점진적 상승은 결의를, 순간적 하강은 긴장을 유도한다. 킹 목사의 "아이 해브 어 드림" I Have a Dream 연설은 볼륨의 파도였다. 잔잔하게 시작해, 파도처럼 올라갔다. 중요한 것은 '고함'이 아니다. 마이크 앞에서는 낮은 볼륨이 더 강력할 때도 있다. 청중은 소리의 크기가 아니라, 감정의 진폭을 듣는다.

리듬은 기억을 만드는 반복의 힘을 강조한다. 리듬은 스피치의 뼈대다. 문장이 박자를 갖기 시작하면 청중은 따라오기 시작한다. 3단 반복 구조를 통한 리듬기법은 예측을 가능하게 하고, 예측은 안정감을 준다. 짧은 문장과 긴 문장을 교차하는 것도 좋은 방법이다. 짧게, 그리고 설명한다. 다시 짧게 언급한다. 이 교차가 통통 튀는 에너지를 만든다.

호흡은 스피치의 보이지 않는 엔진이다. 호흡이 흔들리면 말도 흔들린다. 가장 중요한 복식호흡의 원칙을 지키면 좋다. 어깨가 아니라 배가 움직여야 한다. 문장 끝까지 숨이 남아야 한다. 핵심 문장 직전에는 반드시 들이마신다. 복식호흡의 유용성을 깨달으면, 호흡과 발성이 자연스러워진다. 침묵의 호흡기법도 잘 활용하면 좋다. 강조 직전에 1초 정지, 이 같은 침묵은 말보다 강력하다. 루스벨트의 연설은 문장 사이의 호흡이 안정감을 주었다. 호흡은 자신감의 신호다. 불안한 리더는 숨이 짧다. 안정된 리더는 숨이 깊다.

리듬 전략의 4요소

'통통 튀는' 스피치는 가볍다는 뜻이 아니다. 생동감 있다는 뜻이다. 이를 위한 첫째 요소는 변화다. 속도와 톤이 계속 변하면, 흥미와 호기심이 생기게 된다. 둘째 명확성이다. 문장은 짧고 선명해진다. 셋째, 에너지다. 말이 몸의 움직임과 일치하게 된다. 넷째, 미소와 표정이다. 표정이 리듬을 완성한다. 무대의 좌 · 중 · 우를 활용해 메시지 전환을 보여주면 스피치는 입체감을 갖는다.

관객 구성에 따른 리듬 전략도 유용하다. 지지층 중심 무대는 '속도 빠르게, 볼륨 크게, 반복 많게'의 원칙을 사용하며, 에너지 중심이 된다. 중도층 중심 무대는 '속도 안정적, 볼륨 과하지 않게, 논리 중심'의 무대가 된다. 전문가 집단 중심 무대는 '속도는 느리게, 리듬은 절제, 숫자와 구조 강조'로 구성된다. 관객을 모르면 리듬을 잘못 잡게 된다. 리더는 청중의 심박수를 읽어야 한다.

감동을 만드는 리듬 설계도 고려해볼만하다. 감동은 우연히 오지 않는다. 파도처럼 설계된다. 현실 인식은 차분하게, 문제 제기는 속도를 약간 상승시키며, 갈등 고조는 볼륨 상승, 결단 선언은 속도를 낮추고 단호하게, 함께의 약속은 따뜻하게 마무리한다. 이 흐름이 완성되면 청중은 감정의 여정을 함께 한다.

무대 구조와 동선의 리듬화도 필수적이다. 무대는 악보다. 핵심 메시지를 중앙에서, 설명형은 좌측에서, 공감형은 우측에서 진행하며, 이동은 곧 리듬 전환을 의미한다. 빠르게 걸으면 긴박함, 천천히 이동하면 무게감이 생긴다. 몸의 속도와 말의 속도가 일치해야 자연스럽다.

리듬을 몸에 새기는 실전 훈련법을 해보자. 녹음 후 속도를 체크하며, 분당 단어 수를 확인한다. 핵심 문장에 '느리게' 표시, 반복 구조 3개 이상 설계, 호흡 표시 삽입, 문장 길이 평균 15~20단어 유지 등을 준수한다. 말은 훈련하면 바뀐다. 리듬은 연습하면 만들어진다.

리더십과 스피치는 어떻게 연결되는가

리더십은 설득력이고, 설득력은 리듬이다. 만델라는 격정적이지 않았지만, 깊은 호흡과 절제된 리듬으로 신뢰를 만들었다. 반면 처칠은 느리고 무거운 리듬으로 결의를 만들었다. 리더는 자신의 캐릭터에 맞는 리듬을 찾아야 한다. 억지 리듬은 오래 가지 않는다.

리더는 말의 지휘자다. 속도는 추진력, 볼륨은 결단력, 리듬은 기억, 호흡은 신뢰다. 이 네 가지가 조화를 이루면, 스피치는 단순한 전달이 아니라 '공연'이 된다. 관객은 정보보다 에너지를 기억한다. 논리보다 장면을 기억한다.

리더는 말하는 사람이 아니다. 청중의 심장을 지휘하는 사람이다. 관객 가득한 선박을 이끄는 선장이다. 리듬이 살아 있을 때, 스피치는 살아 있다.

반복·대비·압축은 왜 각인되는가

사람은 한 번 들은 말을 기억하지 않는다. 세 번 들은 말을 인식하고, 다섯 번 들은 말을 믿기 시작한다. 스피치의 본질은 전달이 아니라 각인이다.

리더의 말이 힘을 갖는 순간은 정보가 이해될 때가 아니라, 메시지가 머릿속에 남을 때다.

그 각인을 만드는 기술이 바로 반복 · 대비 · 압축의 3단 공식이다. 반복을 단순한 되풀이가 아닌, 전략적 연출과 구조 설계의 도구로 살펴보자.

왜 '반복·대비·압축'이란 3단 공식은 힘이 되는가

인간의 뇌는 패턴을 기억한다. 리듬과 반복은 정보를 감정으로 전환시킨다. 역사적으로 강력한 연설은 모두 반복을 중심에 두었다. 킹 목사의 "아이 해브 어 드림" I have a dream 은 한 문장이 아니라, 열 번 가까이 반복된 구조였다. 케네디의 취임연설도 역시 반복과 대구법이 메시지를 각인시켰다. 반복은 단순한 되풀이가 아니다. 의도를 가진 리듬이다.

반복 · 대비 · 압축의 3단 공식은 '반복: 기억을 만든다', '대비: 의미를 선명하게 만든다', '압축: 메시지를 단단하게 만든다'는 효과를 낳는다. 이 세 가지가 결합하면 문장은 강철처럼 단단해진다.

반복은 '다시 말하기'가 아니라 '의미를 쌓기'이다. 좋은 반복은 똑같이 반복하지 않는다. 점층적으로 확장한다. 예를 들어, "우리는 포기하지 않았습니다. 우리는 멈추지 않았습니다. 우리는 끝내 해냈습니다"와 같은 문장이다. 이때 각 문장은 감정이 조금씩 상승해야 한다. 오바마의 "예스 위 캔"Yes, we can은 세 글자의 문장이지만, 상황마다 반복되며 의미를 확장했다. 반복의 4가지 유형은 단어 반복, 문장 구조 반복, 리듬 반복, 핵심 메시지 후반 재소환이다. 스피치 초반에 던진 문장을 후반부에서 다시 등장시키면, 관객은 '이야기가 완성됐다'고 느낀다.

대비는 긴장을 만드는 장치다. 대비는 감정의 전환점이다. 빛은 어둠이 있어야 빛난다. 예를 들어 "우리는 과거에 머물지 않습니다. 우리는 미래로 나아갑니다. 또는 두려움은 우리를 멈추게 합니다. 용기는 우리를 움직이게 합니다."와 같은 방식이다. 루스벨트는 공포와 두려움의 대비를 통해 메시지를 단번에 압축했다. 대비는 생각을 선명하게 만든다. 그리고 선명함은 신뢰를 만든다.

압축은 말을 줄일수록 힘이 커진다는 경구를 통해 알 수 있다. 길게 설명하면 이해는 되지만 감동은 줄어든다. 압축은 감정을 응축시키는 기술이다. 나쁜 예로는 "우리는 여러 어려움과 도전을 겪어왔지만, 이를 극복하기 위해 노력해왔습니다"와 같은 문장을 들 수 있다. 반면 압축된 문장인 "우리는 어려움을 이겨냈습니다"는 쉽게 다가온다. 짧은 문장은 숨을 멈추게 한다. 처칠 총리의 "결코 굴복하지 말라"Never give in는 유명한 경구는 어떤가? 이보다 더 압축된 결의는 없다.

메시지는 왜 장면으로 남는가

반복은 연기와 결합할 때 완성된다. 같은 문장을 세 번 반복하되, 1회차에는 차분하게, 2회차에는 속도를 약간 느리게, 3회차에는 침묵 후 단호하게 말한다. 이 같은 차이가 감동을 만든다. 연기는 과장이 아니라 감정의 정확성이다. 표정·시선·호흡이 문장과 일치해야 한다.

메시지 각인의 설계도도 만들어 사용하면 좋다. 1단계는 핵심 메시지 한 줄 정의로, 10단어 이내가 되도록 한다. 2단계는 반복 구조 설계로, 3회 이상 등장하도록 한다. 3단계는 대비 문장을 삽입하며, 의미를 선명하게 한다. 4단계는 후반부 재등장이 되며, 감정 고조 후 재소환한다. 이 구조를 사용하면 관객은 무의식적으로 메시지를 기억한다.

감동을 만드는 5단 리듬도 사용하면 좋다. 현실 인식, 문제 제기, 대비 제시, 반복 강조, 압축 결단으로 구성된다. 이 다섯 단계가 연결되면 관객은 메시지를 '듣는' 것이 아니라 '느낀다'.

반면 반복의 함정을 인지하고, 극복하려는 노력을 기울여야 한다. 기계적 반복은 같은 톤, 같은 속도로 지루함을 만들게 된다. 과잉 반복은 적절한 수준인 3~5회를 넘어설 경우 피로감을 준다. 내용 없는 반복도 마찬가지다. 메시지가 빈약하면 반복은 공허해진다. 반복은 메시지가 단단할 때만 빛난다.

실전 훈련법도 잘 활용하면 좋다. 연설문에서 핵심 문장 1줄만 남겨보기, 그 문장을 3가지 방식으로 변형, 대비 문장 2개 추가, 마지막 단락에 다시 등장시키기, 녹음 후 리듬 체크 등이 대표적인 훈련법이다. 반복은 연습하면 기술이 된다. 그러나 진정성은 연습만으로 생기지 않는다.

반복은 어떻게 감동이 되는가

반복은 설득의 예술이다. 반복은 세뇌가 아니다. 기억의 설계다. 대비는 생각을 선명하게 하고, 압축은 메시지를 단단하게 하며, 반복은 그것을 각인시킨다. 위대한 스피치는 복잡하지 않다. 명확하다. 그리고 반복된다.

리더는 많이 말하는 사람이 아니다. 한 문장을 남기는 사람이다. 그 한 문장이 세 번 울릴 때, 관객의 마음에도 세 번 울린다. 반복은 기억을, 연기는 감동을 남긴다. 반복은 전략이고, 대비는 선명함이며, 압축은 힘이다. 연기는 과장이 아니라, 진정성의 증폭이다.

세계 지도자들의 공통점은 많이 말하지 않았다는 것이다. 대신 같은 메시지를 구조화해 반복했다. 리더는 문장을 남기는 사람이 아니라, 장면을 남기는 사람이다. 그 장면 속에서 한 문장이 세 번 울리고, 그때 비로소 사람들의 마음에도 세 번 울린다.

어려운 정책을 쉽게 말하는 법

정책은 복잡하다. 어려운 정책을 쉽게 말하고, 국민을 움직이는 스피치 리더십이 필요한 이유다. 리더의 말은 복잡해서는 안 된다. 국민은 정책의 '문장'을 기억하지 않는다. 정책이 자신의 삶과 어떻게 연결되는지를 기억한다. 살아 있는 입말의 힘이 필요한 이유다.

스피치 리더십의 핵심은 이것이다. 어려운 것을 쉽게 말하고, 쉽게 말하면서도 가볍지 않게 전달하는 것이다. 살아 있는 입말, 반복과 연기의 전략, 정책의 단순화 기법, 그리고 국민의 성취동기를 자극하는 구조를 체계적으로 정리해보자.

살아 있는 입말은 무엇인가? 입말은 글말과 다르다. 글은 읽히지만, 입말은 느껴진다. 좋은 입말은 세 가지 특징을 갖는다. 문장이 짧다. 추상어보다 구체어가 많다. 말하는 사람의 체온이 느껴진다. 예를 들어, "재정 건전성의 균형적 운용을 도모하겠습니다"는 글말이다. 입말로 바꾸면 이렇게 된다. "빚은 줄이고, 필요한 곳에는 제대로 쓰겠습니다." 어려운 정책일수록 입말로 풀어야 한다.

정책을 쉽게 말하는 4단 변환 공식은 전문 용어 제거, 숫자 최소화, 사례 제시, 한 문장 압축 기법이다. 예를 들어, '탄소중립 정책'은 이렇게 풀 수 있다. 전문 설명은 탄소배출 감축 및 산업 전환 전략으로 표현된다. 입말로 변환하면, "아이들이 숨 쉬기 좋은 나라를 만들겠습니다"이다. 이처럼 정책의 '목적'을 말하면 이해가 빨라진다. 루스벨트는 경제정책을 설명하면서 '노동자의 일자리'라는 구체적 삶의 언어로 바꾸었다. 정책은 논문이 아니라 흥미롭게 끌리는 약속이어야 한다.

반복 전략은 어떻게 설득이 되는가

어려운 정책일수록 한 번 말해서는 안 된다. 그러나 같은 문장을 그대로 반복하면 지루하다. 좋은 반복의 구조는 핵심 문장 제시, 비유로 반복, 사례로 반복, 결단 문장으로 반복되어야 한다. 실제 "우리는 공정한 기회를 만들겠습니다", "부모의 지갑이 아니라, 아이의 꿈이 미래를 결정하게 하겠습니다", "어디에서 태어났는지가 아니라, 무엇을 노력했는지가 중요합니다", "그것이 공정입니다"와 같은 문장은 매우 효과적이다. 이 반복은 감정의 상승을 만든다. 오바마의 "예스 위 캔"Yes, we can은 정책 설명 사이사이에 반복되며 집단적 동기를 형성했다.

연기로서 말할 때는 감정의 정확성을 유지해야 한다. 연기는 과장이 아니다. 감정을 정확히 전달하는 기술이기 때문이다. 표정의 경우를 보자. 정책 설명 과정은 안정된 표정으로, 공감 구간은 부드러운 미소로, 결단 구간은 눈빛 고정과 같은 표정 연기가 살아나야 한다. 손동작의 경우는 어떤가? 열린 손은 신뢰를, 모은 손은 결단을, 가슴 쪽 제스처는 진정성을 의미한다. 침묵의 힘도 대단하다. 중요한 문장 뒤 1초 멈출 경우, 그 침묵이 메시지를 완성하는 역할을 한다. 만델라는 절제된 표정과 느린 호흡으로 신뢰를 만들었다.

관객을 이해시키는 구조는 5단 설계로 진행하면 도움이 된다. 1단계는 문제 인식으로, "지금 우리 삶이 왜 어려운가"라고 말한다. 2단계는 공감으로, "저도 알고 있습니다"라고 말한다. 3단계는 단순한 해법 제시로, "그래서 이렇게 바꾸겠습니다"라고 설명한다. 4단계는 반복으로, 핵심 메시지가 재등장한다. 5단계는 참여 요청으로, "함께 해주십시오"라고 권유한다. 이 다섯 단계가 완성되면, 관객은 이해를 넘어 참여로 이동한다.

참여를 끌어내는 말하기

사람은 '명령'에 움직이지 않는다. '가능성'에 움직인다. 첫 번째는 미래 이미지를 제시하는 방식이다. "5년 뒤, 우리 아이가 더 넓은 세상에서 꿈을 펼칠 수 있습니다." 두 번째는 역할 부여 방식이다. "이 변화의 주인공은 여러분입니다." 세 번째는 공동체 강조 방식이다. "우리가 함께하면 가능합니다." 케네디는 취임연설을 통해 국민을 정책의 주체로 만들었다. 성취동기는 참여의 문을 연다.

감동을 만드는 입체적 구조를 만드는 것도 의미있다. 감동은 정보의 양이 아니라, 연결의 깊이에서 나온다. 현실, 공감, 대비, 반복, 압축, 참여 등이 결합되는 흐름을 따르면, 정책은 차가운 문장이 아니라 따뜻한 약속이 된다.

어려운 정책을 스토리로 풀어내는 스토리텔링 기법도 유용하다. 스토리는 이해의 지름길이다. "한 청년이 있습니다…", "한 소상공인이 있습니다…" 이 한 문장이 정책을 살아 움직이게 한다. 처칠의 연설은 국민의 고통을 구체적 장면으로 표현해 결의를 만들었다. 스토리는 감정의 통로다.

살아 있는 스피치를 만들기 위해 다양한 훈련법을 시도해 보는 것도 의미가 있다. 정책 원문을 3줄로 요약하기, 그 3줄을 다시 1줄로 압축하기, 일상어로 다시 변환하기, 사례 1개 추가하기, 반복 문장 1개 설계하기와 같은 과정을 반복해서 거치면, 정책은 설명이 아니라 설득이 된다.

정책은 사람의 언어로 말할 때 살아난다. 살아 있는 입말은 어렵지 않다. 진짜 마음에서 우러나오면 저절로 만들어진다. 반복은 기억을 만들고, 연기는 감정을 전달하며, 입말은 거리를 좁힌다. 리더는 정책을 말하는 사람이 아니다. 사람의 삶을 말하는 사람이다. 어려운 정책이 한 문장으로 정리될 때, 국민은 이해한다. 이해하면 신뢰한다. 신뢰하면 참여한다. 그때 스피치는 정책 설명을 넘어 국민을 움직이는 리더십이 된다.

연기의 힘은 어디까지인가

말은 귀로 듣지만, 신뢰는 눈으로 판단한다. 스피치는 문장이 아니라 '장면'이다. 같은 문장을 말해도 어떤 표정으로 말하는가, 어떤 제스처로 강조하는가, 어디서 웃음을 주고, 어디서 즉흥적으로 반응하는가에 따라 그 힘은 완전히 달라진다.

반복과 연기를 기반으로, 표정 · 제스처 · 유머 · 즉흥을 활용해 대중을 이끄는 스피치 구조와 기법을 체계적으로 정리해보자.

연기는 꾸밈이 아니라 '감정의 정확성'이다. 리더는 배우가 아니다. 그러나 무대 위에 서는 순간, 그는 연출가이자 연기자다. 연기의 본질은 과장이 아니라 감정을 정확히 전달하는 것이다. 레이건은 배우 출신이었지만, 과장된 동작 대신 안정된 표정과 자연스러운 유머로 설득력을 만들었다. 연기는 진정성을 강화하는 기술이다.

표정은 왜 진정성의 증거인가

표정은 말보다 빠르다. 청중은 1초 안에 감정을 읽는다. 단호한 메시지의 경우 턱선 고정, 눈빛 정면, 미소 제거 등이 필요하다. 공감 메시지는 눈썹 이완, 고개 약간 기울임, 부드러운 시선이 필수적이다. 감동 구간의 경우 속도 감소, 눈빛 고정 후 침묵 등으로 연기해야 한다. 만델라는 격정적 표정보다 절제된 표정으로 깊은 신뢰를 만들었다. 표정은 메시지의 '정서적 증거'다.

제스처는 리듬과 강조를 만드는 도구다. 제스처는 몸의 문장이다. 열린 손은 신뢰와 개방의 상징으로, 정책 설명 구간에 적합하다. 손을 모으거나 아래로 누르는 동작은 결단과 통제의 신호로, 강조 구간에 효과적이다. 손가락을 세는 동작은 구조를 명확히 한다. "세 가지를 말씀드리겠습니다." 오바마는 핵심 메시지에서 손을 수평으로 움직이며 리듬을 만들었다. 제스처는 과하면 산만하고, 없으면 평면적이다. '의도된 절제'가 핵심이다.

반복과 연기의 결합은 장면을 만드는 공식으로 작용한다. 반복은 구조이고, 연기는 에너지다. 4단 구조는 '핵심 메시지 제시(차분하게)', '반복 1(속도 약간 느리게)', '반복 2(볼륨 상승)', '침묵 후 압축 문장'으로 구성된다. 예를 들어 "우리는 포기하지 않습니다."(잠시 멈춤), "어려워도 포기하지 않습니다."(눈빛 고정), "끝까지 갑니다."로 구성한다. 같은 문장이지만 감정이 상승한다. 이때 표정과 제스처가 함께 변해야 한다.

유머는 긴장을 풀고 신뢰를 얻는 기술이다. 유머는 가벼움이 아니라 전략이다. 좋은 유머의 조건은 자신을 낮추는 유머, 상황을 가볍게 푸는 유머, 상대를 공격하지 않는 유머이다, 케네디는 긴장된 자리에서도 재치 있는 농담으로 분위기를 전환했다. 유머는 스피치의 호흡이다. 청중이 웃는 순간, 마음이 열린다.

즉흥성은 현장을 읽는 리더의 감각을 보여준다. 완벽한 원고도 현장을 읽지 못하면 힘을 잃는다. 즉흥은 준비되지 않은 말이 아니라 준비된 사람이 현장에 맞게 조정하는 능력이다. 예를 들어, 관객의 반응이 약할 때는 속도를 낮추고, 예상치 못한 박수가 나오면 잠시 멈춘다. 처칠은 전시 상황에서도 현장의 분위기에 맞춰 어조를 조정했다. 즉흥은 리더의 여유에서 나온다.

참여 구조는 어떻게 감동을 설계하는가

관객을 끌어들이기 위해서는 다양한 참여 구조를 만들어야 한다. 질문 던지기는 가장 많이 쓰이며 유용한 방법이다. "여러분은 어떻게 생각하십니까?"라고 객석을 향해 묻는다. 짧은 반복 문장을 관객이 따라 하게 하는 '콜 앤 리스폰스' 기법도 효과적이다. 이야기 속 초대 기법도 잘 쓰인다. "이 자리에 계신 한 분을 떠올려 보십시오." 참여는 감동을 배가시킨다.

감동을 만드는 6단 기법 설계도 자주 사용된다. '현실 인식, 공감, 대비, 반복, 유머로 긴장 완화, 압축 결단'이 그것이다. 마지막 문장은 짧아야 한다. 그리고 멈춘다. 침묵은 가장 강력한 연기다.

연기는 늘 과장되기 쉽기 때문에, 위험과 절제를 고려해야 한다. 과도한 제스처는 부자연스럽고, 과장된 표정은 진정성을 해친다. 연기의 기준은 단 하나다. "이 감정이 진짜인가?" 진짜 감정은 크지 않아도 전달된다.

대표적인 실전 훈련법으로는 거울 앞에서 핵심 문장 3회 반복, 표정 변화 체크, 제스처 3개만 선택, 유머 한 문장 삽입, 즉흥 질문 대비 문장 준비 등이 있다. 반복적인 훈련은 자연스러움을 만든다.

리더는 말하는 사람이 아니라 장면을 만드는 사람이다. 반복은 기억을 만들고, 표정은 신뢰를 만들며, 제스처는 리듬을 만들고, 유머는 거리를 좁히며, 즉흥은 현장을 장악한다. 대중은 완벽한 문장을 기억하지 않는다. 그러나 살아 있는 장면은 기억한다. 리더는 문장을 던지는 사람이 아니라 사람의 감정을 움직이는 연출가다. 그 연출이 자연스럽고 진정성 있을 때, 스피치는 단순한 말하기를 넘어 대중을 이끄는 리더십이 된다.

경청은 왜 리더십의 첫 문장인가

강한 리더는 말을 잘하는 사람이 아니라 잘 듣는 사람이다. 스피치 리더십의 출발점은 웅변이 아니라 경청이다. 경청은 약함이 아니라 권위의 또 다른 형식이다. 오늘날 리더의 말하기는 세 단계로 진화했다. 경청에서 공감으로, 갈등관리로, 설득으로 발전한 것이다.

경청 리더십이 어떻게 공감과 갈등관리, 그리고 설득의 단계로 확장되는지, 그 구조와 기법을 체계적으로 정리해보자.

공감은 어떻게 설득으로 이어지는가

경청은 침묵이 아니다. 의도된 집중이다. 청중은 묻는다. "이 사람은 우리를 이해하는가?" 경청이 느껴지는 순간, 설득은 이미 절반 성공이다. 만델라는 정적政敵의 말을 끝까지 듣는 태도로 신뢰를 만들었다. 경청은 상대를 존중한다는 신호다. 존중은 설득의 전제 조건이다.

경청은 마음속에서만 하면 부족하다. 무대 위에서는 보이도록 표현해야 한다. 경청을 '보여주는' 기술이 필요한 이유다. 첫째, 시선 유지가 필요하다. 상대가 말할 때 고개를 숙이지 않는다. 둘째, 메모 제스처를 취한다. 핵심을 적는 동작은 진지함을 보여준다. 셋째, 반복 확인이다. "말씀의 요지는 이것입니까?" 이 한 문장이 갈등의 온도를 낮춘다.

그 출발은 공감이다. 이해에서 연결로 가는 문을 열어준다. 경청이 사실을 듣는 것이라면, 공감은 감정을 읽는 것이다. 공감의 구조는 단순하다. 인정, 공유, 연결하는 것이다. 상대에게 "그 문제로 많이 힘드셨겠습니다", "저도 현장에서 그런 이야기를 들었습니다", "그래서 우리는 바꾸려 합니다", 이렇게 말해주면 서로 한 편이 될 가능성이 커진다. 오바마는 정책 설명 전 반드시 공감의 문장을 배치했다. 공감은 감동의 입구다.

반박은 공격인가 재구성인가

반박은 방어가 아니다. 논점을 재정렬하는 기술이다. "그건 틀렸습니다"는 나쁜 반박이다. 반면 "그 우려는 이해합니다. 다만, 사실은 이렇습니다"는 성공 가능성이 높은 좋은 반박이다. 공격은 박수를 받지만, 설득은 신뢰를 얻는다. 케네디는 논쟁 속에서도 상대를 존중하는 어조를 유지했다. 반박의 핵심은 톤이다. 내용보다 어조가 기억된다.

갈등관리 스피치의 4단 구조를 이해하면 제대로 반박하는데 도움이 된다. '사실 인정, 감정 수용, 책임 언급, 해결 방향 제시'가 그것이다. 이 네 단계를 거치면 청중은 방어적 태도를 풀기 시작한다. 예를 들어, "이번 문제로 불편을 드렸습니다"(인정), "많이 실망하셨을 것입니다"(감정 수용), "책임은 저에게 있습니다"(책임), "이렇게 바로잡겠습니다"(해결)와 같은 사례를 참고하자. 이 구조는 사과와 설득을 동시에 완성한다.

공정의 언어도 필요하다. 이는 중립을 넘어 균형으로 가는 길이기 때문이다. 공정은 선언이 아니라 설명이다. "우리는 공정합니다." 이 문장은 설득력이 약하다. 대신 이렇게 말해야 한다. "누구에게는 유리하고, 누구에게는 불리할 수 있습니다. 그래서 기준을 이렇게 정했습니다."

공정은 기준을 공개할 때 힘을 얻는다. 루스벨트는 위기 상황에서도 정책의 근거를 구체적으로 설명했다. 공정은 투명성에서 나온다. 특히 현대는 공정성의 시대다.

사과는 어떻게 신뢰로 진화하는가

사과는 위기관리의 핵심이다. 좋은 사과는 세 가지를 포함한다. 변명 없음, 책임 명확, 재발 방지 약속이 그것이다. 처칠은 전쟁 중 실패를 인정하면서도 결의를 잃지 않았다. 사과는 신뢰를 회복하는 출발점이다.

이 모든 언어는 설득으로의 진화를 위한 것이다. 이는 감정과 논리의 결합을 통해, 경청과 공감이 기반이 되면 설득은 자연스럽게 이어지는 것을 의미한다. 설득의 3단 구조는 왜 필요한가, 어떻게 할 것인가, 당신은 무엇을 할 수 있는가로 구성된다. 특히 마지막 질문이 중요하다. 청중을 주체로 만들기 때문이다.

이를 통해 감동을 만드는 통합 구조로 나아가야 한다. 경청의 언어, 공감의 문장, 갈등 수용, 책임 언급, 해결 제시, 참여 요청이 그 길을 열어준다. 이 흐름이 완성되면 청중은 방어가 아니라 협력의 태도로 바뀐다.

여기에는 몸동작과 표정 전략이 함께 역할을 해야 한다. 경청 구간은 고개 약간 숙임, 눈썹 이완, 반박 구간은 턱선 고정, 손은 아래로 안정, 사과 구간은 시선 정면, 속도 느리게를 염두에 두면 좋다. 침묵 후 다음 문장이 특히 중요하며, 표정은 메시지의 진정성을 증명한다.

과거의 리더십은 지시형이었다. 현대의 리더십은 대화형

이다. 경청은 권위를 약화시키지 않는다. 오히려 성숙한 권위를 만든다. 만델라가 보여준 화해의 리더십은 경청에서 시작해 설득으로 완성되었다.

듣는 리더가 결국 말의 주인이 된다. 경청은 설득의 준비이고, 공감은 연결의 시작이며, 반박은 균형의 기술이고, 사과는 신뢰의 복원이다.

리더는 말을 많이 하는 사람이 아니라, 사람의 마음을 먼저 읽는 사람이다. 청중은 완벽한 논리를 기억하지 않는다. 그러나 존중받았다는 감정은 오래 남는다. 경청에서 시작해 설득으로 나아갈 때, 스피치는 단순한 말하기를 넘어 관계를 만드는 리더십이 된다.

프레임 전환은 어떻게 작동하는가

정치의 무대, 기업의 위기 브리핑, 시민과의 타운홀 미팅, 방송 토론 등에서 리더의 말하기는 늘 '공격'과 함께 시작된다. 질문은 비판을 품고 있고, 비판은 의심을 동반한다. 이때 리더의 스피치는 방어가 아니라 전환轉換이어야 한다. 공격을 막는 것이 아니라, 공격을 재구성하는 것이다. 위대한 스피치는 적을 이기는 말이 아니라, 의심을 신뢰로 전환하는 말이다.

논리보다 구조가 충돌한다는 것

많은 리더가 반박을 "논리 싸움"으로 이해한다. 그러나 반박은 단순한 사실 제시가 아니다. 반박은 감정·프레임·관계의 재설계다. 반박의 4단 구조를 흔히 L.E.A.D 구조라 부른다. Listen(경청 표명), Empathize(공감 연결), Answer(핵심 반박), Direction(미래 전환)의 약어를 연결한 것이다.

경청 표명은 "그 지적은 충분히 나올 수 있는 질문입니다"처럼, 즉각적 반격 대신, 상대의 문제 제기를 '정당한 질문'으로 격상시킨다. 공감 연결은 "국민들께서도 그런 걱정을 하고 계신 걸 잘 알고 있습니다"처럼, 질문자를 개인이 아니라 '공적 우려'의 대변자로 인정한다. 핵심 반박은 "그러나 사실은 이렇습니다"처럼, 단호하되 감정적이지 않게, 문장은 짧고 명료하게 전달한다. 미래 전환은 "그래서 우리는 이렇게 바꾸고 있습니다"처럼, 반박은 과거 해명이 아니라, 미래 방향 제시로 끝나야 한다. 이 네 단계를 지키면, 반박은 '싸움'이 아니라 '설명'이 된다.

공격을 기회로 바꾸는 프레임 전환의 기술을 살펴보자. 공격은 두 종류다. 사실 공격과 이미지 공격이다. 사실 공격은 맥락 전환을 위한 것이다. "정책이 실패한 것 아니냐"는 질문에 "아니다"라고 말하는 것은 단순 반박에 그친다. "단기적 지표만 보면 그렇게 보일 수 있습니다. 그러나 구조적 전환은 시간이 필요합니다"라고 답변하는 것은 프레임 전환에 해당된다. 공격의 기준을 '단기성과'에서 '구조적 변화'로 옮긴다. 이것이 프레임 전환이다.

이미지 공격에 대해서는 "가치 전환"으로 대응한다. "독선적이다."이라는 비난에 대해 "그렇지 않다"라고만 답변하는 것은 단순 반박이다. 프레임 전환의 경우, "결단을 독선으로 보실 수도 있습니다. 하지만 책임 있는 자리에선 결정을 미루지 않는 용기가 필요합니다"라고 말하는 것이다. 부정적 단어를 다른 가치 언어로 재정의한다. 독선을 결단으로, 완고를 원칙으로, 느림을 신중으로 프레임을 바꾸는 것이다. 언어를 재배치하면 이미지가 바뀐다.

반박에도 리듬이 필요한가

반박 스피치는 '톤'이 생명이다. 잘못된 반박의 특징을 보면, '목소리가 높아진다. 문장이 길어진다. 표정이 굳는다. 동작이 커진다' 등이 해당된다. 설득력 있는 반박의 특징은 '속도를 늦춘다. 문장을 짧게 한다. 눈을 피하지 않는다. 손동작을 줄인다' 등을 들 수 있다. 반박할수록 차분해져야 한다. 감정이 올라갈수록 설득력은 내려간다.

경청과 반박의 균형을 잡음으로써, '공정 프레임' 만들기도 해야 한다. 리더의 반박이 설득력을 가지려면, 청중은 이렇게 느껴야 한다. "저 사람은 나를 이기려는 게 아니라, 이해시키려 한다." 이를 위해 필요한 것은 공정성의 언어다.

공정 프레임의 3요소는 '양면 인정, 원칙 제시, 투명한 선택'이다. 양면 인정의 경우, "그런 시각도 있습니다", "동의하기 어려운 분들도 계십니다" 등으로 발언한다. 원칙 제시의 경우, "그러나 기준은 분명합니다", "공공의 이익이라는 원칙에서 보겠습니다"라고 말한다. 투명한 선택의 경우, "그래서 이 선택을 했습니다"라고 답변한다. 공정성은 중립이 아니다. 공정성은 기준을 공개하는 태도다.

사과는 약점이 아니라 재설계인가

반박과 함께 가장 중요한 기술은 '사과'다. 사과는 패배가 아니다. 사과는 통제력이다. 사과의 5단 구조는 사실 인정, 책임 명확화, 변명 배제, 개선 방향 제시, 재발 방지 약속으로 구성된다.

"그 과정에서 국민들께 불편을 드린 점은 분명히 잘못이었습니다. 그 책임은 저에게 있습니다. 이유를 설명하기보다 고치겠습니다. 절차를 이렇게 바꾸겠습니다. 다시는 반복되지 않도록 점검하겠습니다."

이렇게 짧고 단정적으로 말하라. 그러면 약점이 아니라,

신뢰를 재설계하는 힘이 된다. 사과는 길어질수록, 다른 이유나 해석을 붙일수록, 남 탓을 할수록, 변명처럼 들린다. 이왕 하는 사과이니, 효과를 거둘 수 있도록 해야 한다.

반박의 형식은 무엇이 다른가

반박이 감동이 되려면, 청중을 이야기 속으로 초대해야 한다. 첫째, 질문을 공유하라. "여러분도 이런 의문을 가지셨을 겁니다." 질문을 '상대의 공격'이 아니라 '우리의 고민'으로 만든다. 둘째, 숫자보다 장면을 사용하라. "3% 감소했습니다" 보다 "지난달 한 자영업자가 제게 이렇게 말했습니다". 스토리는 반박을 인간화한다. 셋째, 마지막 문장은 미래다. 반박은 "그래서 우리는 어디로 가는가?"로 끝나야 한다.

방어형 마무리는 "그건 사실이 아닙니다"이다. 반면 리더형 마무리는 "그래서 우리는 더 투명하게 공개하겠습니다". 이렇게 가야, 듣는 시민이나 언론은 그 반박 또는 사과와 함께 미래비전을 가진 언술의 가치를 인정한다.

공격 상황, 어떻게 대응하는가

감정적 공격에는 감정 낮추기, 속도 절반으로 가야 한다.

"이 문제는 감정보다 사실로 보겠습니다." 팩트체크를 통해 진실을 밝히고, 겸손하게 대응해야 한다.

도덕성 공격에는 기준 제시, 투명성 강조로 대응한다. "모든 과정을 공개하겠습니다." 이는 현실과 미래 모두 투명하고 객관적임을 강조한다.

무능 프레임에는 과정 설명, 장기 구조 제시로 대응한다. "지금은 전환기입니다." 위기에 맞서서, 제도적 결함과 문제점을 고치고 성공조건을 만들겠다는 비전을 제시한다.

반박의 언어 10원칙을 살펴보자. "그러나" 대신 "다만"을 쓴다. "틀렸습니다" 대신 "다르게 보겠습니다"를 쓴다. "오해입니다" 대신 "충분히 그렇게 보일 수 있습니다"라고 말한다. 짧은 문장, 감정 형용사 최소화, 숫자는 세 개 이하, 책임은 먼저, 미래는 구체적으로, 상대를 낮추지 말 것, 마지막은 희망으로 말해야 한다.

반박은 왜 '신뢰의 기술'인가

리더가 반박을 잘하면, 청중은 이렇게 느낀다. 저 사람은 준비되어 있다. 저 사람은 감정에 흔들리지 않는다. 저 사람은 책임을 회피하지 않는다. 결국 반박의 목적은 상대를 이기는 것이 아니다. 의심을 신뢰로 전환하는 것이다.

공격을 에너지로 바꾸는 리더가 성공하는 법이다. 공격은 리더의 시험대다. 질문은 위기이면서 기회다. 반박은 방어가 아니다. 반박은 방향 제시다.

공격을 받았을 때, 감정을 낮추고, 구조를 세우고, 가치를 제시하고 미래를 보여주는 사람. 그가 스피치 리더다.

이를 통해 본 스피치 리더십의 핵심 공식은 경청 → 공감 → 사실 → 가치 → 방향이다. 이 다섯 단계가 완성되면, 반박은 설득이 되고 사과는 신뢰가 되며, 공격은 지지로 바뀐다. 그리고 청중은 이렇게 말하게 된다. "저 사람은 나를 이기려는 게 아니라, 함께 가려 한다."

규칙은 어떻게 설득이 되는가

감정이 지배하는 시대다. 분노는 빠르게 확산되고, 의혹은 즉시 확정된 것처럼 소비된다. 이런 환경에서 리더의 스피치는 감정으로 맞서면 실패한다. 감정에는 더 강한 감정이 붙기 때문이다. 그렇다면 무엇으로 제압할 것인가?

정답은 규칙Rule이다. 사람이 아니라 기준으로 말하는 것이다. 입장이 아니라 원칙으로 답하는 것이다. 공정의 언어는 감정을 누르지 않는다. 감정을 '규칙의 틀' 안으로 이동시킨다. 경청과 반박, 공정과 사과의 기술을 하나의 흐름으로 묶어,

‘규칙으로 설득하는 스피치 구조’를 살펴보자.

왜 지금 규칙의 언어인가

대중은 더 이상 “내 편”의 말을 무조건 믿지 않는다. 그들은 묻는다. 당신의 기준은 무엇인가? 그 기준은 모두에게 동일한가? 당신에게도 예외 없이 적용되는가?

리더가 공정의 언어를 사용하지 못하면, 설득은 지지층 내부에서만 머문다. 그러나 규칙을 제시하는 순간, 청중은 이렇게 느낀다. “저 사람은 자기감정이 아니라, 기준으로 말한다.” 이것이 신뢰의 출발점이다.

규칙으로 제압하는 5단 구조를 익숙하게 사용해야 한다. 이는 공격적 질문이나 논쟁 상황에서 활용할 수 있다. 첫째, 경청의 선언이다. “그 문제 제기는 충분히 의미가 있습니다.” 반박 전에 ‘문제의 정당성’을 인정하는 것이다.

둘째, 기준의 제시다. “이 문제는 세 가지 원칙으로 판단해야 합니다.” 논쟁의 중심을 개인 감정에서 ‘판단 기준’으로 옮기는 방식이다.

셋째, 규칙의 적용이다. 법 앞의 평등, 절차의 투명성, 책임의 일관성을 지켜나가면 신뢰를 받게 된다. 누구에게나 동일하게 적용되는 구조임을 강조한다.

넷째, 예외 배제다. "저를 포함해 누구도 예외일 수 없습니다." 권력자의 자기 예외를 먼저 차단한다. 나에 대한 믿음이 절로 따라온다.

다섯째, 미래 약속이다. "그래서 이 기준에 따라 이렇게 조치하겠습니다." 규칙은 행동과 실천으로 이어져야 완성된다. 이 다섯 단계는 감정의 파도를 '제도적 언어'로 바꾼다.

공정은 어떻게 설득력을 얻는가

공정은 추상적 단어다. 따라서 리더는 공정을 구체화해야 한다. 리더는 불공정한 현실의 실태와 원인, 해법에 대해 고민하고, 공정한 언어로 공정을 추구하는 모습을 보여야 한다.

공정 언어의 3가지 형식을 보자. 첫째, 수치화다. "모든 과정은 공개하고, 결정 사유를 문서로 남기겠습니다." 투명성은 약속이 아니라 절차다.

둘째, 비교 구조다. "지위와 관계없이 동일한 기준을 적용했습니다." 이는 특혜 의혹을 구조적으로 원천적으로 차단한다.

셋째, 자기 적용이다. "그 기준은 저에게도 적용됩니다." 리더가 스스로를 규칙 아래에 두는 순간, 신뢰는 상승한다. 공정은 '정의로운 감정'이 아니라 '일관된 적용'이다.

실제 이재명은 대선 후보 시절 '정의란 무엇인가'의 저자

마이크 샌델 하버드대 교수와 공정과 정의에 대해 온라인 대담을 갖고, 인상적인 대화를 나눈 적이 있다. 샌델 교수는 대담에서 "우리 사회에서 빈부 격차가 심해지고 있는 건 성공에 대한 우리의 태도, 그리고 이런 사회 체제에서 기득권층에 진입한 사람들이 성공이 자신들의 노력에 대한 결과물로 생각하는 자만심이 이런 현상의 원인이라고 말할 수 있다. 이런 사회적 문제를 해결하는 가장 첫 번째 시작점은 빈부 격차를 해결하는 것"이라고 말했다.

이에 대해 이재명은 "형식적 공정, 이게 과연 실질적으로 공정하냐. 형식적으로 평등한 것이 실질적으로 평등하냐. 사실은 아니다. 우리는 출발점에서의 평등 이런 것들이 매우 중요하다 생각하지만 이미 출발점 자체가 불평등하다. 실질적으로는 이미 불평등할 수밖에 없는 상태다"라며 이에 대한 제도적 개선에 나설 것을 약속했다.

반박을 규칙으로 전환하는 법

공격을 받을 때, 가장 흔한 실수는 '감정 반박'이다. "그건 사실이 아닙니다." "왜곡입니다." "악의적입니다." 이 언어는 지지층은 결집시키지만, 중도층은 이탈시킨다. 대신 이렇게 말하라.

"그 문제는 개인적 평가가 아니라, 이 원칙으로 보겠습니다.” 프레임이 바뀐다. 상대가 사람을 공격했다면, 당신은 기준으로 응답하라. “특정 인사를 편들었다는 지적이 있습니다.” “인사 원칙은 능력, 공정성, 이해충돌 여부입니다. 그 세 기준을 모두 공개하겠습니다.” 이 순간, 논쟁은 ‘감정’에서 ‘검증 가능한 영역’으로 이동한다.

사과 역시 규칙 안에서 해야 한다. 사과는 감정적 고백이 아니다. 사과는 책임의 구조화다. 공정한 사과의 4요소를 기억하자. 잘못의 인정, 책임의 위치 명확화, 재발 방지 규칙 제시, 공개적 점검 약속이 그것이다.

“이번 결정은 절차 검증이 부족했습니다. 책임은 저에게 있습니다. 앞으로는 외부 검증 단계를 의무화하겠습니다. 그 과정을 공개하겠습니다.”

사과는 규칙으로 완성된다. 그래야 반복을 막는다.

공정 스피치의 장치는 무엇인가

공정은 딱딱하다. 그러나 스피치는 살아 있어야 한다. 스피치 도중 관객 참여 질문을 던진다. “여러분이라면 어떤 기준으로 판단하시겠습니까?” 청중을 심판이 아니라 ‘공동 판단자’로 초대한다. 청중도 나와 함께 참여자가 된다. 사례를 삽입하는 방식도 효과적이다. “한 시민이 이런 말을 했습니다.” 추상적 원칙을 인간의 언어로 번역한다. 대비 구조를 활용하는 것도 유용하다. "힘 있는 사람에게는 약하고, 약한 사람에게는 강한 나라가 되어선 안 됩니다." 문장 구조의 대칭은 늘 기억을 남긴다.

여기서 규칙을 말할 때의 음성과 태도는 평상시와 달라야 한다. 속도는 평소보다 10% 느리게, 단어는 단정적으로, 손동작은 최소화, 눈은 정면을 바라봐야 한다. 규칙을 말할 때 과장된 감정은 필요 없다. 차분함과 당당함이 곧 신뢰다.

공정 스피치의 문장을 공식화하면, 활용할 때 도움이 된다. 현장에서 즉시 활용 가능한 문장을 살펴보자. "이 문제는 ○○의 기준으로 보겠습니다." "누구에게나 동일하게 적용됩니다." "저 역시 예외가 아닙니다." "그 기준에 따라 이렇게 조치하겠습니다." "결과는 공개하겠습니다." 이 다섯 문장은 공정 프레임을 완성한다.

감동은 어디에서 오는가? 흥분은 감동이 아니다. 감동은 신뢰에서 나온다. 청중이 감동하는 순간은 이때다. 권력이 스스로를 규칙 아래 둘 때, 사과가 변명이 아닐 때, 반박이 모욕이 아닐 때, 기준이 흔들리지 않을 때, 공정은 차갑지만, 신뢰는 따뜻하다. 그 따뜻함이 감동이다.

규칙 위에 선 리더란 무엇인가

경청은 존중의 출발이다. 반박은 방향의 제시다. 사과는 책임의 확인이다. 그리고 공정은 모든 것을 묶는 구조다.

리더는 사람을 제압하지 않는다. 규칙으로 설득한다. 감정의 파도가 거셀수록 원칙은 더 분명해야 한다. 공정의 언어는 이렇게 완성된다.

"경청으로 문을 열고, 규칙으로 판단하고, 책임으로 마무리하라." 그때 스피치는 논쟁을 넘어, 공동체의 기준을 세우는 행위가 된다. 그리고 청중은 말한다.

"저 사람은 나를 설득하려는 게 아니라, 우리의 기준을 세우고 있다." 그 순간, 리더십은 완성된다.

진심·책임·해결책, 사과의 3요소

리더에게 사과는 위기이자 기회다. 잘못된 사과는 불신을 키우고, 제대로 된 사과는 오히려 신뢰를 강화한다. 사람들은 완벽한 리더를 기대하지 않는다. 대신 이렇게 묻는다. 잘못을 인정하는가? 책임을 회피하지 않는가? 다시는 반복하지 않겠다는 구조를 제시하는가?

사과는 감정 표현이 아니다. 사과는 신뢰를 복원하는 설계 행위다. 경청과 반박, 공정의 언어 위에서 완성되는 '진심 · 책임 · 해결책' 3단 구조 사과 스피치 모델을 살펴보자.

사과는 왜 통제력인가

많은 리더가 사과를 두려워한다. 사과는 약해 보일 것이라는 두려움 때문이다. 그러나 현실은 다르다. 사과를 회피하는 리더는 불신을 쌓고, 사과를 구조화하는 리더는 신뢰를 쌓는다.

사과는 이렇게 정의할 수 있다. "잘못을 인정하고, 책임을 명확히 하고, 해결책을 제시하는 공적 선언이다." 이 세 가지가 빠지면 사과는 변명으로 들린다.

신뢰를 지키는 사과의 3대 요소는 진심, 책임, 해결책을 내놓는 것이다. 진심은 감정을 숨기지 말되 과장하지 않는 것이다. 진심은 목소리의 크기가 아니라 단어의 절제에서 드러난다. "유감입니다"는 거리감이 있다. "잘못했습니다"는 책임을 동반한다.

진심의 핵심은 세 가지다. 피해자의 감정 언급, 자신의 감정 최소화, 직접적 표현이다. 실제 "그 과정에서 상처를 받으신 분들이 계십니다. 그 점에 대해 분명히 사과드립니다." 나도 모르게 나오는 억울함이나 고충 등 자기 감정을 먼저 말하는 순간, 진심은 약해진다.

책임 또는 책임감은 역설적으로 신뢰를 얻는 중요한 행위다. 모호하게 말하지 말라. 사과가 실패하는 이유의 대부분은 '책임 회피' 때문이다. 그런 의미에서 진정성이 실린 책임이 가장 호소력 있게 받아들여진다. 흔히 실패하는 표현을 보면, "오해가 있었다", "의도와 달랐다", "불편을 느끼셨다면…" 등이 있다. 반면 신뢰를 주는 표현은 "책임은 저에게 있습니다", "그 판단은 잘못이었습니다", "저의 결정이 부족했습니다" 등이 있다. 책임은 '수동태'가 아니라, 내가 주체가 되는 '능동태'로 말해야 한다.

해결책은 진심의 종결자다. 미래가 없는 사과는 공허하다. 사과는 과거의 인정에서 끝나지 않는다. 해결책이 제시될 때 비로소 신뢰가 복원된다. 해결책은 반드시 구체적이어야 한다. 절차 변경, 외부 점검 도입, 공개 시스템 강화, 일정 제시 등이 따라야 한다. "앞으로 모든 과정은 외부 검증을 거치겠습니다. 결과는 공개하겠습니다." 이렇게 말해야 한다. 구체성은 신뢰의 언어다.

설득력 있는 사과의 5단 구조

실전에서 사용할 수 있는 5단 구조를 살펴보자. 1단계는 경청의 선언이다. "많은 분들이 우려와 실망을 말씀하셨습니다.” 먼저 듣고 있다는 신호를 준다. 2단계는 사실 인정이다. “그 지적은 타당합니다.” 방어를 멈추고 소통에 나서는 것이다. 3단계는 책임 명확화이다. “그 책임은 저에게 있습니다.” 책임을 회피하지 않고 받아들여야 한다. 4단계는 해결책 제시다. “이렇게 바꾸겠습니다.” 행동을 약속한다. 5단계는 재발 방지 다짐이다. “같은 일이 반복되지 않도록 점검하겠습니다.” 미래 신뢰를 설계한다. 이 다섯 단계가 흔들리지 않으면, 사과는 설득이 된다.

관객을 감동시키는 사과의 기법도 잘 활용해야 한다. 첫째, 문장은 짧게 해야 한다. 사과는 길어질수록 변명처럼 들린다. 한 문장은 15~20자 내외로, 단정적으로 말해야 한다. 둘째, 속도는 느리게 말해야 한다. 평소보다 10~15% 느리게 말하라. 속도는 감정의 지표다. 셋째, 손동작은 최소화해야 한다. 과도한 제스처는 방어적으로 보인다. 두 손은 가볍게 모으거나 자연스럽게 둔다. 넷째, 눈은 피하지 말아야 한다. 시선을 회피하면 신뢰가 떨어진다. 카메라나 청중을 정면으로 바라본다.

사과에서 피해야 할 5가지 요소가 있다. 첫째, 조건부 사과다. “만약 상처를 받으셨다면…” 같은 전제나 조건을 달아서는 안 된다. 둘째, 책임 분산도 피해야 한다. “여러 과정에서 생긴 일입니다…” 셋째, 장황한 설명도 기피요소다. 배경 설명이 길어질수록 변명처럼 들린다. 넷째, 감정 과잉이다. 눈물은 전략이 아니다. 다섯째, 상대 공격을 해서는 안 된다. 사과 중 반박은 금물이다. 사과의 시간에는 반박을 멈춰야 한다.

공정은 기준이다. 사과는 그 기준을 스스로에게 적용하는 행위다. 리더가 이렇게 말하는 순간, 신뢰는 상승한다. "이 기준은 저에게도 동일하게 적용됩니다." 권력이 자기 자신을 규칙 아래 둘 때, 대중은 감동한다.

위기 속 사과는 어떻게 리더십을 회복하는가

위기상황이 정책 실패에서 왔을 때는 원인 분석, 수정 계획, 일정 제시 등을 해야 한다. 도덕성 논란 때문일 경우, 책임 명확화, 외부 조사 수용, 결과 공개 약속 등에 나서야 한다. 조직 내부 문제일 경우, 관리 책임 인정, 시스템 개편, 재교육 점검 구조 제시 등에 나서야 한다. 상황이 달라도 구조는 같다.

감동은 어디에서 오는가? 사람들은 실수를 용서한다. 그러나 회피는 용서하지 않는다. 감동은 이 순간에 발생한다. 권력이 스스로 책임을 질 때, 설명보다 개선을 약속할 때, 감정이 아니라 기준을 말할 때, 말과 행동이 연결될 때, 사과는 신뢰의 시험대다. 이 시험을 통과하면 리더십은 강화된다.

사과 스피치의 문장을 살펴보자. 다음 문장은 현장에서 바로 사용할 수 있다. "그 지적은 타당합니다." "책임은 저에게 있습니다." "변명하지 않겠습니다." "이렇게 고치겠습니다."

"다시는 반복되지 않도록 점검하겠습니다." 이 다섯 문장이 완성되면, 사과는 힘을 가진다.

사과는 리더십의 증명이고, 회복이다. 경청은 존중이다. 반박은 방향이다. 공정은 기준이다. 사과는 책임이다. 이 네 가지가 연결될 때, 스피치는 단순한 말하기를 넘어 공동체의 신뢰를 지키는 행위가 된다. 리더는 완벽해서 신뢰받는 것이 아니다. 책임질 줄 알기 때문에 신뢰받는다. 사과는 고개를 숙이는 행위가 아니라, 다시 서기 위한 준비다.

진심으로 인정하고, 책임을 명확히 하고, 해결책을 제시하라. 그때 관객은 등을 돌리지 않는다. 오히려 이렇게 말한다. "저 사람은 실수할 수 있다. 그러나 도망치지 않는다." 그 순간, 사과는 약점이 아니라 리더십의 가장 강력한 증명이 된다.

Tip 04

[이재명 대통령 2026년 신년 기자회견]

존경하고 사랑하는 국민 여러분, 세계 질서가 거대한 전환의 소용돌이를 겪고 있는 지금, 지난해 외교 무대에서 각국 정상들을 만나며, 또 올해 중국과 일본을 연달아 방문하며 절실히 실감하고 있습니다.

대한민국을 향한 국제사회의 관심과 기대는 우리가 무엇을 상상하든 그 이상입니다.

대한민국은 더 이상 열강들에 둘러싸인 동방의 작은 나라도, 앞선 나라의 정답을 뒤따라가는 후발 주자도 아닙니다.

산업화와 민주화를 동시에 달성하며 원조받던 나라에서 원조하는 나라로 성장한 유일한 나라이자 불굴의 저력으로 민주주의의 빛나는 모범을 다시 세운 나라로서, 발걸음 하나하나가 세계의 주목을 받는 나라가 되고 있습니다.

대한민국은 유례없는 민주주의 위기를 평화적으로 극복해 냈고, 민주주의 회복이 다시 경제성장과 사회발전을 견인하는 선순환의 길을 개척하고 있습니다.

한때 우리를 선도했던 많은 나라들이 과거의 성장을 이끈 '성공의 공식'에 안주하며 저성장의 함정에 빠졌습니다.

저성장으로 기회가 줄어드니 경쟁은 전쟁이 되고, 경쟁 탈락이 죽음인 사회가 극단주의를 낳아 민주주의를 잠식합니다.

훼손된 민주주의가 다시 성장의 발목을 잡는 악순환이 반복됩니다.

이는 결코 다른 나라들만의 이야기가 아닙니다. 대한민국 역시 '성공의 과거 공식'에 매몰된다면 유사한 악순환의 굴레에 빠져들 것입니다.

Tip 04

신년사를 통해 '성장의 패러다임을 완전히 바꿔야 한다'라고 말씀드린 이유가 바로 여기에 있습니다.

지방 주도 성장, 기회와 과실을 고루 나누는 모두의 성장, 안전에 기반한 지속 가능한 성장, 문화가 이끄는 매력적인 성장, 평화가 뒷받침하는 안정적 성장, 제가 말씀드렸던 다섯 가지 대전환의 길은 대한민국을 대도약의 새로운 미래로 이끌 지름길이자, 전 세계에 보여줄 성장과 도약의 새로운 모범이 될 것입니다.

그렇기에 성장 전략의 대전환이란 단지 지방을 위해 '떡 하나 더 주겠다'거나 중소·벤처기업을 조금 더 많이 지원하겠다는 뜻이 아닙니다.

국정운영의 우선순위를 하나부터 열까지 모두 재조정하고, 정부가 지닌 자원과 역량을 완전히 재배치하여 대한민국의 성장 지도를 다시 그려내겠다는 야심찬 도전입니다.

첫째, '지방 주도 성장'으로의 대전환은 이미 시작되었습니다.

각각의 지역이 대한민국의 성장을 주도하기 위해서는, 그에 걸맞은 '규모'를 갖춰야 합니다.

현재 추진 중인 대전·충남과 광주·전남의 광역 통합은 '지방 주도 성장'의 상징적 출발점이자, 반드시 성공시켜야 할 국가 생존 전략입니다.

이 자리에서 분명히 약속드립니다.

정치적 유불리에 따라 광역 통합의 방향이 흔들리는 일은 없을 것입니다.

서로 다른 의견이 있다면 치열한 토론으로 합리적 대안을 찾아내며, 이를 위한 행정·재정·제도적 지원을 끝까지 책임지겠습니다.

광역 통합을 발판 삼아, '수도권 1극 체제'였던 대한민국의 국토는 지방주도성장을 이끌 '5극 3특 체제'로 새롭게 재편될 것입니다.

수도권에서 멀수록 더 두텁게 지원한다는 대원칙은 정부의 모든 정책을 통해 구현될 것입니다.

둘째, 기회와 과실을 고루 나누는 '모두의 성장'으로, 한쪽만 급격히 성장하고 다른 한쪽은 침체되는 'K자형 성장'을 극복해 나가겠습니다.

이 막중한 과제를 해결할 주역은 끊임없는 혁신으로 새로운 성장 동력을 만들어 낼 스타트업·벤처기업입니다.

이미 대한민국 기업들은 미국 CES에서 혁신상을 휩쓸 정도로 충분한 저력을 갖고 있습니다.

청년 기업인과 창업가들이 자유롭게 도전하며 마음껏 혁신의 길을 개척할 수 있도록, '스타트업·벤처 열풍 시대'를 만들어 나갈 구체적인 정책들을 차근차근 공개하겠습니다.

김대중 정부가 만든 벤처 열풍이 IT강국으로의 도약을 이끌었듯이, 국민주권정부가 만들 창업·스타트업 열풍은 대한민국 경제의 체질을 바꿀 구조적 전환점이 될 것입니다.

창업·스타트업 열풍은 일자리 대책이자 청년 대책이기도 합니다.

지역의 문화와 자원을 활용한 로컬창업이 균형발전 전략으로, 미래 인재를 양성할 테크창업이 국가성장전략으로 거듭날 수 있도록 정부 역량을 집중하겠습니다.

셋째, '안전에 기반한 지속 가능한 성장'은 국정의 핵심 원칙으로 더욱 확고히 자리 잡게 될 것입니다.

근로감독관 3천5백 명 증원, 일터지킴이 신설처럼 안전한 작업환경과 생명 존중이 뿌리내릴 조치들을 확고히 시행하겠습니다

제도 내에서 할 수 있는 조치를 최대치로 이행하고, 필요하면 관

련 법·제도를 고치고, 새로 마련하겠습니다.

생명 경시에 따른 비용과 대가를 지금보다 훨씬 비싸게 치르는 구조를 만들어 낸다면, 산재사고가 감소하는 실질적 변화를 이끌어낼 것입니다.

넷째, '문화가 이끄는 매력적인 성장'으로 새로운 성장동력을 키우고, 외교의 지평을 넓히며, 국가경쟁력까지 높이겠습니다.

세계인을 웃고 울리는 K-컬처는 더 이상 문화적 현상에 머무르지 않습니다.

자국 우선주의가 극에 달한 무한경쟁 시대, 인류 보편의 공감이 가능하다는 점을 입증하며 세계를 다시 하나로 연결하고 있기 때문입니다.

올해 9조 6천억 원까지 문화 예산이 대폭 늘어났지만, 아직 '문화 선진국'이라 말하기엔 많이 부족합니다.

문화에 대한 지원과 투자를, 미래 먹거리를 키우고 국가 브랜드까지 높이는 핵심 성장 전략으로 삼겠습니다.

다섯째, '평화가 뒷받침하는 안정적 성장'을 통해 우리 경제가 한 단계 더 도약할 수 있도록, 평화공존과 공동 성장의 미래를 향해 흔들림 없이 나아가겠습니다.

우선 '페이스메이커'로서 북미대화가 가급적 조기에 성사될 수 있도록 외교적 노력을 다하며, 남북대화도 재개될 수 있는 여건을 만들어 나가겠습니다.

남북 간 우발 충돌을 방지하고 정치·군사적 신뢰를 구축하기 위해 9.19 군사합의를 복원해 나가겠습니다.

아울러 평화가 남북 모두에게 이익이 되는 창의적 해법들을 지속적으로 모색하겠습니다.

날 선 냉랭함이 한 번에 녹진 않겠지만, 북측의 호응을 이끌어내고 한반도의 긴장 완화를 이룰 실현 가능한 조치를 일관되게 추진하겠습니다.

굳건한 한미동맹과 강력한 자주국방, 국익 중심 실용 외교를 토대로 한반도 평화를 증진하고, 핵 없는 한반도를 향해 의미 있는 한 걸음을 내딛겠습니다.

사랑하는 국민 여러분, 이제 국력을 키워야 합니다.

앞서 말씀드린 다섯 가지 대전환을 성공적으로 이뤄낸다면 대한민국은 세계의 미래를 선도할 강국으로 성큼 성장해 있을 것입니다.

굴곡진 대한민국 역사에서 국력의 원천은 언제나 국민이었습니다.

의견이 다르더라도, 원칙과 방향이 정해지면 끝내 어떤 위기든 극복해 냈던 우리 국민의 통합된 힘이야말로 대한민국의 오늘을 만든 국력의 원천입니다.

국민주권정부 제1의 국정운영 원칙은 '오직 국민의 삶'입니다.

탈이념, 탈진영, 탈정쟁의 현실적 실용주의가 우리의 방향입니다.

국민의 삶을 저해하는 반칙과 특권, 불공정은 아무리 사소해 보이는 문제라도 단호히 바로잡겠습니다.

같은 맥락에서, 검찰개혁 역시 확실하게 추진하겠습니다

국민의 권한을 위임받은 권력기관이 국민을 위해 작동하지 않는 한, 불공정과 특권, 반칙을 바로잡는 일도 요원합니다.

단박에 완성되는 개혁이란 없습니다.

국민의 권리를 두텁게 보호하고, 혼란과 부작용을 최소화하기 위해 필요하다면 법과 제도를 계속 보완해 가겠습니다.

그러나 이 과정이 개혁의 본질을 흐리는 방향이 되진 않을 것입니다.

저항과 부담을 이유로 멈추거나 흔들리는 일도 없을 것입니다.

개혁의 취지는 끝까지 지키고, 개혁이 국민의 더 나은 삶으로 이어질 수 있도록, 국민의 뜻을 따라 가장 책임 있는 해법을 끝까지 만들겠습니다.

자랑스러운 국민 여러분, 이제, 대한민국의 시간입니다.

우리 앞에 놓인 결정적 순간을 대한민국 대도약의 출발점으로 만들 수 있도록, 지난해보다 더 무거운 책임감으로 주어진 사명을 다하겠습니다.

고맙습니다.

이번 장은 왜 지금
스피치 리더십이
중요한지를 묻는다.
기술이 복제되는 시대일수록
언어의 책임과 품격은
더욱 중요해진다.
강한 말보다 오래 견디는 말이
공동체를 지탱하며,
말은 단순한 표현을 넘어
시대의 방식을 규정한다.
대통령의 언어는
개인의 수사가 아니라
공적 질서를 만드는 힘이며,
변화는 결국 말에서
시작된다는 점을 제시한다.

5장

우리는 어떤 언어로 이 시대를 건너갈 것인가

변혁적 리더십은 무엇을 남기는가

미래의 지도자에게 필요한 것은 '정답'이 아니라 '방향'이다. 위기의 시대에 사람들은 지도자에게 답을 요구한다. 그러나 역설적으로, 미래의 지도자는 모든 답을 아는 사람이 아니라, 어디로 가야 하는지를 말할 수 있는 사람이다. 그래서 미래의 리더십은 점점 말의 형태로 드러난다. 정책은 숫자로 완성되지만, 비전은 언어로 공유된다.

사람들이 지도자를 신뢰하는 순간은 "이 사람이 무엇을 할 수 있느냐"보다 "이 사람이 어떤 세계를 그리고 있느냐"에서 결정된다. 이 지점에서 스피치 리더십은 단순한 전달 기술을 넘어선다. 그것은 시대정신을 읽고, 그것을 말로 조직하는 능력이다. 이재명의 스피치는 이 질문에서 출발해 왔다. "지금 이 시대가 지도자에게 무엇을 요구하는가." 그는 끊임없이 묻고 대답한다.

변혁적 리더십은 '설득의 언어'에서 시작된다. 변혁적 리더십은 흔히 강력한 결단이나 급진적 개혁으로 오해된다. 그러나 실제로 변혁은 대부분 말의 축적에서 시작된다. 제임스 맥그리거 번스가 말한 변혁적 리더십의 핵심은 설득과 이해를 강조한다. 그는 "지도자가 추종자의 이해관계 위에 서는 것이 아니라, 추종자의 가치와 욕망을 한 단계 끌어올리는 과정. 이 과정에서 말은 명령이 아니라 초대가 된다. 강요가 아니라 설득이 되고, 선동이 아니라 이해의 구조가 된다"라고 강조한다.

이재명의 스피치는 바로 이 지점에 서 있다. 그의 말은 "따르라"가 아니라 "이렇게 하면 함께 나아갈 수 있다"는 형식을 취한다. 정책 설명이 길어도, 그것이 받아들여지는 이유는 그 말이 시민을 객체가 아니라 주체로 전제하기 때문이다. 변혁은 누군가 대신 해주는 일이 아니라, 함께 이해하고 감당하는 과정이라는 인식이 그의 언어 밑바탕에 깔려 있다.

시대정신은 어떻게 삶의 언어가 되는가

시대정신은 선언으로 만들어지지 않는다. 그것은 사람들이 매일 마주하는 불안, 분노, 기대 속에서 형성된다. 불평등, 안전, 공정, 기회, 존엄. 이 모든 단어는 사전 속에서는 추상적이지만, 현실에서는 아주 구체적인 얼굴을 가진다.

이재명 스피치의 특징은 이 추상어를 생활 언어로 번역하는 데서 드러난다. 공정은 "규칙을 지킨 사람이 손해 보지 않는 사회"가 되고, 복지는 "아플 때 병원비 때문에 망설이지 않아도 되는 일상"이 되며, 성장은 "열심히 일하면 다음 계단이 보이는 삶"으로 바뀐다. 이것은 수사적 기교라기보다, 시대정신을 이해하는 방식의 차이다. 미래의 지도자는 거대한 이념을 말하기보다, 그 이념이 개인의 하루에 어떻게 스며드는지를 말할 수 있어야 한다. 이재명의 말은 늘 그 지점을 향한다.

미래형 스피치 리더십은 '결정의 독백'에서 '과정의 공유'로 진화하고 있다. 과거의 지도자 연설은 결정의 순간에 집중했다. "이렇게 하겠다"는 선언이 중심이었다. 그러나 미래의 지도자는 점점 결정의 과정을 말해야 한다. 왜 고민했는지, 어떤 선택지가 있었는지, 무엇을 포기하고 무엇을 선택했는지를 설명해야 한다.

이재명이 자주 사용하는 즉석 브리핑, 영상 메시지, 현장 설명은 이 새로운 스피치 리더십의 전형에 가깝다. 그는 결론만 던지지 않는다. 판단에 이르기까지의 사고 경로를 드러낸다. 이것은 리더의 권위를 약화시키는 것이 아니라, 신뢰의 근거를 공개하는 방식이다. 미래 사회에서 권위는 숨겨질수록 의심받고, 설명될수록 강화된다. 이재명의 스피치는 '결정하는 지도자'에서 '설명하는 지도자'로의 이동을 보여준다.

기술의 복제 시대, 왜 언어는 더 중요해졌는가

AI, 알고리즘, 데이터가 지배하는 시대일수록 사람들은 역설적으로 사람의 말을 갈망한다. 기술은 효율을 높이지만, 의미를 만들어내지는 못한다. 미래의 지도자는 데이터를 해석할 수 있어야 하지만, 그보다 더 중요한 것은 그 데이터를 사람의 삶과 연결하는 언어를 갖는 것이다.

이재명의 스피치에는 숫자가 많다. 그러나 숫자는 언제나 이야기의 일부로 들어온다. 그래서 그의 말은 기술적이면서도 비인간적으로 느껴지지 않는다. 이 점에서 그의 스피치는 기술 관료형 리더십과는 분명히 구별된다. 그는 기술을 말하지만, 사람에게 말을 건다.

그런 면에서 한국사회의 미래 비전은 '약속'이 아니라 '함께 감당할 우리 모두의 이야기'다. 위대한 비전은 언제나 완성형으로 제시되지 않는다. 그것은 열려 있는 이야기다. 이재명 스피치의 미래 지향성은 찬란한 약속을 나열하는 데 있지 않다.

오히려 그는 자주 이렇게 말한다. "쉽지 않다." "고통이 따른다." "선택의 대가가 있다." 이 솔직함이 그의 비전을 가볍지 않게 만든다. 미래를 낙관으로 포장하지 않고, 책임의 언어로 제시하기 때문이다. 그래서 그의 비전은 믿게 만들기보다, 함께 버텨보자는 제안에 가깝다. 이것이 변혁적 리더십의 성숙한 형태다. 지도자가 앞서 달리는 것이 아니라, 같은 속도로 걸으며 방향을 제시하는 것이기 때문이다.

말은 남고, 방식은 시대를 만든다

정책은 바뀔 수 있다. 제도도 수정될 수 있다. 그러나 지도자가 어떤 방식으로 말했는지는 그 시대의 정치 문화를 결정한다. 이재명의 스피치는 권위적 명령의 언어에서 설명과 설득의 언어로, 독백의 정치에서 대화의 정치로 이동하는 한 장면을 보여준다. 미래의 지도자는 더 많이 말하는 사람이 아니라, 더 잘 설명하는 사람이 될 것이다. 그리고 그 설명은 기술이 아니라 태도에서 나온다.

사람을 존중하는 언어, 시대를 이해하려는 언어, 변화를 함께 감당하자는 언어. 이재명 스피치는 바로 그 가능성을 보여주는 하나의 모델이다. 미래는 아직 쓰이지 않았다. 그러나 어떤 언어로 쓰일지는, 이미 우리의 귀 앞에 놓여 있다.

갈등사회에서 민주주의의 언어란

한국사회는 왜 이렇게 말이 거칠어졌는가라는 말이 나올 정도로 극단적인 대결과 양극화의 시대로 향하고 있다. 한국사회는 오래전부터 갈등의 사회였다. 그러나 최근의 갈등은 성격이 다르다. 과거의 갈등이 이해관계의 충돌이었다면, 오늘의 갈등은 존재를 부정하는 언어의 충돌이다. 상대의 정책이 아니라 상대의 정당성 자체를 부정하는 말들, 비판이 아니라 낙인으로 작동하는 언어가 정치와 사회 전반을 잠식해왔다.

말이 거칠어질수록 사회는 더 빨리 분열되었다. 설득은 사라지고, 동원과 선동만 남았다. 이런 시대에 대통령의 말은 단순한 국정 설명이 아니라 사회의 긴장을 관리하는 공적 장치가 된다. 이재명 대통령 시대의 언어는 바로 이 갈등의 구조 위에서 이해되어야 한다.

이재명 대통령의 말하기는 타협적 수사와는 거리가 멀다. 그는 갈등을 감춘 적이 없다. 오히려 그는 자주 "이 문제는 이해관계가 충돌한다"고 말한다. "누군가는 손해를 본다"고 인정한다. "반대가 있을 수밖에 없다"고 전제한다. 이 점에서 그의 언어는 화해의 수사라기보다 현실 인식의 언어에 가깝다.

그러나 중요한 차이가 있다. 그의 말은 갈등을 적대화하지 않는다. 상대를 제거해야 할 적으로 만들지 않고, 설득해야 할 이해당사자로 위치시킨다. 이것이 이재명 시대 언어의 핵심이다. 갈등을 인정하되, 전쟁의 언어로 넘어가지 않는 것, 이것이 이재명의 스피치 리더십이다.

구조를 설명하는 언어는 어떻게 다른가

민주주의가 위기에 빠질 때 가장 먼저 무너지는 것은 정책이 아니라 설명의 언어다. 설명이 사라지면 이해와 타협도 실종된다. 정치는 선악 구도로 단순화되고, 갈등은 감정 대결로 치환된다. 이재명 대통령의 스피치는 이 지점을 정면으로 건드린다.

그는 자주 이렇게 말한다. “이 정책은 누구에게 유리하고, 누구에게 불리하다.” “그러나 지금 이 선택이 필요한 이유는 이것이다.” 이 언어는 모두를 만족시키려 하지 않는다. 대신 모두에게 이해할 권리를 준다. 민주주의의 언어란 동의만을 요구하는 말이 아니라, 납득 가능성을 제공하는 말이다.

동시에 평화의 언어는 침묵이 아니라 ‘톤의 관리’다. 평화는 갈등이 없는 상태가 아니다. 평화는 갈등을 다루는 방식이다. 이재명 대통령의 말하기에서 눈에 띄는 점은 강한 메시지를 사용하면서도 어조를 관리한다는 것이다.

비판할 때는 대상을 구체화하지만, 존재를 부정하지 않는다. 질타할 때는 행위를 문제 삼지만, 사람을 적으로 만들지 않는다. 이것은 감정 조절의 문제가 아니라 국가 리더십의 기술이다. 대통령의 말 한마디는 사회 전체의 감정선을 흔든다. 그래서 평화의 언어는 내용보다 톤에서 먼저 결정된다.

개혁의 언어는 선동이 아니라 ‘비용을 말하는 용기’다. 개혁은 언제나 고통을 동반한다. 그러나 많은 지도자들은 그 고통을 말하지 않으려 한다. 대신 희망만을 강조하거나, 적을 만들어 분노를 동원한다.

이재명 대통령의 개혁 언어는 이 방식과 다르다. 그는 개혁을 말할 때 자주 비용을 먼저 말한다. “저항이 있을 것이다.” “시간이 걸린다.” “불편함을 감수해야 한다.” 이 언어는 인기가 없다. 그러나 신뢰를 만든다. 개혁의 언어가 설득력을 갖는 순간은 고통을 숨기지 않을 때다.

강한 말보다 견디는 말이 필요한 이유

한국사회는 이미 강한 말에 익숙해져 있다. 분노의 언어, 배제의 언어, 승패를 가르는 언어는 넘쳐난다. 그러나 지금 필요한 것은 견디는 언어다. 비판을 견디고, 반대를 견디고, 시간을 견디는 말이다. 이재명 대통령의 스피치는 바로 이 지점에서 평가받아야 한다. 그의 말은 모두를 감동시키려 하지 않는다. 대신 사회가 버텨낼 수 있는 구조를 만든다.

민주주의는 결국 말의 체력다툼이다. 민주주의는 한 번의 위대한 연설로 완성되지 않는다. 수많은 설명, 반복, 오해, 수정 속에서 천천히 유지된다. 그래서 민주주의는 제도의 문제가 아니라 말의 체력이다. 이재명 대통령 시대의 언어는 갈등을 없애는 말이 아니라, 갈등 속에서도 민주주의를 유지하려는 말이다. 그 말은 종종 거칠고, 때로는 논쟁을 부르지만, 침묵보다 낫다.

개혁의 언어는 시대를 넘어 남는다. 정책은 바뀔 수 있다. 권력도 교체된다. 그러나 한 시대가 갈등을 어떤 언어로 다뤘는지는 오래 남는다. 이재명 대통령 시대의 언어는 한국사회가 갈등과 대립의 시대를 어떻게 건너가려 했는지를 보여주는 기록이 될 것이다.

민주주의와 평화는 조용히 주어지지 않는다. 그냥 오지도 않는다. 끝없이 말하고, 설명하고, 설득하는 지루한 과정 속에서 유지된다. 그 길 위에서 말은 여전히 가장 중요한 정치 행위다.

글로벌 무대에서의 언어 전략

글로벌 시대, 말은 곧 국가의 얼굴이다. 21세기 국정은 더 이상 국경 안에서만 이루어지지 않는다. 정책은 세계 시장과 연결되고, 위기는 실시간으로 전파되며, 대통령의 말 한마디는 곧바로 국제 뉴스가 된다. 이 시대에 지도자의 언어는 국내용 설명을 넘어 국가의 정체성을 대외적으로 표명하는 외교 행위다.

강대국의 언어는 거칠어졌고, 국제질서는 불안정해졌으며, 힘의 논리가 다시 전면에 등장했다. 이럴수록 중요한 것은 목소리를 키우는 것이 아니라 언어의 좌표를 분명히 하는 것이다. 이재명 대통령 시대의 스피치 리더십은 바로 이 지점에서 시험대에 올라있다.

국내 설득과 국제 설득은 언어의 결이 다르다. 국내 정치에서 설득은 이해관계의 조정이다. 그러나 국제무대에서 설득은 신뢰의 축적이다. 국제사회는 감정적 호소에 반응하지 않는다. 일관성, 예측 가능성, 그리고 말과 행동의 일치만을 기억한다. 이재명 대통령의 대외 발언에서 두드러지는 특징은 극내용 수사를 그대로 수출하지 않는다는 점이다. 국내에서는 갈등을 정면으로 드러내지만, 국제무대에서는 원칙과 규칙의 언어로 전환한다. 이는 언어의 이중성이 아니라 청중에 대한 정확한 인식이다.

'국민과 함께'라는 언어가 국제 신뢰를 만든다. 흥미로운 점은 국제사회가 지도자의 외교 언어만 보지 않는다는 사실이다. 그들은 그 지도자가 국민에게 어떻게 말하는지를 함께 본다. 국내에서 설명하지 않는 지도자는 국제사회에서도 신뢰받기 어렵다. 이재명 대통령의 스피치 리더십이 국제무대에서 의미를 갖는 이유는 정책 결정 과정과 배경을 국민에게 비교적 투명하게 설명해왔기 때문이다.

"왜 이 선택을 하는가." "다른 선택지는 무엇이었는가." "국민에게 어떤 부담이 따르는가." 이 설명의 언어는 곧 국제사회에 전달되는 신호가 된다. 민주적 정당성을 갖춘 언어는 국경을 넘어 신뢰로 번역된다.

글로벌 경쟁 속에서 필요한 것은 '과장이 아닌 자신감'이다. 국제무대에서 가장 위험한 언어는 두 가지다. 하나는 과도한 겸손이고, 다른 하나는 근거 없는 허세다. 이재명 대통령의 대외 스피치가 지향하는 톤은 이 두 극단을 모두 피한다. 그의 말은 한국의 역량을 과장하지 않지만, 가능성을 축소하지도 않는다.

"우리는 약소국이다"라는 언어도 아니고, "우리는 무엇이든 할 수 있다"는 언어도 아니다. 대신 이렇게 말한다. 한국이 잘하는 것, 한국이 기여할 수 있는 것, 한국이 책임질 수 있는 것을 언급한다. 이 언어는 강대국의 위협적 언어와도 다르고, 중소국의 방어적 언어와도 다르다. 협력 가능한 국가의 언어다.

국제무대에서는 왜 구조가 더 중요한가

국제회의에서의 발언은 즉석에서 감동을 주기보다 구조적으로 신뢰를 쌓는 작업이다. 이재명 대통령의 국제 발언은 대체로 다음 구조를 따른다. 공통 문제 제기(모두가 직면한 위기), 원칙 확인(국제 규범과 가치), 한국의 입장(이해관계의 투명한 제시), 기여 제안(협력의 구체적 방식) 등으로 전개된다.

이 구조는 자기주장보다 공동의 언어를 먼저 세우는 방식이다. 국제사회는 목소리가 큰 지도자보다 구조가 명확한 지도자를 신뢰한다.

글로벌 위기 시대, 리더십 언어의 핵심은 '예측 가능성'이다. 전쟁, 기후위기, 공급망 붕괴, 기술 패권 경쟁이 겹친 시대에 세계가 가장 두려워하는 것은 불확실성이다. 그래서 국제사회는 이 질문을 끊임없이 던진다. "이 지도자의 말은 내일도 유효한가?" 이재명 대통령의 언어가 국제무대에서 경쟁력을 갖는 지점은 말을 쉽게 바꾸지 않는다는 데 있다. 정책 수정이 있을 때도 입장을 뒤집기보다 변경의 이유를 설명하는 언어를 택한다. 이것이 바로 국제무대 대응력의 핵심이다.

글로벌 리더십 언어의 본질은 '연결'이다. 이재명 대통령의 스피치 리더십을 글로벌 맥락에서 정리하면 하나의 문장으로 요약할 수 있다. 국민과의 언어를 끊지 않은 채, 세계와 대화하려는 리더십. 국내 정치와 외교를 서로 다른 언어로 분리하지 않고, 민주적 설명의 언어를 국제 협력의 토대로 확장한다. 이것은 강대국형 언어도 아니고, 중립국형 언어도 아니다. 민주주의 국가가 세계와 만나는 방식이다.

말은 결국 국가의 미래를 예고한다. 국가는 군사력이나 GDP만으로 평가되지 않는다. 그 국가가 위기 앞에서 어떤 말을 선택했는지가 오래 남는다. 이재명 대통령 시대의 리더십 언어는 갈등의 시대를 건너며 국내 민주주의를 지키고, 글로벌 경쟁 속에서 협력의 가능성을 확장하려는 시도다. 말은 단기 성과를 만들지 않는다. 그러나 말은 국가가 어떤 길을 가려 하는지를 세계에 먼저 보여준다. 그리고 세계는 그 말을 기억한다.

세대와 계층을 잇는 소통 확장

이재명 대통령 시대의 정치 언어는 더 이상 하나의 목소리로 통일될 수 없다. 한국 사회는 세대 · 계층 · 산업이라는 세 개의 축에서 동시에 갈라지고 있으며, 리더의 말은 이 갈라진 공간을 가로질러 이동해야 한다. 이때 요구되는 것은 단순한 '화술'이 아니라, 맥락을 읽고 언어를 조율하는 스피치 리더십이다.

기성세대에게 국가 지도자가 내놓는 국정 언어는 '안정'과 '책임'의 언어여야 한다. 동시에 청년세대에게 정치는 '기회'와 '공정'의 언어로 들려야 한다. 같은 정책이라도 말의 출발점이 달라야 한다. 이재명 스피치의 특징은 세대별 감정의 접점을 먼저 설정한 뒤 논리를 얹는 방식이다. 청년 앞에서는 "왜 불안한지"를 먼저 말하고, 중장년 앞에서는 "왜 국가가 책임져야 하는지"를 먼저 말한다. 메시지는 같지만, 문장의 입구는 다르다. 이것이 세대 소통의 핵심이다. 좋은 리더의 말은 세대를 가르지 않는다. 대신 세대가 공감할 수 있는 이유를 다르게 제시한다.

지도자의 말은 계층을 가르는 언어에서 계층을 잇는 언어로의 힘을 갖는다. 한국 정치의 오래된 실패는 계층을 '대상'으로만 호명해왔다는 데 있다. 서민, 중산층, 기업, 노동자라는 이름은 많았지만, 그들의 삶이 문장 속에 들어온 적은 많지 않았다. 이재명 스피치는 계층을 설명하지 않고 계층의 언어를 빌린다. "장부를 써보면 안다", "월세 밀려본 사람은 안다"

와 같은 표현은 정책 설명이 아니라 삶의 기억을 호출하는 장치다. 이 순간, 말은 위에서 내려오는 지시가 아니라 옆에서 건네는 경험담이 된다. 스피치 리더십이 중요한 이유는 여기에 있다. 정책의 옳고 그름보다 먼저, '이 말이 내 이야기인가'라는 감정 판단이 일어나기 때문이다.

산업별 언어 전환 능력도 중요하다. 산업 구조가 복잡해질수록 리더의 언어도 전문화되어야 한다. 그러나 전문화는 곧 배제의 위험을 동반한다. 기술 용어가 많아질수록 국민은 멀어진다. 이재명 스피치의 전략은 전문성을 '번역'하는 언어다. 반도체 · AI · 플랫폼 산업을 말할 때도 기술보다 먼저 "일자리", "국가 경쟁력", "다음 세대의 먹거리"라는 생활 언어로 설명한다. 이는 무지를 감추는 방식이 아니라, 전문성을 사회적 의미로 확장하는 방식이다. 리더의 말은 전문가를 설득하는 데서 멈추지 않는다. 국민이 이해할 수 있는 수준으로 산업의 미래를 이야기할 때, 비로소 정책은 힘을 얻는다.

왜 지금, 스피치 리더십인가

갈등이 심화된 사회일수록 정책보다 언어가 먼저 부딪힌다. 말이 갈등을 키우면 제도는 작동하지 않고, 말이 신뢰를 만들면 개혁은 속도를 얻는다. 이재명 대통령 시대의 과제는 단순한 국정 운영이 아니다. 분절된 사회를 하나의 대화 공간으로 다시 묶는 것, 그 출발점이 바로 말이다.

스피치 리더십이란 웅변이 아니다. 누구에게 말하고 있는지 아는 것, 어떤 감정이 먼저 움직이는지 읽는 것, 논리보다 먼저 신뢰를 설계하는 것, 이 세 가지를 동시에 수행하는 능력이다.

이재명 스피치 5대 공식은 무엇인가

지도자는 말하는 민주주의의 작동 원리를 체화해야 한다. 이재명 대통령의 스피치는 화려하지 않다. 대신 작동한다. 그의 말은 박수를 받기보다 이해되고, 설득되고, 공유된다. 그 이유는 감각이 아니라, 반복되는 소통 공식에 있다.

공식 1. 상대의 감정에서 출발하라.

지도자는 정책을 설명하기보다 먼저 '왜 힘든지'를 말해야 한다. 이재명 스피치의 출발점은 항상 정책이 아니다. 먼저 상대의 감정을 문장으로 꺼낸다. "이게 왜 불안한지, 왜 분노가 생기는지 충분히 이해합니다." 이 한 문장이 들어가는 순간, 말의 관계는 수직에서 수평으로 바뀐다. 상대는 설득의 대상이 아니라 대화의 주체가 된다. 해결책부터 말하는 순간, 설득은 실패한다.

공식: 감정 인식 → 공감 선언 → 그 다음에 해결책

공식 2. 복잡한 논리는 생활 언어로 번역하라

전문성을 숨기거나 버리지 말고, 풀어야 전달력이 높아진다. 이재명 스피치는 전문성을 포기하지 않는다. 대신 번역한다.

"장부를 써보면 압니다." "가계부 적어본 분들은 다 아실 겁니다."
국정·경제·재정이라는 추상어를 가계부, 월세, 장부라는 생활의 언어로 내려놓는다. 전문용어는 줄이고, 삶의 장면을 늘려나가야 한다.
공식: 개념 설명 NO, 경험 호출 YES

공식 3. 갈등을 회피하지 말고 구조로 설명하라.

누구의 탓이 아니라, 왜 이렇게 되었는지를 말해야 호소력이 커진다. 이재명 스피치는 갈등 앞에서 애매하게 말하지 않는다. 그러나 개인을 공격하지 않는다. 대신 구조를 드러낸다.
"이건 누군가가 나빠서가 아니라, 제도가 이렇게 설계돼 있었기 때문입니다."
이 문장은 분노를 키우지 않으면서도 문제의 본질을 건드린다. 책임을 흐리지 않고, 적을 만들지 않는 말하기다. 해결의 방향을 제시하는 문장으로 마무리한다.
공식: 인물 비판 NO, 구조 설명 YES

공식 4. 단정하되, 닫지 말라.

말할 때, 확신은 갖되, 대화의 문은 남겨둬야 한다. 이재명 스피치는 결론을 피하지 않는다. 그러나 상대를 몰아붙이지도 않는다. "저는 이렇게 판단합니다. 다만, 더 나은 방법이 있다면 언제든 논의할 수 있습니다."
확신과 개방성을 동시에 유지하는 이 구조는 지도자의 말에서 가장 어려운 균형이다. 강한 확신과 함께 열린 문장으로, 상대방을 내 입장에 끌어들여야 한다.
공식: 결론 제시 → 판단 근거 → 대화 여지

공식 5. '나'의 말로 '우리'의 결론에 도달하라.

개인적 경험을 공동의 미래로 확장하는 것이 말의 생명력을 키운다. 이재명 스피치는 자주 '나' '저'로 시작한다. "제가 현장에서 겪어보니…"

"제가 행정을 해보니까…" 같은 식이다. 그러나 결론은 항상 '우리'로 끝난다. "그래서 이 사회는 이렇게 바뀌어야 합니다."
개인의 경험은 신뢰를 만들고, 공동의 결론은 정치적 정당성을 만든다.
개인 서사는 정치의 입구를 열어주고, 사람들의 감정을 끌어들인다.
공식: 나의 경험 → 우리의 문제 → 사회의 해법

이재명 스피치의 공식은 단순하다. 감정에서 출발해 생활 언어로 설명하고, 구조로 갈등을 풀며, 확신 속에 대화를 남기고, 개인의 말로 공동의 미래를 여는 방식이다. 이 다섯 가지가 결합될 때, 말은 선동이나 설명이 아니라 민주주의를 구현하는 언어의 기술이 된다.

리더를 위한 말하기 훈련법

말은 타고나는 것이 아니라, 설계되고 단련된다. 말 잘하는 지도자는 우연이 아니다. 이재명 대통령의 스피치는 재능의 산물이 아니라 훈련의 누적이다. 그의 즉답, 단문, 직설, 생활 언어는 감각처럼 보이지만, 실은 오래된 연습의 흔적이다. 그 흔적을 훈련 가능한 기술로 복원하는 시도를 꾸준하게 하면, 저절로 말 잘하는 사람이 된다.

1단계 훈련

감정 인식 훈련 — "상대가 지금 느끼는 것을 먼저 말하라"

이재명식 말하기의 첫 훈련은 '설명'이 아니다. 감정 읽기다. 회의든 브리핑이든, 기자회견이든 말을 시작하기 전 반드시 스스로에게 묻는다. "지금 이 자리에 있는 사람들은 무엇 때문에 불안한가?" 그리고 그 감정을 상대 대신 문장으로 말해준다.

훈련법

발표 원고 맨 앞에 정책 제목을 쓰지 않는다. 대신 다음 문장을 먼저 쓴다.
"많이 답답하셨을 겁니다."
"이 부분에서 분노가 생길 수 있습니다."
"불안하다는 말씀, 충분히 이해합니다."
이 한 문장이 들어가면 청중은 '평가자'에서 공동의 문제 당사자로 이동한다. 이재명 스피치의 힘은 설명력이 아니라, 관계 설정에서 시작된다.

2단계 훈련

생활 언어 번역 훈련 — 정책을 '경험의 문장'으로 바꾸기
공직자의 실패는 대부분 전문가 언어 과잉에서 나온다. 이재명은 이를 정반대로 훈련해왔다. 그는 정책을 외우지 않는다. 정책이 삶에서 어떻게 체감되는지를 외운다.

훈련법

모든 정책 문장 옆에 '생활 번역 문장'을 붙인다.
예: "재정 건전성 확보" 대신 "가계부 적자 상태를, 여러분의 곤궁한 살림을 그대로 두지 않겠습니다"라고 말한다.
숫자 설명 뒤에는 반드시 사람이 처한 장면이나 상황을 붙인다. "이 수치는 한 달 월세를 걱정하는 가정의 이야기입니다" 이 훈련이 쌓이면 말은 보고서에서 벗어나 사람의 언어가 된다.

3단계 훈련

갈등 대응 훈련 — 공격하지 말고 구조를 드러내라

갈등 국면에서 많은 지도자가 실수한다. 감정을 방어하거나, 상대를 몰아붙이거나, 말을 흐린다. 이재명식 훈련은 다르다. 책임을 흐리지 않되, 적을 만들지 않는다.

훈련법

비판 질문을 받았을 때 즉각 반박하지 않는다. 대신 먼저 구조 문장을 꺼낸다.

"이건 개인의 문제가 아니라 제도의 설계 문제입니다."

"이 상황이 생길 수밖에 없는 구조가 있었습니다."

그 다음에야 책임과 대안을 말한다. 이 방식은 분노를 증폭시키지 않으면서도 문제의 본질을 놓치지 않는다. 갈등을 관리하는 말하기는 용기의 문제가 아니라, 구조화의 기술이다.

4단계 훈련

단문·즉답 훈련 — 생각을 짧게 자르는 연습

이재명 스피치의 또 다른 특징은 짧음이다. 길게 말하지 않아서 설득력이 생긴다.

훈련법

모든 답변을 3문장 이내로 요약해보는 연습을 하며, 이는 판단, 이유, 방향으로 구성된다. 기자나 시민들의 질문에 "그래서 핵심은 이겁니다" 문장을 반드시 포함해 말한다. 짧은 문장은 생각이 정리됐다는 신호다. 즉흥 발언의 안정감은 말솜씨가 아니라 사고 압축력에서 나온다.

5단계 훈련

'확신+개방' 문장 만들기 — 닫지 않는 결론 연습

지도자의 말은 방향을 제시해야 한다. 그러나 민주적 리더십은 대화를 닫지 않는다. 이재명식 말하기는 이 두 가지를 동시에 훈련한다.

훈련법

결론 문장 뒤에 항상 여지를 남긴다. "저는 이렇게 판단합니다." "다만, 더 나은 방법이 있다면 열어두겠습니다."
반대자에게 "틀렸다"가 아니라, "관점이 다를 수 있습니다"를 사용한다. 이 훈련은 지도자를 고집 센 권력자가 아니라, 신뢰받는 결정자로 만든다.

6단계 훈련

독서 기반 사고 훈련 — 즉흥 발언의 비밀
이재명식 즉흥 발언의 비밀은 '순발력'이 아니다. 미리 써둔 사고력의 발현이다. 그는 말하기 전에 이미 생각을 글로 써본 사람이다.

훈련법

읽은 책에서 인상 깊은 문장을 '자기 언어'로 다시 써본다. 하루 한 문장이라도 '정책·사회·삶'에 대한 메모를 남긴다. 그 문장이 말로 나올 수 있을 때까지 반복해서 연습한다. 독서는 논증 근육을 만들고, 글쓰기는 즉흥 발언의 안전장치가 된다.

결론

말하기는 기술이 아니라 태도의 누적이다. 이재명식 실전 말하기 훈련의 핵심은 이것이다. 말을 잘하려 하지 말고, 생각을 정직하게 정리하라. 그러면 말은 따라온다. 공직자·정치인·리더에게 말은 장식이 아니다. 말은 정책의 전달 수단이 아니라 정치 그 자체다. 이 훈련은 웅변술이 아니라, 민주주의를 작동시키는 언어의 기술이다.

말하기는 연구·분석의 끝단계이자 실천의 시작이다. "말 잘하는 법"이 아니라, 이재명식 사고 · 준비 · 발화 · 책임의 전 과정을 몸에 새기는 훈련을 하다보면, 더욱 수준 높고 전달력이 큰 말하기를 할 수 있다. 특히 공직자 · 정치인 · 조직 리더들의 경우, 훈련을 반복하면 현실에서 바로 적용해 성공적인 말하기를 할 수 있다.

말하기 훈련은 어떻게 체계화되는가

말은 훈련의 시간만큼 깊어진다. 30일 · 6개월 · 1년 등 다양한 목표 기간을 설정한 뒤, 자신의 말하기 실력을 길러나간다.

Ⅰ. 30일 기초 과정

"생각을 정리하면 말이 안정된다" 이 단계의 목표는 단 하나다. 말하기 전에 생각이 먼저 나고, 자신의 말의 방향을 정하게 만드는 것이다.

Week 1 — 감정 인식과 관계 설정

핵심 질문: 지금 이 말을 듣는 사람은 무엇을 두려워하는가

매일 훈련: 뉴스 1건 선택 → 이해관계자 3집단 감정 적기, "많이 불안하셨을 겁니다"로 시작하는 문장 3개 작성

훈련 포인트: 주장 금지, 해결책 금지, 공감 문장만 훈련한다. 이재명식

말하기의 출발점은 '설득'이 아니라 정서적 합의다.

Week 2 — 생활 언어 번역 훈련

핵심 질문: 이 정책은 내 하루를 어떻게 바꾸는가

매일 훈련: 정책 문장 3개 → 생활 언어로 번역, 숫자 뒤에 '사람 한 경의 장면' 붙이기

금지어: "종합적으로" "다각도로" "합리적으로"

2주차를 지나면, 말이 보고서에서 내려오고, 일상의 생활어가 중심으로 자리잡는다.

Week 3 — 단문·즉답 훈련

핵심 질문: 이 말을 30초 안에 할 수 있는가?

매일 훈련: 모든 답변을 3문장으로 제한한다. 판단, 이유, 방향을 1문장씩 제시한다.

추가 훈련: "핵심은 이겁니다" 문장을 반드시 포함하 말한다. 말이 짧아질수록, 생각은 선명해진다.

Week 4 — 갈등 대응 기본기

핵심 질문: 누구를 적으로 만들지 않고 문제를 말할 수 있는가?

매일 훈련: 비판 질문을 구조 문장으로 시작, "이건 개인 문제가 아니라 구조 문제입니다", 책임 회피 없이 대안을 제시하는 훈련을 한다. 공격하지 않아도 단호할 수 있다는 걸 체득하는 단계다.

II. 6개월 심화 과정

"즉흥 발언이 흔들리지 않는 단계"

이 단계의 목표는 현장·돌발·갈등 상황에서도 말이 무너지지 않게 하는 것이다.

1 ~ 2개월차

쓰는 사고 훈련

매일: 사회 이슈 1건 → A4 ½장 생각 정리

주 1회: 쓴 글을 말로 요약 (2분)

이재명식 즉흥 발언의 비밀: 이미 써본 생각은 흔들리지 않는다.

3 ~ 4개월차

실패 관리 스피치 훈련

– 사과·유보·속도 조절 문장 훈련

"충분히 검토되지 못했습니다"

"이 부분은 한 번 더 살피겠습니다"

– 과도한 변명 금지

민주적 리더십은 실패 이후의 언어에서 완성된다.

5 ~ 6개월차

현장 브리핑 시뮬레이션

훈련 방식: 가상의 민원 현장 설정, 반대 질문 5개 대응 연습

목표: 감정 악화 없이 메시지 유지

이 단계부터 말은 '기술'이 아니라 태도가 된다.

III. 1년 완성 과정

"말이 곧 리더십이 되는 단계"

이 단계의 목표는 그 사람의 말 자체가 신뢰가 되는 상태를 지향한다.

상반기 (6개월)

세계관 구축 훈련

– 주제별 고정 질문 정리(공정, 성장, 복지, 국가의 역할, 지구촌과 인류

의 미래)

- 어떤 질문에도 같은 철학이 드러나도록 훈련한다.

이재명 스피치의 일관성은 세계관의 반복에서 나온다.

하반기 (6개월)

- 연설 없는 연설 훈련

원고 없이(5분 비전 설명, 3분 정책 설명, 1분 결론)

조건(단문, 생활 언어, 확신 + 개방)

- 이 단계에 이르면 "말을 준비한다"는 표현이 사라진다. 생각이 준비된 상태가 된다.

이재명식 말하기 훈련의 핵심 공식은 첫째, 읽고 → 쓰고 → 구조화하고 → 짧게 말하라. 둘째, 설득하려 하지 말고 함께 문제를 바라보는 언어를 만들어라. 셋째, 이 커리큘럼은 웅변가를 만드는 과정이 아니다. 민주적 결정권자를 만드는 훈련이다. 꾸준히 노력하면 길이 열린다.

말하는 민주주의의 미래

민주주의는 제도가 아니라 '말하는 방식'으로 완성된다. 민주주의는 투표로 시작되지만, 언어로 유지된다. 헌법은 민주주의의 골격이지만, 그 숨결은 말 속에 있다.

시민이 국가를 신뢰하는 순간은 제도가 작동할 때가 아니라, 국가가 자신의 말을 들어주고, 설명해주고, 응답할 때다. 그래서 민주주의의 위기는 언제나 언어의 위기로 먼저 나타난다.

설명이 사라지고, 명령이 늘어나며, 대화가 줄고, 선언만 남을 때 민주주의는 조용히 마모된다. 이 지점에서 "말하는 민주주의"는 수사가 아니다. 그것은 민주주의가 작동하는 방식 그 자체다. 이재명의 스피치는 바로 이 질문에서 의미를 가진다. 그의 말은 하나의 정치 스타일이 아니라, 민주주의가 다시 말하기 시작하는 방식에 가깝다.

미래형 민주주의는 '침묵하는 시민'을 원하지 않는다. 치열하게 고민하고 참여하고 토론하는 시민을 원한다. 과거의 민주주의는 시민의 침묵 위에 안정적으로 작동했다. 선거 때 말하고, 그 이후에는 맡기는 구조였다.

그러나 미래의 민주주의는 다르다. 시민은 더 이상 조용한 수용자가 아니다. 묻고, 따지고, 확인하고, 참여한다. 이 변화는 지도자의 말하기를 바꾼다. 미래의 지도자는 "결정했으니 따르라"는 말로는 더 이상 통치할 수 없다. 이재명 스피치의 미래형 모델은 이 새로운 시민을 전제로 한다.

그의 말은 시민을 설득의 대상이 아니라, 논의와 토론의 상대로 놓는다. 그래서 그의 연설과 브리핑에는 자주 이런 구조가 등장한다. 문제가 무엇인지 먼저 공유하고, 선택 가능한 대안을 설명한 뒤, 왜 이 결정을 했는지를 말한다. 이것은 효율적 통치의 언어가 아니라, 민주적 통치의 언어다.

'말하는 민주주의'의 핵심은 결정의 결과보다 과정의 공개에 있다. 미래 민주주의에서 가장 중요한 변화는 결정의 정당성이 결과가 아니라 과정에서 나온다는 점이다. 정책이 항상 옳을 수는 없다. 그러나 시민은 "왜 그렇게 판단했는지"를 들을 권리가 있다. 이재명 스피치의 중요한 특징은 이 과정을 숨기지 않는 데 있다.

그는 자주 고민을 말하고, 논쟁을 드러내며, 반대 논리를 먼저 언급한다. 이것은 리더십의 약점이 아니라, 신뢰를 만드는 방식이다. 미래의 민주주의는 완벽한 지도자를 원하지 않는다. 대신 설명할 줄 아는 지도자를 요구한다. 이재명의 말하기는 바로 이 미래 요구에 맞닿아 있다.

기술 시대의 민주주의, 언어는 더 인간적이어야 한다. AI, 빅데이터, 자동화가 확산될수록 정치는 점점 기술의 언어로 유혹받는다. 그러나 기술의 언어는 사람을 설득하지 못한다. 사람을 관리할 뿐이다. 이재명 스피치의 미래형 의미는 기술적 행정과 인간적 언어를 분리하지 않는 데 있다. 그는 숫자를 말하지만, 항상 사람의 삶으로 번역한다.

예산은 "누가 덜 불안해지는가"로 설명되고 효율은 "누가 덜 고생하는가"로 바뀌며, 제도는 "내일의 선택지가 늘어나는가"로 해석된다. 이것은 민주주의의 미래가 기술 관료주의가 아니라 설명 가능한 정치에 있음을 보여준다.

이재명 스피치의 미래형은 네 가지 축으로 구성된다. 이재명의 스피치 리더십은 미래형 민주주의 모델을 통해 성취를 만들어간다. 첫째, 생활 언어화다. 정책을 철학이 아니라 일상으로 말한다. 둘째, 과정 공개형 말하기다. 결론보다 판단의 경로를 공유한다. 셋째, 현장 중심 발화다. 연단보다 사람 앞에서 말한다. 넷째, 즉흥과 준비의 결합이다. 즉석 발언이지만, 사고는 축적되어 있다. 이 네 가지는 카리스마적 웅변과도 다르고, 관료적 보고와도 다르다. 이것은 민주주의가 성숙 단계로 넘어갈 때 필요한 말의 형태다.

미래 비전은 약속이 아니라 '함께 감당할 서사'가 된다. 이재명 스피치의 미래 비전은 밝은 구호보다 현실적인 문장으로 제시된다. 그는 자주 이렇게 말한다. "쉽지 않다." "저항이 있을 것이다." "고통이 따른다." 이 말들은 비전을 약하게 만드는 것이 아니라, 오히려 신뢰 가능하게 만든다. 미래 민주주의에서 비전은 환상을 제시하는 언어가 아니라, 공동의 책임을 요청하는 언어다. 이재명의 말은 "내가 해주겠다"가 아니라 "우리가 감당해야 한다"로 수렴한다. 이것이 변혁적 리더십의 미래형 모습이다.

말하는 민주주의는 아직 완성되지 않았다. 우리가 이재명과 함께 만들어가야 한다. 말하는 민주주의는 이상이 아니다. 그러나 아직 완성도 아니다. 설득이 실패하는 순간도 있고, 말이 오해를 낳는 순간도 있다. 때로는 말이 너무 많아지는 위험도 있다.

그럼에도 불구하고 민주주의는 다시 침묵으로 돌아갈 수 없다. 이재명 스피치의 의미는 완벽함에 있지 않다. 말하려는 시도 자체에 있다. 국가는 더 이상 말하지 않는 권위로 유지되지 않는다. 말하지 않으면 의심받고, 설명하지 않으면 거부된다. 그래서 민주주의의 미래는 더 많이 말하는 사회가 아니라, 더 책임 있게 말하는 사회다.

말은 정책을 넘어서, 시대를 남긴다. 정책은 시대가 바뀌면 수정된다. 그러나 지도자가 어떤 방식으로 말했는지는 그 시대의 민주주의 수준을 증언한다. 이재명의 스피치는 한국 민주주의가 다음 단계로 이동하고 있음을 보여주는 하나의 징후다. 명령의 정치에서 설명의 정치로, 독백의 권위에서 대화의 권위로. 말하는 민주주의는 이제 시작 단계에 서 있다.

그리고 그 미래는 완성된 문장이 아니라, 계속 말해지는 과정 속에서 만들어질 것이다. 민주주의는 그렇게, 오늘도 말로 살아 움직인다.

이재명, 말로 시대를 바꾸다

이재명 말하기는 왜 신뢰를 얻었는가, 우리는 어떤 길을 함께 갈 것인가? 고민되는 지점이다. 시대는 언제나 말로 시작되었다. 그러나 모든 말이 시대를 바꾸지는 않았다. 어떤 말은 박수를 받았고, 어떤 말은 기록되었으며, 극히 일부의 말만이 사람의 행동을 바꾸고 제도를 움직였다. 이재명의 말하기가 주목받는 이유는 여기에 있다. 그의 말은 유려해서가 아니라 작동했기 때문이다.

이재명 말하기는 왜 주목받았는가

말이 '설명'이 아니라 '함께 만든 결정'이 되었기 때문이다. 정치인의 말은 흔히 두 가지로 나뉜다. 하나는 책임을 피하기 위한 말이고, 다른 하나는 책임을 떠안는 말이다. 이재명의 말은 후자에 가깝다. 그의 스피치는 설득 이전에 선언이며, 감동 이전에 약속이다. "검토하겠다" 대신 "언제까지 하겠다", "논의 중이다" 대신 "이렇게 결정했다"라고 말한다.

이 단순한 차이가 말의 신뢰도를 바꾼다. 사람들은 완벽한 답보다 책임 있는 답을 원한다. 이재명 말하기의 힘은 바로 그 지점에서 나온다. 그는 말로 상황을 모면하지 않는다. 말로 행동의 범위를 스스로 제한한다. 그래서 그의 말은 가볍지 않다.

특히 중요한 것은 신뢰가 화법이 아니라 태도에서 생긴다는 점이다. 시민의 언어로 말하되, 행정의 언어로 실행하다. 이재명의 말하기는 '대중적'이지만 '가볍지' 않다. 생활 언어를 쓰되, 내용은 철저히 행정과 정책의 언어다. 그는 이렇게 말한다. "쉽게 설명하겠습니다."

그러나 그 말 뒤에는 숫자와 구조, 법과 제도가 정리돼 있다. 이 점에서 그의 말하기는 웅변이 아니라 번역에 가깝다. 복잡한 정책을 감정의 언어로 포장하는 것이 아니라, 정책의 구조를 시민이 이해할 수 있는 언어로 옮긴다. 신뢰는 이 과정에서 생긴다. 사람들은 느낀다. "저 사람은 우리에게 맞추어 말하고 있지만, 우리 수준으로 생각하고 있지는 않다."

이재명 말하기의 투명성과 진정성은 어떻게 증명되는가

현대사회 지도자의 말은 준비된 즉흥, 공개된 사고, 숨기지 않는 과정이 필수적으로 담겨야 한다. 이재명의 스피치가 특별해 보이는 이유는 즉흥적으로 보이기 때문이다. 그러나 그것은 즉흥이 아니라 훈련된 사고의 공개다. 그는 완성된 결론만 보여주지 않는다. 고민의 경로, 판단의 기준, 선택의 이유를 함께 드러낸다.

이 방식은 위험하다. 실수할 수 있고, 공격받을 수 있으며, 오해를 살 수도 있다. 그럼에도 이 방식이 힘을 갖는 이유는 분명하다. 민주주의는 완벽한 말보다 투명한 말을 신뢰하기 때문이다. 이재명의 말하기는 권위를 연출하지 않고, 과정을 공유하며, 지도자를 '정답을 가진 사람'이 아니라, 책임을 지는 사람으로 위치시킨다.

이제 스피치 리더십은 선택이 아니라 조건이 되었다. 수많은 지도자들이 말을 하지만, 신뢰받는 말을 하는 지도자는 드물다. 트럼프가 내놓은 말은 세계를 움직이지만, 사람들을 행복하게 만들지는 않는다. 그래서 신뢰받는 좋은 지도자를 시민들은 갈망하고 있다.

오늘의 지도자는 더 이상 말하지 않고 통치할 수 없다. 설명하지 않고 결정할 수 없으며, 설득하지 않고 밀어붙일 수 없다. 미디어는 쪼개졌고, 시민은 질문하며, 권력은 감시된다. 이 시대의 리더십은 침묵의 권위가 아니라 말의 설계 능력 위에 세워진다.

이재명식 말하기가 중요한 이유는 그가 이 조건을 회피하지 않았기 때문이다. 갈등을 피해가지 않고, 반대자를 적으로 만들지 않으며, 실패를 숨기지 않고 결정의 책임을 말로 먼저 짊어진다. 이것이 현대 민주사회에서 스피치 리더십이 맡아야 할 역할이다.

SNS 소통의 명암, '말의 무게'를 다루는 법

디지털 시대의 권력은 어디에서 작동하는가. 청와대 브리핑룸인가, 국무회의장인가, 아니면 스마트폰 화면 속 타임라인인가. 최근 이재명의 SNS 활동은 이 질문을 정면으로 던진다.

X(옛 트위터)는 이제 '제2의 국정 브리핑실'로 불린다. 부동산, 세금, 노동, 외교까지 대통령의 메시지가 플랫폼에서 먼저 발신된다. 이어 언론과 정치권, 시장이 이를 해석·증폭하는 흐름이 반복되고 있기 때문이다. 이재명의 최근 SNS 소통을 중심으로, 대통령의 SNS 소통이 갖는 구조적 의미, 정책적 효과, 장점과 부작용 우려, 향후 관리 원칙을 살펴보자.

'홍보 창구'에서 '의제 출발점'으로 진화하다

이재명은 대한민국 역사상 SNS를 잘 활용하고, 시정 도정 국정에 이를 적극적으로 도입하고 사용한 획기적인 소통 대통령이다. 그보다 더 활용도가 높은 지도자를 찾아보기 어려울 정도로, 얼리 어댑터이자 마니아 수준의 사용량과 빈도, 영향력을 갖고 있다.

과거 대통령 SNS의 역할은 주로 공식 발언 정리, 일정 홍보, 정책 설명 수준이었다. 그러나 최근에는 이 같은 흐름이 크게 달라지고 있다. 미국에서도 트럼프를 비롯한 정치인들이 즐겨 사용하고, 유럽 등 다른 지역 지도자들도 SNS를 적극 활용하고 있다.

이재명은 이들의 수준을 뛰어넘는다. 유튜브 이재명TV는 구독자가 2026년 2월21일 현재 186만명에 달한다. 몇 개의 언론사를 합할 정도로 엄청난 규모다. 웬만한 영상은 조회수가 10만회를 훌쩍 뛰어넘고, 30만, 50만, 1백만도 흔하며, 최다 조회는 513만명에 달한다. 페이스북 팔로워 52만명, 인스타그램 팔로워 132만명에 달할 정도다.

이런 영향력을 가진 이재명의 SNS 활동이 갈수록 활발해지고 있다. 이재명은 최근 다주택자 양도소득세 중과 유예 종료를 SNS에서 못 박고, 설탕 부담금 도입 가능성을 직접 질문 형식으로 제기한다. 또 임대사업자 세제 특례 축소를 공개 제안한 뒤 국무회의로 연결하며, 시장과 야당을 향해 직설적 메시지를 연속 발신했다.

이 구조는 단순 홍보가 아니다. 의제 설정의 출발점이 대통령 개인 계정으로 이동한 것이다. SNS → 여론 형성 → 언론 확산 → 국무회의 논의 → 정책 조정과 같은 의제 순환 경로다. 이 순환 구조는 기존의 '부처 기획 → 청와대 조율 → 공식 발표' 흐름과 다른 경로를 만든다.

이에 대한 긍정적 평가를 분석해보면, 탈권위·투명성·속도의 측면이 두드러진다. 첫째, 탈권위적 소통으로, 대통령이 "여러분 의견은 어떠신가요?"라고 묻는 형식은 전통적 권위주의와 거리가 먼 파격적 형식이다. 이는 국민을 정책의 객체가 아니라 참여 주체로 위치시킨다.

둘째, 투명한 정책 과정을 공개하는 효과가 있다. SNS에서 문제를 제기하고, 다음날 국무회의에서 관련 논의를 이어가는 방식은 정책 결정 과정을 공개한다. 이는 '보이지 않는 결정'에 대한 불신을 완화한다.

셋째, 속도감 있는 국정 운영이 이뤄진다. 대통령이 직접 메시지를 던지면 관료 조직은 빠르게 반응한다. 실제로 부동산 메시지 이후 매물 증가, 시장 심리 변화가 나타났다는 해석도 제기됐다. 실제 대통령 메시지가 행정 속도를 자극하는 '압박 장치'로 기능한다는 평가도 나오고 있다.

대통령 SNS 직접 소통의 문제점은?

대통령의 SNS 직접 소통이 갖는 구조적 위험은 첫째, 정책 신호의 불안정성이다. 대통령의 SNS는 단순 의견이 아니다. 부동산, 세금, 외교는 시장과 국제 관계에 즉각적 신호로 작동한다. 질문 형식조차도 "정책 예고"로 해석된다. 설탕 부담금 사례의 경우, 대통령의 질문이 곧 '설탕세 도입' 논란으로 번졌고, 여야 공방과 시장 불안 요소로 연결됐다. 정책 초안 단계에서 공개 질문을 던질 경우, 숙의 이전에 정치적 프레임이 고착될 위험이 있다.

둘째, 국정의 제도화가 아닌 대통령 1인 중심 구조가 강화될 가능성이 크다는 점이다. SNS는 탈권위 형식을 띠지만, 역설적으로 권력 집중을 강화할 수 있다. 현재 대통령의 메시지

절반은 참모와 상의하고, 절반은 직접 게시한다고 홍보수석이 밝힌 바처럼, 대통령 개인 어조가 곧 정부의 공식 방향으로 읽힐 가능성이 크다. 정책 논의가 국정 제도가 아닌 플랫폼 중심으로 수렴되는 셈이다. 이는 제도적 의사결정 과정보다 '대통령 의중'이 먼저 노출되는 구조를 만든다. 탈권위 형식이 곧 탈집중을 의미하지는 않는다.

셋째, 감정 증폭과 표현의 강도 측면의 문제다. 대통령이 내놓은 "쉐도우복싱", "허수아비 타법", "가짜뉴스" 같은 표현은 즉각적 이해와 '사이다' 효과를 만든다. 그러나 대통령의 언어는 일반 정치인의 언어와 다르다. 감정적 강도는 시장 불안, 외교 마찰, 정책 협상력 약화로 이어질 수 있다. 캄보디아 관련 게시물 삭제 사례는, SNS 발언이 외교 사안으로 번질 수 있음을 보여준다.

넷째, 기록과 책임의 문제다. 야당은 대통령의 SNS는 '개인 글'이 아니라 공적 기록이라고 지적하고 있다. 삭제 가능성, 즉흥성, 표현 강도는 대통령 기록물 관리 원칙과 충돌할 수 있다. SNS는 빠르지만, 국가 통치는 축적과 기록의 영역이다.

이재명에게 SNS는 단순 도구가 아니다. 그는 과거부터 이를 "목숨줄"이라 표현해왔다. 성남시장 시절 브랜드 정책 확산, 경기지사 시절 기본소득 홍보, 계엄 국면에서의 라이브 방송, 담장을 넘는 장면 생중계에서 보듯, SNS는 생존 전략이었고, 정치적 기반 형성의 핵심이었다. 문제는 정치인 시절의 전략이 국가수반 시절에도 동일하게 작동할 수 있는가다.

SNS는 권력의 확성기다. 그러나 확성기는 방향과 음량 조절이 필요하다. 이재명 대통령의 SNS는 속도, 직접성, 탈권의라는 장점을 갖는다. 하지만 동시에 신호 불안정성, 권력 집중, 감정 증폭, 기록 관리 문제라는 숙제를 안고 있다.

앞으로 어떻게 해야 하나?

첫째, 정책 단계를 구분해 공개하는 방법을 사용하면, 혼란을 막을 수 있다. 아이디어 단계, 검토 단계, 결정 단계로 나눈 뒤, SNS 게시물에 명확히 표시해 정책 신호 혼선을 줄여야 한다.

둘째, 표현 강도의 절제다. 직설은 유지하되, 적대적 단어 사용은 최소화해야 한다. 대통령 언어는 시장과 외교에 파급된다.

셋째, 사전 조율 원칙을 확고하게 하는 것이다. 반반 구조는 효율적일 수 있으나, 시장·외교·세금 사안은 원칙적으로 사전 조율 후 발신해야 한다.

넷째, 플랫폼 분리 전략이다. 정책 질문은 공식 토론 플랫폼 활용, SNS는 방향 제시와 설명 중심, 실시간 반응은 별도 소통 창구 운영로 운영하는 방식이다.

다섯째, 기록 관리의 체계화다. 모든 게시물과 수정 이력을 기록물로 관리해, 정책 일관성과 책임성을 확보해야 한다.

디지털 시대의 대통령은 화면 속에서도 통치한다. 문제는 얼마나 자주 말하느냐가 아니라, 어떤 무게로 말하느냐다.

SNS는 정치인의 무기였지만, 대통령에게는 제도다. 직접 소통은 민주주의의 진전일 수 있다. 그러나 책임 있는 절제와 구조적 관리 없이는 불안정한 신호가 될 수도 있다. 속도는 유지하되, 숙의는 강화하고, 감정은 절제하며, 정책 단계는 명확히 구분하는 것이 필수적이다. 그것이 이미 제2의 국정 브리핑실이 된 SNS와 디지털 정치적 자산을 국가의 신뢰 자산으로 만드는 조건이다.

이재명 스피치의 이면, 진화의 조건
– 빛의 반대편에서 읽는 단점과 한계, 지향점

정치는 언어로 시작해 언어로 끝난다. 정책은 숫자와 제도로 구현되지만, 국민의 마음에 먼저 도달하는 것은 지도자의 말이다. 그래서 지도자의 스피치는 단순한 표현 기술이 아니라 권력 행사의 방식이 된다.

이재명의 말하기는 강렬하다. 직설적이고, 단정적이며, 프레임이 분명하다. 지지층을 단단히 결집시키는 힘이 있고, 복잡한 사안을 단순한 언어로 정리하는 능력도 있다. 그러나 모든 강점은 동시에 그림자를 만든다. 장점이 있지만, 그 이면도 있다. 이재명과 같이 말을 잘하는 사람이 자칫 빠지기 쉬운 스피치의 구조적 한계와 위험을 분석하고, 그것이 어떻게 진화할 수 있는지를 모색해보자.

첫째, 과잉 확신의 언어다. 그의 단정적 어법이 낳는 불신, 반론 공간을 닫는 구조적 위험이 상존한다. 이재명 화법의 가장 두드러진 특징은 단정성이고 단호함이다.

"이것은 명백한 문제입니다." "답은 분명합니다." "반드시 이렇게 해야 합니다."

이와 같은 확정적 어법은 리더의 결단력을 보여준다. '검토하겠다' 대신 '하겠다'라고 말하는 방식은 청중에게 지도자로서 확실한 이미지를 구축하게 한다. 그러나 이 강점은 일정 수준을 넘어서면 정반대의 결과를 낳는다. 또 이 같은 단정은 동시에 추가적인 토론의 여지를 닫는 효과를 만든다. 정치적 현실은 복합적이고, 이해관계는 다층적이다. 그럼에도 문제를 선명하게 '정답-오답' 구조로 제시하면, 반대 의견은 단순히 틀린 것이 된다. 많은 열정적인 지지자와 팬덤이 만들어지지간, 설득해야 할 거부감과 적대감을 표시하는 사람도 형성된다.

주목할 부분은 구조적 위험이다. 중도층은 "설득받았다"기보다 "규정당했다"는 인상을 받을 수 있다. 정책 실패 시, 단정의 강도만큼 신뢰 하락이 커진다. 내부 토론 문화까지 위축될 가능성이 있다. 특히 현실은 항상 단정적 약속을 지킬 수 없는 법이다. 정책은 국회를 통과해야 하고, 예산은 편성 과정을 거쳐야 하며, 제도는 시간을 요구한다. 그럼에도 '반드시 해낸다', '이번이 마지막 기회다', '틀림없이 바뀐다'는 식의 언어를 반복할 때, 청중은 두 가지 경험 중 하나를 하게 된다. 약속이 실현되면 신뢰가 쌓이지만, 단 한 번의 불이행이 발생하면 신뢰는 복리로 무너진다.

어떻게 개선해야 할까? 말할 때, 확률 언어의 도입하는 것이 좋다. "가능성이 높다", "여러 대안 중 최선으로 판단한다"와 같은 표현은 약함이 아니라 숙의의 신호를 건넨다. 반론의 선제적 제시도 효과적이다. "이 정책에 대한 우려는 세 가지가 있습니다"라는 구조는 설득의 공간을 연다. 조건부 결단도 괜찮다. "이 전제가 유지된다면 이 방향으로 가겠다"는 방식은 유연성과 책임을 동시에 담는다. 확신은 리더의 덕목이지만, 민주주의에서 확신은 토론 위에 세워질 때만 설득력을 가진다.

둘째, 반복의 함정이다. 강한 프레임이 지지층을 결집시키지만 중간층 설득의 천장을 만든다. 이재명 화법은 프레임 중심적이다. '불공정', '기득권', '특권 카르텔' 같은 반복적 키워드는 정치적 정체성을 분명히 한다. 문제는 반복이 강해질수록 언어의 확장성이 줄어든다는 점이다.

언어학자 조지 레이코프는 프레임이 반복될수록 청중의 인지 구조에 깊이 새겨진다고 설명했다. 이 원리는 유효하다. 그러나 프레임이 지나치게 굳어지고 반복되면, 새로운 현실을 설명하는 데 오히려 장애가 된다. 세상은 변하는데, 말의 틀이 변하지 않으면 리더는 과거의 언어로 미래를 말하는 사람이 된다. 동일한 프레임과 어휘가 지나치게 반복될 때, 청중은 '또 저 말이구나'라는 피로감을 느끼기 시작한다. 이재명의 스피치에서 반복적으로 등장하는 키워드들인 '기득권', '검찰 독재', '민생', '공정'은 초기에 강력한 프레이밍 효과를 발휘했지만, 시간이 흐르고 대통령이 스스로 권력이 되면서 의미의 밀도가 희석됐다.

구조적 문제는 메시지가 고정되면, 새로운 이슈에 유연하게 대응하기 어렵다는 점, 중도층은 "이미 결론이 정해진 사람"으로 인식할 수 있다는 점, 동일한 어휘 반복은 피로감을 유발한다는 점을 들 수 있다. 반복적 프레임은 이미 동의하는 사람들을 더욱 결집시키는 데 탁월하다. 그러나 아직 설득되지 않은 중간층이나 회의적인 청중에게는 역효과를 낳는다. 이재명의 말하기가 강력한 지지층을 보유하면서도, 지지율의 천장을 좀처럼 돌파하지 못하는 이유 중 하나가 바로 여기에 있다.

어떻게 개선해야 할까? 어휘 다변화 전략: 동일한 메시지를 다른 어휘와 사례로 설명하는 구조, 정책 중심 전환: 프레임보다 구체적 정책 설명을 강화하기, 청중 맞춤형 스피치: 지지층 집회와 중도층 타운홀의 언어를 다르게 하기 등으로 바꿔나가면 더 좋은 결과를 낳을 수 있다.

동일한 프레임을 반복하는 것은 이미 설득된 사람을 더 깊이 설득하는 행위다. 새로운 청중을 얻으려면 새로운 언어가 필요하다. 스피치는 기존 지지층을 위한 확증이 아니라, 아직 닿지 않은 이들을 위한 다리가 되어야 한다. 반복의 효율성에 갇힌 말하기는 확장의 가능성을 스스로 제한한다. 정치 언어는 브랜드이지만, 브랜드는 고정될 때가 아니라 확장될 때 지속 가능하다.

셋째, 감정 동원의 과잉 현상이다. 분노가 분석을 대체할 때, 선악 이분법의 통치적 한계가 나타날 수 있다. 강한 감정은 대중을 움직인다. 그러나 감정이 분석을 압도하면 정책의 복합성이 사라진다.

이재명 화법은 때로 도덕적 분노를 동력으로 삼는다. 불공정에 대한 비판, 권력 남용에 대한 단죄 요구는 정치적 정당성을 갖는다. 불의에 분노하고, 약자와 함께 슬퍼하며, 변화에 대한 열망을 공유하는 방식은 강력한 감정적 연대를 만든다. 이 감정의 정치학은 현대 민주주의에서 분명한 힘을 가진다. 하지만 감정 동원이 과잉될 경우 다음과 같은 문제가 발생한다.

구조적 위험은 정책 논쟁이 도덕 논쟁으로 변질될 수 있다는 점, 반대 의견은 윤리적으로 열등한 것으로 규정된다는 점, 통치 단계에서 협치가 어려워진다는 점을 들 수 있다. 분노는 청중을 움직이지만, 지속 가능한 정책의 언어는 분노만으로 구성될 수 없다. '저들이 문제다'라는 감정적 프레임이 '그렇다면 우리는 어떻게 할 것인가'라는 건설적 질문을 압도할 때, 스피치는 동원의 도구는 되지만 통치의 언어는 되지 못한다.

어떻게 개선해야 할까? 감정 3, 분석 7의 비율 유지, 데이터와 제도 설계의 구체화, 상대 동기의 인정을 들 수 있다. "그들도 나름의 우려가 있다"는 표현은 통합의 신호다. 분노는 출발점이 될 수 있지만, 통치는 설계와 조정의 과정이다. 실제 독일의 앙겔라 메르켈은 감정 동원을 절제하고 논리와 데이터 중심으로 말했다. 그의 말하기는 화려하지 않았지만, 16년간 유럽 최강국을 이끌었다. 감정이 아닌 신뢰가 지속적 리더십의 기반이 된다.

넷째, 적대적 단순화다. 반대자를 '적'으로 규정하는 어법과 통합 언어의 부재다. 정치적 경쟁은 필연적이다. 그러나 경쟁과 적대는 다르다. 적대적 단순화는 정치적 효율성을 높이지만 사회적 비용을 키운다.

이재명 화법은 때로 반대 세력을 구조적 악으로 규정한다. 이는 지지층의 결집을 강화하지만, 동시에 사회적 갈등을 고착화한다. 이에 따른 구조적 문제는 협치 기반이 약화된다는 점, 중도 유권자는 갈등 피로감을 느낀다는 점, 국제사회에서의 리더십 이미지가 경직될 수 있다는 점을 들 수 있다. 진정한 설득의 말하기는 반대자의 논리를 가장 강력한 형태로 재구성한 뒤 응답하는 것, 즉 철학에서 말하는 '스틸맨 논증'을 포함한다. '저들이 반대하는 이유를 나는 이해한다. 그럼에도 이 길을 선택하는 이유는...'이라는 구조가 통합의 언어다. 반면

'저들이 반대하는 것은 기득권을 지키기 위해서다'라는 귀속적 설명은 대화를 닫는다.

어떻게 개선해야 할까? 경쟁 프레임에서 협력 프레임으로 전환, 정책별 연합 모델 제시, 공통 가치 언어 도입을 고려해야 한다. "국익", "국민 안전", "미래 세대"와 같은 초당적 키워드를 활용하는 것이 좋다. 강한 지도자는 적을 많이 만드는 사람이 아니라, 협력의 지평을 넓히는 사람이다.

한국 사회는 정치적 · 지역적 · 세대적 · 계층적으로 극단적으로 분열되어 있다. 이 분열 속에서 지도자의 말이 분열을 봉합하는 언어인지, 분열을 이용하는 언어인지는 결정적 차이를 만든다. 이재명의 스피치는 지지자들 사이에서 강력한 연대를 만들지만, 반대편 청중에게는 종종 자신들이 이 사회의 '악당'으로 규정되는 경험을 준다.

링컨은 남북전쟁 직후 취임 연설에서 '어느 쪽에도 악의를 품지 않겠다With malice toward none'고 말했다. 분열의 정점에서 오히려 통합의 언어를 선택했다. 이재명의 말하기가 다음 단계로 진화하려면, 지지층을 넘어선 청중에게도 자신의 편이 될 수 있다는 가능성을 열어두는 언어 설계가 필요하다. 지지자에게만 통하는 말은 정치적 수사다. 반대자도 고개를 끄덕이게 만드는 말이 역사에 남는 언어다.

다섯째, 약속 과잉이다. 선언의 인플레이션과 기대 관리 실패 현상이 우려되는 지점이다. 이재명 화법은 실행 의지를 강조한다. 이재명은 약속하는 리더다. 이것은 강점이었다. 실제 공약이행률은 늘 90%를 넘었다. 그러나 약속의 빈도가 지나치게 높아지면 약속 자체의 가치가 떨어진다. '약속의 인플레이션'이다. 화폐가 너무 많이 발행되면 화폐 가치가 하락하듯, 약속이 너무 자주 선언되면 각 약속의 기대치는 커지는 반면 신뢰도가 하락하고 좋은 결과를 만들어내기도 어려워진다. '임기 내 반드시 해결하겠다'는 선언은 집권 초기에 강력한 동력이 되지만, 구조적 한계나 외부 변수로 인해 지연될 경우 유권자의 실망은 배가된다.

이는 모든 문제를 단기간에 해결할 것처럼 보이게 하는 구조적 위험을 안고 있다. 정책 이행 속도가 현실과 충돌할 경우 신뢰 하락이 급격하다. 재정과 제도적 제약에 대한 설명 부족은 포퓰리즘 논란을 부른다. 스피치 리더십 연구에서 '기대관리expectation management'는 핵심 개념이다. 지도자는 희망을 주어야 하지만, 동시에 현실의 제약을 솔직하게 공유해야 한다. 이 두 가지의 균형이 무너질 때, 높은 기대는 더 깊은 실망으로 전환된다. 이재명의 말하기에서 이 균형은 종종 희망의 방향으로 과도하게 기운다. '할 수 있다'는 의지가 '어떻게 가능한가'에 대한 설명보다 앞선다. 결과적으로 지지자들은 열정을 갖게 되지만, 회의적 청중은 '또 빈말'이라는 판단을 내린다. 진정한 신뢰는 가능한 것을 약속하고, 불가능한 것에 솔직한 데서 쌓이는 법이다.

어떻게 개선해야 할까? 단계적 목표 설정, 재원과 시간표의 명시, 불가피한 한계에 대한 선제적 설명에 나설 필요가 있다. 정치의 신뢰는 약속의 수가 아니라, 약속 이행률에서 나온다.

이재명 스피치는 그의 정치적 발전처럼 더욱 큰 사회적 기여를 해야 한다. 이를 위한 핵심 과제, 진화의 조건은 무엇일까? 강함을 유지하되 유연성을 확보하는 것이 힘들어하고 고통 받는 사람들의 마음에 소통과 협력의 온기로 다가갈 것이다.

이를 위해 필요한 진화는 세 가지다. 첫째, 단정에서 숙의로 가야 한다. 확신은 유지하되, 토론을 내포한 언어 구조로 전환해야 한다. 둘째, 동원에서 통합으로 가야 한다. 지지층 결집을 넘어 중간층과 반대층 일부까지 포괄하는 메시지 설계가 필요하다. 셋째, 선언에서 설계로 이동해야 한다. 비전 제시 이후, 정책 설계와 실행 구조를 구체적으로 설명해야 한다.

이재명 화법은 선명하다. 그러나 선명함은 양날의 검이다. 과잉 확신, 반복의 고정화, 감정 동원의 과잉, 적대적 단순화, 약속 인플레이션은 단기적 동원에는 유리하지만 장기적 국정 운영에는 부담이 된다. 단정적 어법을 줄이고, 조건부 언어와 불확실성의 인정을 스피치 구조 안에 의도적으로 배치해야 한다. '이것이 정답이다' 대신 '이것이 현재 시점에서 가장 합리적인 선택이라고 판단한다. 그 근거는 이렇다. 그리고 이것이 틀릴 경우의 대안은 이렇다'는 구조가 훨씬 성숙한 리더십의 언어다.

지도자의 언어는 진화해야 한다. 강한 말이 아니라 책임지는 말, 단정하는 말이 아니라 설득하는 말, 적을 만드는 말이 아니라 국민을 넓히는 말로 발전해야 한다. 스피치의 진화는 이미지 관리가 아니라 통치 역량의 문제다. 말이 바뀌면 정치가 바뀐다. 그리고 그 변화는, 선택이 아니라 필수다.

우리는 어떤 말로 이 시대를 건너갈 것인가

말하기는 기술이 아니라 세계관이다. 이 책은 말 잘하는 법을 가르치기 위해 쓰이지 않았다. 이 책이 던지는 질문은 하나다. "당신은 어떤 책임을 질 준비가 되어 있는가?" 말은 그 질문에 대한 태도다.

그래서 말은 훈련되지만, 동시에 선택이다. 이재명식 말하기는 모두가 따라야 할 정답이 아니다. 그러나 분명한 기준은 된다. 시민 앞에서 숨지 않는 말, 결정 뒤에 숨지 않는 말, 실패 이후에도 사라지지 않는 말이다. 우리가 앞으로 선택해야 할 길은 분명하다. 더 화려한 말이 아니라, 더 책임 있는 말의 시대다.

강함과 과잉은 종이 한 장 차이이다. 확신과 독선 사이에는 단 하나의 문턱이 있다. 단순함과 단순화는 결과는 달라도 출발점은 같다. 이 문턱을 인식하고, 의도적으로 균형을 설계하며 책임있는 말을 하는 것이 성숙한 스피치 리더십이다.

지도자는 늘 분열과 갈등이 아닌 통합화 화해의 서사를 의도적으로 설계하고 실천해야 한다. 반대자를 적으로 규정하지 않고, 다른 의견을 가진 사람으로 포용하는 언어 설계가 필요하다. 이것은 자신의 입장을 포기하는 것이 아니다. '당신과 나는 같은 문제를 다른 방식으로 해결하려 한다. 내가 이 방식을 선택하는 이유는...'이라는 구조는 대화를 열고, 미결정 청중에게 전환의 여지를 준다.

특히 권력을 갖게 될수록 통합의 언어는 더욱 절실해진다. 야당의 언어와 여당의 언어는 달라야 하며, 도전자의 언어와 책임자의 언어는 달라야 한다. 과거 야당 시절의 선동적 에너지에서 대통령의 통치적 품격으로 진화하고 있는 이재명의 말하기는 포용의 서사와 민주적 확장을 통해 온 국민이 함께 하는 대한민국의 길을 열어가야 할 것이다.

말의 진화는 자신의 언어를 비판적으로 바라보는 데서 시작한다. 가장 위험한 스피치 리더는 자신의 말에 취해 있는 리더다. 가장 강력한 스피치 리더는 자신의 말을 끊임없이 의심하고 개선하며 변혁하는 리더다.

한국 사회는 지금 통합의 언어를 갈망하고 있다. 분열을 이용하는 말하기에서 분열을 봉합하는 말하기로, 동원의 수사에서 설득의 논리로, 선언에서 대화로 나아가는 진화가 필요하다. 이재명의 말하기가 이 진화의 경로를 걸어갈 때, 이재명의 스피치는 한 정치인의 도구를 넘어 한국 민주주의의 언어적 유산이 될 수 있다. 역시 이재명과 같은 리더가 되고 싶은 사람들 역시, 꾸준한 훈련과 실천, 도전과 성취를 통해 이 같은 길을 갈 수 있다.

말은 남고, 시대는 그 말을 기억한다. 정치는 언젠가는 결국 사라진다. 정책도 바뀐다. 그러나 어떤 말은 남아 시대의 성격을 규정한다. 이재명의 말하기가 남긴 가장 큰 유산은 하나의 문장이 아니라 하나의 태도다. 말로 도망치지 않고 함께 위기를 넘는 태도와 믿음이다. 그 태도가 있었기에 그의 말은 신뢰를 얻었고, 그 신뢰가 리더십으로 이어졌다. 이제 질문은 독자에게 돌아온다. 우리는 어떤 말로 이 시대를 건너갈 것인가. 우리의 말은 이미 시작되었다.

[에필로그]

김홍국이 이재명의 말을 기록하다

필자는 1990년 이후부터 대통령의 국정 운영을 연구해왔다. 언론사에서 정치부 출입을 하면서, 국회와 행정기관에 대한 글을 쓰면서부터다. 처음에는 '권력'이 궁금했다. 행정부의 수반이자 국가지도자인 대통령은 어떻게 의제를 설정하고, 어떻게 정책을 추진하며, 어떻게 위기를 돌파하는가? 국정 운영의 현장을 보면서, 계속해서 흥미가 커졌다.

그러나 연구를 거듭할수록 나를 사로잡은 것은 권력 자체가 아니라 '말'이었다. 대통령이 말한 한 문장이 여론을 움직이고, 시장을 흔들고, 외교의 방향을 바꾸는 장면을 숱하게 목격하면서 나는 확신하게 되었다. 국정의 최전선에는 언제나 스피치가 있었다는 사실을 깨닫게 됐다. 더구나 사자후와 민주투사로 유명한 김대중 대통령을 직접 보고 취재하면서, 그 같은 열정은 더욱 커져갔다.

박사학위 논문에서 나는 대통령의 국정 어젠다와 정책 운영을 분석했다. 필자의 박사학위 논문은 '민주화 이후 대통령의 국정 어젠다 설정과 정책화에 관한 연구'다. 의제 설정 이론, 정책 네트워크, 협상 구조, 정당정치의 다양한 모습과 동학을 추적했다. 그러나 논문을 마치고 나서야 비로소 깨달았다. 그 모든 구조와 제도 위에서 최종적으로 작동하는 것은 대통령의 리더십이며, 그 과정은 대통령의 '설명 능력'이 작동하는 스피치리더십이라는 것을 절감했다. 정책은 문서로 존재하지만, 정치적 정당성은 말로 확보된다. 대통령은 정책 설계자이면서 동시에 최고 커뮤니케이터다. 입법부 사법부 뿐 아니라, 모든 국민들이 대통령의 입과 발언을 주시하고 있었다.

노무현 대통령 시절, 청와대 출입기자로 취재하며 현장을 가까이에서 보았다. 대통령의 모두발언 원고가 어떻게 다듬어지는지, 수석비서관 회의에서 한 문장이 어떻게 살아남는지, 기자회견에서의 즉답이 어떻게 다음 날의 헤드라인을 결정하는지. 대통령의 말은 단순한 발언이 아니라 '국정의 방향성' 그 자체였다. 말은 곧 메시지이고, 메시지는 곧 권력이었다.

필자는 날마다 3개의 날카로운 질문을 던지며 대변인을 당황하게 했고, 청와대 곳곳의 핵심 이슈를 취재하며 관심의 폭을 넓혔다. 현장 취재만으로는 정확한 정치적 의미를 파악하는 것이 어려워, 정치학 박사 과정에 입학해 대통령과 의회, 미국을 비롯한 국가들의 정치시스템과 대통령들의 국정운영을 공부했다. 이 과정에서 만나 링컨, 루스벨트, 존슨, 클린턴, 오바마 등의 국정운영은 늘 대통령의 스피치와 연설, 대국민 및 의회 소통의 과정으로 귀결되곤 했다.

역대 대통령들의 스피치를 분석하는 과정에서, 각기 다른 리더십의 결과 특성을 읽을 수 있었다. 김대중의 연설은 논리적 구조와 도덕적 호소가 결합된 설득의 교본이었다. 긴 문장 속에서도 주어와 목적어가 분명했고, 민주주의와 인권이라는 가치 어휘가 반복되며 일관된 철학을 구축했다. 여기에 더해 수많은 입법과 다양한 행정기관이 만들어지면서, 대한민국은 외환위기를 극복하고 안정적인 국정운영의 길을 열어나갔다. 모두 5번의 죽음의 위기를 넘긴 그의 정치인생은 경제위기를 극복하고, 각종 사회적 제도를 갖추는 한편 남북관계의 새장을 열면서 노벨평화상을 수상했고, 위대한 정치거인의 행보는 필자에게 배움과 깨달음, 존경의 마음을 갖게 했다.

노무현은 토론하듯 말했고, 청중을 동등한 시민으로 대우했다. 그의 말은 완결된 문장이면서 동시에 살아 있는 대화였다. 즉흥성과 진정성이 강점이었고, 때로는 거칠었지만 그래서 더 인간적이었다. 깨어있는 시민을 화두로 민주주의의 가치를 설파하고, 국민들과 소통하는 민주주의자로서의 면모는 참으로 대단했고 존경스러웠다.

이명박은 성과와 숫자를 앞세웠다. 경제성장과 실용의 언어가 중심이었다. 그러나 무리한 한반도 대운하와 속빈 강정인 자원외교가 겹쳤고, 국민을 속이며 사익을 취했다가 퇴임 후 구속됐다. 전직 대통령으로서 수치스러운 일이었으나, 아직도 부끄러운 줄 모르고 행동한다.

박근혜는 원고 중심의 안정적 문장을 구사했으나, 위기 국면에서 즉흥적 소통의 한계를 드러냈다. 역시 대통령을 맡기에는 스스로 갈고닦은 내공이 부족했고, 사인인 최순실에게 권력을 내줬다가 권력농단과 위법으로 탄핵되고 말았다.

문재인은 공감과 위로의 어휘를 자주 사용했다. '국민'이라는 단어의 반복은 공동체적 정체성을 강화했다. 대통령이자 정치인으로서 훈련을 받지 않아, 인사 및 경제 등에서 어려움을 겪었지만 타고난 성실성과 진실함으로 높은 평가를 받았다. 코로나19 대응, 남북 및 북미 정상회담을 조율하는 등 국정을 원활하게 이끄는 역할을 했다.

지금은 이재명 시대다. 지금, 나는 이재명 대통령을 가장 가까운 자리에서 보좌하며 또 다른 유형의 스피치 리더십을 목격했고, 지금도 이를 살펴보고 있다. 이재명은 언어의 화신이라고 불릴 정도록 스피치 및 연설 감각이 뛰어나다. 그는 문장을 짧게 끊는다. 동사를 앞세우고, 결론을 먼저 말한다. '하겠습니다', '바꾸겠습니다', '책임지겠습니다' 같은 실행 동사가 빈번하다. 말의 구조는 단순하지만, 방향은 분명하다. 논쟁적 상황에서는 상대의 프레임을 재정의하며 주도권을 가져온다. 협상에서는 상대의 요구를 요약해 되돌려주며, 공통분모를 찾는다. 거침없이 상황을 정리하고, 상대의 약점을 공격하기도

한다. 말하기가 곧 전략이고, 전략이 곧 통치다.

나는 매일 나오는 대통령의 메시지를 보면서 좋은 지도자로 대한민국의 성공을 이루길 매일 기원하고 있다. 대통령이 말한 이 문장이 정책의 본질을 담고 있는가. 이 표현이 불필요한 오해를 낳지 않는가. 이 한 단어가 국민에게 상처를 주지는 않는가. 대통령의 말은 개인의 의견이 아니라 국가의 입장이다. 그래서 더 정확하고 단호해야 하고, 더 절제되고 정제되어야 하며, 동시에 더 따뜻해야 한다.

정치 지도자의 협상력과 조정력 역시 언어에서 시작된다. 회의실에서의 한 마디가 갈등을 봉합하기도, 증폭시키기도 한다. 수많은 정책 조정 과정을 보고, 직접 그 결정에 참여하면서 깨달았다. 협상의 핵심은 논리의 승리가 아니라 '관계의 유지'라는 것을 알 수 있었다. 상대의 체면을 살려주는 문장, 공동의 목표를 상기시키는 문장, 미래를 함께 그리는 문장이 협상의 문을 연다. 스피치는 단지 대중을 향한 외침이 아니라, 이해관계자 간의 신뢰를 구축하는 기술이다.

이 책은 단순한 연설 분석서나 스피치 개론서가 아니다. 그것은 나의 20여 년 연구와 현장 경험의 기록이자, 대통령이라는 직무에 대한 성찰이다. 나는 이 책에서 세 가지를 말하고 싶다.

첫째, 대통령의 말은 국정 철학의 압축본이라는 점이다. 단어 선택, 문장 길이, 비유의 방식은 모두 세계관을 반영한다. 자유, 평등, 공정, 상식, 통합, 성장, 혁신 같은 단어들이 어떻게 배열되는지에 따라 그 정부의 우선순위가 드러난다.

둘째, 스피치 리더십은 위기에서 진가를 발휘한다는 점이다. 재난, 경제위기, 외교 갈등 상황에서 대통령의 말은 국민의 불안을 흡수하거나 증폭시킨다. 위기 국면일수록 문장은 짧아지고, 동사는 단호해지며, 반복은 많아진다. 반복은 확신을 낳고, 확신은 안정을 준다.

셋째, 말은 결국 사람을 향해야 한다는 점이다. 아무리 정교한 정책도 국민의 삶과 연결되지 않으면 공허하다. '국민 여러분'이라는 호칭 뒤에 구체적 삶의 장면이 따라올 때, 비로소 말은 살아 움직인다.

돌이켜보면 나의 연구는 권력을 이해하려는 시도에서 시작했지만, 결국 인간을 이해하려는 여정이었다. 대통령의 말은 한 개인의 언어이면서 동시에 시대의 언어다. 그 말 속에는 갈등과 희망, 두려움과 결단이 교차한다. 나는 그 언어의 결을 기록하고 싶었다.

이 책을 쓰는 지금, 나는 연구자이면서 실무자이고, 관찰자이면서 참여자다. 객관적 분석의 거리와 현장의 체온 사이에서 균형을 잡아야 한다. 그 긴장 속에서 나는 스스로에게 묻는다. 대통령의 말은 무엇을 위해 존재하는가.

아마도 답은 이것일 것이다. 말은 설득을 넘어 신뢰를 만들기 위해 존재한다. 그리고 신뢰는 민주주의의 토대다. 대통령의 스피치 리더십은 화려한 수사가 아니라, 국민과의 약속을 지키려는 의지와 열정에서 출발한다.

1992년 기자생활을 시작한 이후 30여간, 정치에 본격적인 관심을 가진 2000년 이후 20여 년, 나는 대통령의 말이 시대를 어떻게 흔들고 또 어떻게 치유하는지 지켜보았다. 이제 그 경험을 한 권의 책으로 묶는다. 그것은 이재명 대통령, 또는 한 정치인의 이야기가 아니라, 대한민국과 지구촌 민주주의의 기록이다. 말로써 국정을 이끌고, 말로써 갈등을 조정하며, 말로써 미래를 설계하는 리더십에 대한 보고서다. 동서고금을 망라하고, 아네테와 로마, 미국과 영국, 한국과 중국 등 세계사를 통해 지도자가 한 말의 힘과 영향력, 세상을 바꾼 위대한 역사를 기억하고 있다.

국민을 향한 정치는 설득이 아니라 설명에서 시작되어야 한다. 대변인이자 행정가, 정치인으로서 나는 수많은 브리핑을 했고, 5천회가 넘는 수많은 방송 토론을 지나왔다. 그 과정에서 가장 어려웠던 것은 논리나 정보가 아니라, 상대를 존중하는 태도와 진정성을 담은 말하기의 원칙을 지키는 것이었다. 말하는 사람의 표정, 침묵의 길이, 한 문장을 끝내는 방식이 국민에게는 모두 정치의 일부였다. 그래서 나는 늘 스스로에게 물었다. 이 말이 공공의 이익에 복무하는가, 아니면 나 자신의 안위를 지키는가. 그래서 정치권, 방송국 등의 입맛에 맞는 말이 아니라, 언제 어디서든 국민과 시민, 민주주의와 평화를 위한 원칙과 기준에 맞는 말을 포기하지 않았다. 아마도 방송국의 프로그램에서 수십번 잘리고 출연이 좌절된 이유도 나의 이 같은 민주주의와 평화의 길에 타협하지 않고 원칙과 철학을 지키는데서 연유했을 것이다.

나는 이런 정치를 바꾸는 출발점이 다시 '말'이어야 한다고 믿는다. 정치의 혁신은 제도 개편이나 인적 쇄신 이전에 언어의 혁신에서 시작되어야 한다. 어떤 말을 할 것인가, 어떤 말을 하지 않을 것인가, 그리고 그 말에 어떤 책임을 질 것인가. 정치인의 말은 개인의 의견이 아니라 공공의 자산이다. 그 말 한마디가 시장을 흔들고, 외교 관계를 긴장시키며, 사회적 갈등을 증폭시킬 수 있다는 사실을 정치권은 너무 자주 잊는다.

정파적 언어는 쉽다. 상대를 악마화하고, 문제를 단순화하며, 지지층의 박수를 얻는다. 그러나 그런 말은 오래가지 않는다. 오히려 공동체의 균열을 깊게 만들 뿐이다. 반대로 공공의 언어는 느리고 불편하다. 설명이 필요하고, 때로는 지지층의 반발을 감수해야 한다. 그러나 그 언어만이 민주주의를 지속 가능하게 만든다. 나는 정치가 다시 이 느린 언어를 선택해야 한다고 믿는다.

리더십 역시 마찬가지다. 지금 우리에게 필요한 것은 강한 말이 아니라 바른 말이다. 상대를 제압하는 언어가 아니라, 공동체를 움직이는 언어다. 변혁적 리더십이란 목소리를 높이는 기술이 아니라, 위기의 순간에도 문장을 도망치게 하지 않는 태도에서 드러난다. 잘못을 인정하고, 설명하며, 설득하는 능력. 이것이야말로 국민을 섬기는 리더십의 핵심이다.

나는 기자와 대변인으로 일하며 수없이 많은 문장을 고쳐 썼다. 단어 하나를 바꾸는 데 몇 시간씩 토론하기도 했다. 그 이유는 분명했다. 말은 곧 정책이고, 말은 곧 태도였기 때문이다. 애매한 표현은 책임 회피로 읽혔고, 과도한 수사는 불신을 낳았다. 그 경험은 나에게 정치의 본질을 다시 생각하게 했다. 정치란 결국 국민에게 설명하는 일이며, 설명한다는 것은 상대를 존중한다는 뜻이다. 밤늦은 회의, 다급한 수정, 이어지는 오보와 왜곡보도, 갑작스러운 위기 대응 속에서 지치지 않았던 것은 함께 명확한 정책 방향성과 함께 일했던 공직자들과의 신뢰였다. 언론과의 소통, 공무원과의 협력, 의회와의 조율, 국민과의 설명. 술잔을 기울이며 나눈 대화도, 새벽까지 고쳐 쓴 원고도, 전화 한 통의 설득도, 모두 하나의 목적을 향했다. 공공의 언어와 우리 국민을 지키는 일이었다. 말은 권력이 아니라 책임이다. 글은 장식이 아니라 기록이다. 관계는 거래가 아니라 신뢰였다.

필자가 밤낮없이 얼마나 열심히 일했던지, 대변인으로 근무할 당시에 행정부지사는 "늘공보다 더 부지런히 단 한 차례도 빠지지 않고 회의 참석부터 업무수행까지 하는 어공은 생전 처음 본다. 정말 대단하다"고 말했고, 다른 행정부지사는 "경기도 역사상 이렇게 모든 행정을 돌보고 일 잘하게 지원해주는 대변인은 전무후무했다"고 찬사를 보내줬다.

늘 글을 쓰고 말을 해야 하는 대변인의 자리는 생각처럼 화려하지 않다. 때로는 오해를 대신 감당하고, 때로는 비판을 대신 맞는다. 친숙했던 펜과 마이크가 언제 나를 찌르는 흉기가 될지 알 수 없는 것이 숙명이다. 그러나 누군가는 해야 한다. 정책이 왜곡되지 않도록, 행정이 흔들리지 않도록, 공직자와 제도를 지켜야 했다. 특히 대변인 2년의 기간은 짧지만, 그 시간은 밀도 높은 책임의 시간이었다. 그 무수했던 공격과 탄압을 이겨낸 당시의 고통스럽지만 보람된 순간들은 노력한만큼 결실을 낳았고, 보좌했던 분은 이제 대통령이 되어 대한민국의 위상을 높이고 있다.

문제는 지금의 정치다. 오늘의 현실정치에는 이 존중과 열정이 부족하다. 상대를 동료 시민으로 보지 않고, 제거해야 할 대상으로 취급하는 언어가 일상화되었다. 이런 언어 환경에서는 어떤 개혁도 성공할 수 없다. 제도가 아무리 정교해도, 그 제도를 운용하는 말이 왜곡되어 있다면 결과는 뻔하다. 그래서 나는 정치 개혁의 첫 번째 과제로 '말의 개혁'을 이야기하고 싶다.

이 사회와 국가를 이끄는 최고 지도자인 대통령의 말은 사라지지 않는다. 사초이고, 실록이다. 기록으로 남고, 역사로 평가된다. 나는 그 기록의 곁에서, 또 그 기록의 일부로서 이 책을 쓴다. 그리고 믿는다. 결국 정치는 말의 예술이며, 말의 책임이라는 것을 깨달으며, 더 나은 세상을 위해 기여할 것을 다짐해본다.

[저자의 노트]

말로 행동하는 지도자, 행동으로 말하는 지도자

왜 이재명인가

정치는 말의 예술이다. 정치인, 특히 국가지도자인 대통령은 유세장에서, 기자회견장에서, 국회 연단에서, 타운홀미팅에서, 현장탐방에서, 국무회의에서, 쉽없이 발언한다. 김구 선생도, 김대중, 노무현 대통령도 그랬고, 현직인 이재명 대통령도 매일 수차례에서 수십회에 걸쳐 말하기에 나섰다.

그러나 정치 지도자인 대통령의 말하기는 매순간 수많은 국민과 다양한 영역의 검증을 받고 있다. 실제 정치는 말과 행동의 일치 여부가 끊임없이 검증되는 영역이다. 화려한 수사로 박수를 받는 정치인은 많았지만, 그 말이 정책이 되고 행정이 되고 삶의 변화로 이어진 경우는 드물었다. 그래서 우리 국민은 묻고 또 묻는다. 그 약속은, 공약은, 발언은 지켜질 것인가? 말을 잘하는 정치인은 많았지만, 말로 행동하고 행동으로 다시 말하는 지도자는 얼마나 되는가?

이 질문 앞에서 이재명이라는 이름은 독특한 위상을 갖고 있다. 그는 웅변가형 정치인도 아니고, 문학적 수사를 즐기는 연설가도 아니다. 대신 그는 문제를 정의하고, 해법을 말하며, 실행 결과로 다시 말하는 현장 중심의 창의적이고 논리적인 정치인이다. 그의 스피치는 감동을 목표로 하지 않는다. 설득을 넘어 납득과 동의를 목표로 한다. 이 지점이 바로 이재명의 말하기가 갖는 가장 큰 정치적 의미다.

필자는 2020년 7월부터 2년간 경기도 대변인으로, 대통령을 꿈꾸는 정치인인 이재명 경기도지사를 보좌했다. 깨어있는 시간 내내 업무에 몰두하고, 검찰 등 공권력의 공격에 맞서고, 행정과 정치의 영역에서 새로운 꿈을 펼치는 이재명은 불가사의한 존재였다. 그가 겪은 소년공 시절의 고통과 고난, 사회적 약자의 편에서 인권변호사와 성남시장, 경기도지사를 거쳐 도전하는 인생의 대장정은 굴곡진 파노라마 그 자체였다. 그는 늘 쓰고 말하고 연설하면서 자신의 꿈과 포부를 설파했고, 결국은 정당 대표를 거쳐 대통령에 당선됐다.

필자는 그를 보좌하면서 행정의 완결성을 이루기 위해 노력했고, 대변인으로서 수많은 언론사와 공공기관, 시민들을 연결하는 가교가 되려고 노력했다. 그 과정에서 본 이재명 대통령의 말하기는 진한 감동과 함께 하고 싶은 열정의 힘을 건네곤 했다. 시의성 있는 주제 선정과 상황에 맞는 언어 구사, 알맹이로 가득 찬 즉석 발언과 언론 회견, 나쁜 정치를 향한 열정 어린 비판까지, 이 모든 것이 새로운 언어의 역사로 채워져 있기 때문이다.

이재명의 언어는 시대정신을 관통하는 정책의 언어를 담으면서, 동시에 위트와 웃음, 촌철살인을 담는 탁월함을 갖고 있다. 그는 어느 자리든 확실한 목표의식과 성취지점을 갖고 발언하고, 그 발언은 늘 냉정하고 꼼꼼한 분석과 대안 찾기를 통한 완벽성을 추구했다.

필자가 2년간 보좌와 이후 관찰을 통해 본 그의 모습은 늘 당당하고 유능했다. 대변인으로 수백 회 정책회의·브리핑을 직접 옆에서 지켜본 결과, 그는 첫째, '문제 해결자 프레임'을 스스로 구축한 정치인이었다. 그는 웅변가가 아니라 행정가형 스피치로 성과를 만들어내는 리더였다. 둘째, 그는 말을 통해 정책을 설계했다. 말은 사고 정리 과정이자 실천의 과정이었다. 셋째, 그는 행동의 결과로 말하는 정치인이며, 늘 국민들에게 성과를 발표하는 결과형 화법을 구사했다. 넷째, 그는 감정 자극보다 합리적 설득을 중시했다. 그는 지지층을 결집시키는 데 주력하면서도, 중도 확장에 유리한 스피치 구조를 설계했다. 다섯째, 그의 언어는 시대정신을 정책 단어로 번역하는 데 능숙했다. 공정·기회·기본권을 예산과 제도로 연결하는 능력이 탁월했다. 정치는 말의 예술이지만, 동시에 실천과 성취의 예술이다. 이재명은 정책 실행을 언어로 설계하고 실천하는 유례없는 정치인의 길을 걷고 있다.

수많은 고난과 아픔을 극복한 삶의 여정들

필자는 이재명이라는 정치인의 진심을 믿는다. 주권자인 국민이 정치를 결정한다며 늘 민주공화국의 가치를 이야기한 이재명의 진정성과 국민 섬김을 신뢰하기 때문이다. 이러한 믿음과 태도는 직접 겪고 함께 일해 본 경험 속에서 더욱 분명해졌다.

필자가 2020년 경기도 대변인으로 가는 과정에서 수많은 지인들 중 거의 대부분은 가지 않는 게 좋겠다며 반대했다. 당시 이재명 지사의 1, 2심 법적 소송이 모두 패소하고, 사실상 형식적 절차만 남은 대법원 선고만 남은 상황에서 가봤자 그의 정치적 생명이 이미 끝났다는 지적이었다.

그러나 필자는 이재명의 드라마와 같은 삶속에 보여준 도전정신, 열정과 헌신, 국민과 민주주의를 믿는 그 뜨거운 마음을 믿었다. 부귀영화가 보장된 안락한 변호사의 길을 포기하고, 노동인권 변호사가 되었다가, 시장과 지사를 하면서 보여준 유능하고 진지한 업무수행은 보통의 정치인과는 달랐다. 결국 필자는 대변인의 길을 선택했고, 2년 동안 그를 보좌하며 유사 이래 최고의 경기도를 만드는 여정에 함께 했다.

그런 과정에서 그의 삶을 살펴보는 것은 의미 있는 일이다. 이재명은 1963년 12월8일 경상북도 안동군 예안면 도촌동에서 아버지 이

경희(李敬熙, 1931년~1986년)와 어머니 구효명(具孝明, 1931년~2020년) 사이에서 7남매 중 다섯째로 태어났다. 본관은 경주이다.

법적인 생년월일은 1964년 12월 22일이나, 이는 아버지가 출생신고를 늦게 하여 임의로 쓴 날짜다. 실제 출생일은 음력 10월 22일 또는 23일(양력 1963년 12월 7일 또는 8일)로 추정한다고 한다. 여러 차례 공사석에서 이재명 당시 경기지사에게 직접 들은 이야기에 따르면, 워낙 집안일이 복잡해 아들의 생일마저 까먹은 어머니께서 동네에서 점도 치고 사주도 봐주는 갓바치에게 어린 재명이의 손을 잡고 찾아가 받은 날짜가 생일로 굳어졌다고 한다. 그러니 그의 정확한 생년월일과 운세는 오직 하늘만이 정확하게 알고 있을 것이다.

어린 시절에는 아버지의 사업이 뜻대로 되지 않아 집안의 환경이 어려웠다고 한다. 국민학교 1학년 생활기록부에는 '고집이 세고, 성적은 미미했지만 시원한 성격'이었다고 적혀 있을 정도로 개성이 강한 성격이었다. 학교가 집에서 5km 정도 되는 거리라서, 추운 날이면 학교를 가지 않았다는 이야기를 하면서 함께 웃었던 기억도 있다. 날씨가 추우면 가기 싫고, 그래서 학교를 많이 빼먹는 시골소년이었다.

그는 1977년 2월 국민학교 졸업과 동시에 어머니와 형제자매와 함께 경기도 성남시로 이주했다. 어려운 가정형편 탓에 중학교 대신 수공업 목걸이 공장에 취업했다. 여러 공장을 전전한 그는 '동마고무'라는 공장에서 손가락을 다치는 첫 산업 재해를 당했고, 이어 옮긴 야구 글러브 공장인 '대양실업'에서 일하던 중 프레스에 손목이 눌려 관절이 으스러지는 두 번째 산업 재해를 당했다. 당시 공장은 사고가 빈번해서 그는 병원도 찾지 않고 아픈 팔로 계속 일을 했다. 열여섯 살 무렵 키가 15cm 자라고 손목과 팔의 뼈도 성장하는 과정에서 부러진 뼈가 다른 뼈의 성장 속도를 따라가지 못해 팔이 비틀어지고 관절이 으스러진 부분의 성장판이 깨지는 사고가 발생했다. 이재명은 이 질병으로 병역면제인 6급 판정을 받고, 장애인이 되었다.

그는 공부하고 싶다는 생각에 공장을 마친 후 저녁이면 호롱불을 켜고 검정고시 공부를 했고, 비싼 전기를 쓴다고 타박하는 아버지의 구박에도 불구하고 향학열을 불태웠다. 이후 검정고시 학원에 등록하는 과정에서 학원 선생님의 배려로 무료로 단과반을 수강했고, 1978년 고입 검정고시에 합격해 중졸자격을 얻었다.

대양실업에서 당한 산업 재해로 팔의 통증은 계속 심해졌고, 부모에 대한 반항심도 생기면서 방황한 끝에 1980년 두 번의 자살 시도를 했다. 그러나 실패하면서 마음을 다잡았고, 어떻게든 출세를 하려면 공부를 해야겠다고 생각한 그는 1980년 4월 대입 검정고시에 합격해 고졸 자격을 얻었다. 그는 학력고사에 매진했고, 1982년 7월 학비 전액 지원에 매월 생활비 20만 원을 받고 중앙대학교 법학과 장학생으로 입학했다. 이때 받은 매월 생활비로 형을 대학에 보내 학비 지원을 해줬으나, 나중에 그 형이 이재명을 공격하는 비극적인 상황을 늘 안타까워했다.

그는 1982년 중앙대학교 법학과에 입학해 1986년 졸업했다. 제28회 사법시험에 합격한 후 사법연수원에 입학한 그는 1989년 사법연수원 18기를 수료한 후 변호사가 되었다. 변호사 사무소를 개업한 후 인천시와 광주시의 노동상담소장과 민주사회를 위한 변호사 모임에서 활동했다. 1995년에는 성남시민모임 창립 구성원으로 시민운동도 시작했다. 이후 '분당 백궁·정자 지구 용도 변경' 특혜 의혹을 제기하고, '분당 파크뷰 특혜분양 사건'을 파헤쳤다. 성남에 있던 종합병원 두 곳이 폐업하자 이재명은 성남시립병원설립추진위원회 공동대표로 활동하며 성남시민들과 함께 성남 시립병원 설립운동에 나섰다. 그러나 당시 한나라당이 장악한 시의회는 최초의 주민발의 조례를 단 47초 만에 날치기로 부결해 버렸다. 이에 이재명은 방청하던 시민들과 함께 항의

하다가 특수공무집행방해죄로 수배됐다. 이후 이재명은 사회운동만으로는 세상을 바꿀 수 없다는 것을 깨닫고 정치에 입문했다.

이후 힘들었지만, 성남시장, 경기도지사, 더불어민주당 대표, 대통령이 되어 그는 평생 길러온 웅지와 열정을 불태우며 대한민국을 이끌고 있다. 그 과정에서 대한민국을 추락시켰던 폭정과 내란을 극복하고, 민주주의와 평화, 진실과 정의, 행복과 번영의 대한민국이 정상화되고 미래지향적인 성장과 발전의 길이 열리고 있다.

국민의 행복을 추구하는 정책언어

유능하고 신속한 행정을 추진해온 이재명의 말은 왜 늘 '정책 언어'로 끝날까? 이재명의 스피치를 한 문장으로 요약하면 '정책의 성공으로 귀결되는 말의 성찬'이다. 그의 발언은 감정적 동원이나 이념적 구호를 추구하지 않는다. 명확한 구조 설명과 선택의 이유 제시에 집중된다. 이는 오랜 행정 경험에서 비롯된 특징이다.

그의 말하기는 대체로 다음의 구조를 따른다. 첫째, 현실 진단 - 지금 무엇이 문제인가, 둘째, 원인 규명 - 왜 이 문제가 발생했는가, 셋째, 대안 제시 - 가능한 선택지는 무엇인가, 넷째, 결단 선언 - 그래서 우리는 무엇을 하겠다, 다섯째, 책임 약속 - 결과에 대한 책임은 내가 진다. 계곡을 정리할 때도, 코로나19에 대처할 때도, 검찰을 비롯한 공권의 탄압이 쏟아질 때도, 정적들의 수많은 비난과 공격이 쇄도할 때도 그는 이 같은 말하기의 원칙을 지켰다. 아마도 체화된 그의 논리와 말하기 습관이 저절로 대응했을 것으로 판단된다.

이 구조는 기자회견, 국무회의, 타운홀미팅, 정상회담 발언에서도 반복된다. 이는 즉흥적 화술이 아니라 행정 보고서와 정책 결재의 언어가 스피치로 확장된 형태다. 이재명은 말을 '메시지'로 쓰기보다 '결정 과정'으로 사용한다. 그리고 늘 본인이 의도한 성과를 따내곤 했다.

그는 감정 대신 논리, 선동 대신 설명을 주로 한다. 다른 지도자들과 비교할 때 이재명의 말하기가 가장 두드러지는 지점은 감정의 사용 방식이다. 그는 감정을 배제하지 않지만, 감정을 앞세우지도 않는다. 분노는 문제 제기의 수단일 뿐 목적이 아니다. 칭찬은 관계 관리가 아니라 성과 기준의 확인으로 작동한다.

요즘 인기리에 생중계되는 국무회의를 보자. 기세등등했던 장 · 차관이 회초리를 맞는 국무회의 모습은 진풍경이다. 국무회의에서의 질타는 개인 공격이 아니라 구조적 문제를 향한다. "왜 못 했느냐"가 아니라 "이 구조로는 될 수 없다"는 방식이다. 이때 그는 목소리를 높이기도 하지만, 그 고조는 감정 폭발이 아니라 문제의 심각성을 강조하는 장치에 가깝다. 그리고 장관에게 어떻게 생각하느냐고 의견을 묻는다. 답변을 잘하는 장관과 못하는 장관의 차이가 금세 드러나고, 이들은 더 잘하겠다는 각오와 열정, 단점을 보완하고 업무분석과 대안 마련에 나서는 모습을 보인다. 주말과 휴일에도 불이 켜지고 업무 메시지를 주고받는 장 · 차관의 모습은 이제는 낯선 풍경이 아니다.

이 점에서 이재명의 스피치는 대중 선동형 연설과 명확히 구별된다. 그의 언어는 청중을 흥분시키기보다 생각하게 만든다. 박수가 적을 수는 있으나, 회의가 끝난 뒤 남는 것은 "그래서 이제 무엇을 해야 하는가"라는 질문이다. 늘 성과를 지향하는 유능함이 동반되는 이유다.

늘 '국민에게 보고하는 말하기'와 국민주권정부

이재명 스피치의 특징 중 하나는 '보고형 말하기'다. 그는 대통령의 말을 '지시'가 아니라 '보고'로 인식하는 경향이 강하다. 국민에게 상황을 설명하고, 선택의 이유를 밝히며, 결과를 공유하는 방식이다.

과거 권위적이었던 대통령이라면 깜짝 놀랄 말하기 방식이다.

이는 타운홀미팅에서 특히 두드러진다. 질문을 피하지 않고, 불편한 질문에도 "그렇게 느끼는 이유는 이해한다"는 말로 출발한다. 공감의 언어가 있으되, 그 공감은 감정적 위로가 아니라 설명의 출발점이다. 누구든 말할 수 있도록 하고, 시간을 연장해서라도 듣는다.

이러한 태도는 민주주의적이다. 권위는 침묵이나 포장된 언어에서 나오지 않고, 투명한 설명과 책임의 수용에서 나온다는 인식이 그의 말하기 전반을 관통한다.

그가 이처럼 강한 이유는 글쓰는 정치인이자, 말하는 행정가이기 때문이다. 이재명의 스피치는 글쓰기와 분리되지 않는다. 그의 발언은 즉흥적 수사보다 문장으로 쓰였을 때도 의미가 유지되는 구조를 가진다. 주어와 목적어가 분명하고, 추상어보다 구체어를 선호한다. 이는 정책 문서 작성 경험이 축적된 결과다.

그는 "국민의 삶"이라는 말을 쓰기보다 "전기요금, 월세, 교통비"를 말한다. "경제 회복" 대신 "자영업자의 매출 곡선"을 언급한다. 복잡한 경제 구조가 아니라, 주가지수 5,000시대를 말한다. 이런 구체성은 말의 신뢰도를 높인다. 듣는 사람은 그가 문제를 실제로 만져본 사람이라는 인상을 받는다. 이 점에서 이재명은 '말하는 정치인'이기보다 '말하는 행정가'에 가깝다. 그리고 이 결합이 그의 스피치 리더십을 독특하게 만든다.

이재명 스피치의 구조는 이 같은 그의 특징을 그대로 반영한다. 그 구조적 특성은 첫 번째, 감동보다 시민들의 납득을 목표로 하는 구조다. 일반적인 정치연설 구조는 문제 제기, 가치 강조, 감정 고조, 결단 선언으로 이어진다. 반면 이재명식 구조는 문제 정의, 원인 분석, 수치·사례 제시, 대안 제시, 실행 경로 설명으로 이어진다. 그의 말은 감탄사를 유도하기보다, "그래서 어떻게 할 것인가?"에 답을 준다.

그의 스피치는 동사 중심 문장 구조로 이뤄져 있다. 이재명의 문장은 형용사보다 동사가 많다. 부사나 감탄사는 거의 찾아볼 수 없다. 그는 늘 "바꾸겠습니다", "지급했습니다", "추진하겠습니다", "검토하겠습니다"라고 말한다. 이는 말이 아니라 행동 예고 혹은 결과 보고의 형식이다. 김대중이 "우리는 반드시 승리합니다"라고 말했다면, 이재명은 "예산을 편성했고, 집행했고, 결과를 공개했습니다"라고 말하는 방식이다.

그의 스피치에서는 위기 상황에서의 논리적 분해 능력이 두드러지게 나타난다. 검찰 수사, 정치적 공격, 정책 논란 상황에서 그는 감정적 반응보다 논점 분리 전략을 사용한다. 사안 분리, 법적 쟁점 구분, 정치적 의도 지적, 팩트 체크와 정리, 반박 논리 구조화가 대표적이다. 이는 토론형 정치인의 언어이며, 웅변가형 정치인과는 다르다.

그래서 그의 스피치는 현장 중심 즉흥 발언의 밀도가 높다. 기자회견과 현장 브리핑에서 관찰되는 특징을 보면, 문장은 짧지만 내용 밀도는 높다. 추상어보다 구체어를 사용하고, 행정 용어를 대중의 언어로 번역하며, 질문에는 즉답형 구조로 대응하는 경향이 뚜렷하다. 즉, 준비된 원고보다 즉흥 발언에서 진가가 드러나는 유형의 발언을 한다.

정치에서 가장 큰 위기는 대중이 '말과 행동의 불일치'를 느낄 때이다. 화려한 수사로 박수 받는 정치인은 많지만, 말이 정책이 되고 삶의 변화로 이어진 경우는 드물다. 이재명은 말과 행동, 정책과 실천이 동일시되는 정치 리더십를 확장해가고 있다.

이는 첫째, 정책 언어의 반복에서 잘 드러난다. 그는 그동안 기본소득, 공공의료, 기본주택, 지역화폐를 자신의 정책 화두로 제시했다. 이 용어들은 단순 슬로건이 아니라, 실제 행정 문서·예산·법안으로 연결됐다.

둘째, 그의 목표 지향적 발언도 그 특성을 잘 드러낸다. 그는 발언할 때 항상 "이 발언이 무엇을 바꾸는가?", "어디까지 가는가?", "언제 실행되는가?"를 염두에 둔다. 연설이 감정적 해소가 아니라 정책 추진의 동력이라는 인식이 강하다.

셋째, 공격적 상황에서의 전환 능력도 뛰어나다. 비판을 받을 때 그는 피해자 프레임으로 머물지 않는다. 그는 이를 즉각 정책 논의로 전환하고, 시스템 문제로 확장해나간다. 이는 위기를 메시지 강화 기회로 활용하는 전략으로 그의 탁월한 언어 대처 능력을 보여준다. 김대중도, 노무현도 탁월한 역량과 실력을 보여줬지만, 이재명도 그에 못지않은 유능함과 경륜, 지식과 도전정신으로 그 길을 열어가고 있다.

실행과 설계, 성과와 유능함을 선택하다

그가 다른 지도자들과의 보이는 결정적 차이는 다른 역대 지도자들과 비교하면 분명하게 드러난다. 카리스마형 지도자는 비전을 선포하지만, 실행 과정은 추상화된다. 연설가형 지도자는 감동을 남기지만 세부 사항은 관료에게 맡긴다. 이재명형 지도자는 비전보다 실행을, 선포보다 설계를 말한다.

그의 말은 늘 '과정 중'에 있다. 완결된 문장이 아니라 진행형 문장이다. "이렇게 하겠다"보다 "이렇게 진행 중이고, 이 지점에서 조정하겠다"는 표현이 잦다. 이는 완벽함보다 조정 가능성을 열어두는 리더십의 언어다.

그래서 그의 말하기는 장점과 한계를 갖고 있고, 때론 오해를 불러일으킨다. 이재명 스피치의 장점은 분명하다. 설명 책임을 회피하지 않는다. 정책과 말이 연결되어 있다. 결과로 다시 평가받겠다는 진중한 태도가 있다. 그래서 사람들은 박수를 친다.

그러나 한계도 있다. 설명이 길어질수록 감정적 공감이 약해질 수 있고, 논리 중심의 언어는 때로 차갑게 들린다. 또한 솔직함이 직설로 받아들여져 정치적 오해를 낳는 순간도 있었다.

하지만 이는 고쳐야 할 결함이라기보다, 조율해야 할 톤의 문제이며 동시에 무한한 가능성을 가진 '열린 담화'에 가깝다. 실제로 최근의 이재명은 설명의 밀도를 유지하면서도, 말의 온도를 조절하는 방향으로 진화하고 있다. 질타에는 기준을 명확히 하고, 칭찬에는 사람을 드러내며, 외교 무대에서는 단어 선택의 여백을 넓히는 방식이다.

2025년 광복절 경축사에서 이재명은 "가보지 않은 길이지만, 우리는 지금까지 해 왔던 것처럼 얼마든지 해낼 수 있습니다. 우리 선조들이 되찾은 자주독립의 빛이, 우리 국민이 이룬 민주주의의 빛이, 우리 앞날을 밝히는 길잡이가 되어 줄 것이기 때문입니다. 위대한 우리 국민의 저력이 다시 발휘된다면, 어둠 속에서도 길을 잃지 않고 걸어왔던 것처럼, 우리가 나아갈 길도 잃지 않고 찾아갈 수 있을 것입니다"라며, 온 국민이 함께 나아가자고 역설한다. 감동이 함께 커져나가는 순간을 그의 눈길은 절대 놓치지 않는다.

이재명은 말의 진화로 리더십을 키워나간다

지도자의 말은 고정되거나 정체되지 않는다. 시대정신에 따라, 정치적 상황과 책임의 무게에 따라 진화해야 한다. 이재명의 최근 스피치는 투쟁 언어에서 통치 언어로의 이동을 보여준다. 공격적 언어는 줄고, 조정과 중재의 언어가 늘었다. 이는 권력의 변화가 아니라, 역사와 국민에 대한 책임 인식의 변화다. 국민은 완벽한 말을 원하지 않는다. 대신 정직한 설명, 책임지는 태도, 결과로 돌아오는 말을 원한다. 이재명의 스피치는 이 세 가지를 결합하려는 시도를 보여주고 있다.

왜 지금, 이재명의 말하기인가? 지금 한국 사회는 거대한 전환의 시기에 서 있다. 갈등은 구조화되었고, 단순한 구호는 더 이상 설득력을 갖지 못한다. 내란과 폭정의 시대를 극복하고, 민주주의와 평화의 역사를 다시 써야 한다. 이 시대에 필요한 지도자의 언어는 자극적인 선동이나 감동의 언어가 아니라, 이해의 언어, 조정의 언어, 실행의 언어다.

이재명의 스피치는 바로 이 지점에 서 있다. 그는 말로 행동하고, 행동으로 다시 말한다. 그의 말은 기록으로 남고, 정책으로 구현되며, 성과로 평가받는다. 이것이 우리가 그의 말하기에 주목해야 하는 이유다. 이 책은 정치인의 화술이나 스피치 교본, 웅변의 기술이나 레토릭에 머무르지 않고, 그의 진정성과 시대정신을 리더십과 말하기에 담아보려 노력했다. 고통과 고난 속에 극심한 성장통을 아프게 겪으며 성장한 정치인이 어떻게 말을 통해 문제를 정의하고, 권한을 행사하며, 책임을 지는 거인으로 성장했는지, 그리고 국가 지도자로서 제대로 일을 해나가는지를 진중한 탐구의 시각으로 다룬다.

말은 곧 리더십의 얼굴이다. 이재명의 말하기는 완성형이 아니라 진행형이다. 그러나 분명한 것은 있다. 그의 말은 늘 현실을 향해 있고, 그 말의 끝에는 행정과 책임이 놓여 있다. 그 내부에는 시대정신과 실천, 유능함과 성취의 길이 담겨있다.

그래서 우리는 다시 묻게 된다. 지금 이 시대에 필요한 지도자는 누구인가. 그리고 그 지도자는 어떤 말을 해야 하는가. 이 질문에 대한 하나의 답이, 바로 여기 있다. 바로 이재명이다. 이재명은 합니다!

왜 스피치 리더십인가
– 정치 지도자는 어떤 말을, 어떻게 해야 하는가

정치는 말로 시작하지만, 말만으로 끝나서는 안 된다. 실천과 행동, 성공적인 결과가 따라야 한다. 정치 지도자의 말은 당당하지만 친절한 설명이어야 하고, 결정이어야 하며, 동시에 책임의 선언이어야 한다. 그럼에도 우리는 오랫동안 정치인의 말을 '잘하는 말'과 '못하는 말'로만 구분해왔다. 유려한 화술, 감동적인 수사, 박수를 부르는 웅변을 요구해왔다. 그러나 민주주의가 성숙할수록 이런 기준은 점점 힘을 잃는다. 오늘의 시민은 묻는다. "그 말이 무엇을 바꾸는가?"

이 질문 앞에서 우리는 다시 정치 지도자가 하는 말의 무게를 생각한다. 왜 지금, 스피치 리더십인가. 첫째, 말은 장식이 아니라 권력의 작동 방식이다. 정치에서 말은 단순한 커뮤니케이션 수단이 아니다. 말은 권력이 작동하는 방식 그 자체다. 어떤 문제를 말하느냐가 아니라, 어떤 문제를 문제로 규정하느냐, 어떤 선택지를 열고 닫느냐가 말 속에 담긴다.

지도자의 말 한마디는 정책의 방향을 정하고, 관료 조직의 움직임을 바꾼다. 행복한 삶을 꿈꾸는 시민의 기대와 불안을 동시에 자극한다. 그래서 지도자의 말은 언제나 정책 이전의 정책이다. 말이 흔들리면 행정이 흔들리고, 말이 공허하면 정책은 신뢰를 잃는다.

이 지점에서 스피치 리더십은 화술의 문제가 아니라 통치 능력의 핵심 요소로 떠오른다. 말을 잘한다는 것은 감동을 주는 것이 아니라, 정확하게 이해시키고, 책임 있게 설득하며, 실행 가능하게 만드는 능력을 뜻한다.

둘째, 민주주의 시대, 지도자의 말은 시민과 함께 하는 친숙한 장면으로 바뀌어야 한다. 권위주의 시대의 지도자 언어는 명령과 선언의 언어였다. 짧고 단호할수록 강한 리더십으로 여겨졌다. 그러나 민주주의 사회에서 지도자의 말은 다르게 작동한다. 시민은 복종의 대상이 아니라 설명의 대상이며, 동원의 대상이 아니라 동의의 주체다.

이제 지도자는 "이렇게 하겠다"고 말하는 것만으로는 충분하지 않다. 왜 그렇게 해야 하는지, 다른 선택지는 무엇이었는지, 그 선택의 비용은 누가 부담하는지를 말해야 한다. 다시 말해, 지도자의 말은 결정의 결과가 아니라 결정의 과정을 드러내야 한다. 이때 필요한 것이 바로 스피치 리더십이다. 이는 말을 통해 권위를 세우는 기술이 아니라, 말을 통해 신뢰를 축적하는 리더십이다.

셋째, 이재명의 말하기는 이 시대에 걸맞는 답변을 제공한다. 이재명의 말하기와 글쓰기는 이 시대를 살아가는 사람들에게 중요한 나침반이 된다. 그는 전통적인 의미의 웅변가는 아니다. 그의 연설에는 비유가 많지 않고, 감정의 고조도 절제되어 있다. 대신 그의 말은 늘 정책과 행정의 언어로 이어진다.

이재명의 스피치는 추상보다 구체에서 출발한다. 감정 동원보다 구조 설명을 우선한다. 선언보다 보고의 형식을 취한다. 완결된 답보다 진행 중인 판단을 공개한다. 답을 주기보다는 치열한 토론과 숙의의 과정을 통해 함께 답을 찾아나선다.

이는 단순한 말하기 스타일이 아니라, 오랜 행정 경험과 성공적인 성과가 축적된 언어 방식이다. 그의 말은 회의실에서 바로 정책으로 이어질 수 있는 문장들로 구성되어 있다. 그래서 그의 스피치는 정치 연설이라기보다 공개된 행정 설명에 가깝다. 말하기와 행정, 정치가 분리되지 않고 하나가 될 때, 지도자의 언어는 힘을 갖는다.

넷째, 글쓰기와 스피치가 하나로 연결될 때, 지도자의 언어는 빛이 난다. 이재명의 말하기가 주목받는 이유 중 하나는 글쓰기와 스피치가 분리되지 않기 때문이다. 그의 발언은 즉흥적인 수사보다 강력하다. 이는 문장으로 남았을 때도 의미가 유지되는 강력한 구조를 갖는다. 주어와 목적어가 분명하고, 책임의 주체가 숨지 않는다. 이는 지도자의 말하기에서 매우 중요한 요소다.

글로 쓰일 수 없는 말은 정책이 되기 어렵고, 기록으로 남지 않는 말은 책임을 묻기 어렵다. 반대로 말과 글이 하나로 이어질 때, 지도자의 언어는 행정의 언어, 제도의 언어로 확장된다. 스피치 리더십이란 결국, 말이 공기 중에서 사라지지 않게 만드는 능력이다. 말이 문서가 되고, 문서가 정책이 되며, 정책이 다시 시민의 삶으로 돌아오게 하는 힘. 이것이 진정한 의미의 말의 리더십이다. 그런 의미에서 필자는 수년전부터 '스피치 리더십'이란 용어를 만들어 사용하고 있다. 인문학적 바탕이 깔린 글과 말의 힘의 정수를 드러내는 표현이다.

성공적인 의사전달과 지도자가 보여주는 말의 태도

정치에서 성공적인 의사전달은 '이해시켰는가'가 아니라 '납득시켰는가'의 문제다. 정보 전달은 이해를 만들지만, 설득은 납득을 만든다. 지도자의 말은 이 둘을 동시에 충족해야 한다.

이를 위해 필요한 조건은 첫째, 문제 정의가 명확해야 한다. 둘째, 선택의 기준이 공개되어야 한다. 셋째, 책임의 귀속이 분명해야 한다.

이 세 가지가 갖춰지지 않은 말은 아무리 유려해도, 신뢰를 얻기 어렵다. 반대로 이 조건을 충족한 말은 다소 투박해도 힘을 갖는다. 이재명의 말하기가 호불호를 넘어 정치적 설득력을 유지하는 이유도 여기에 있다.

많은 사람들이 리더십을 결단력이나 카리스마에서 찾는다. 그러나 실제로 조직과 사회를 움직이는 힘은 지속적으로 설명하고 설득하는 능력에서 나온다. 지도자는 늘 말해야 한다. 왜 이 방향인지, 왜 지금인지, 왜 당신에게 부담을 요구하는지를 말해야 한다. 지도자가 되려는 사람에게 스피치 리더십이 중요한 이유다.

스피치 리더십이 없는 지도자는 두 가지 위험에 빠진다. 하나는 침묵의 권위주의이고, 다른 하나는 공허한 인기주의다. 전자는 설명을 생략하고 명령으로 대체하며, 후자는 책임 없는 말로 박수만을 추종한다. 스피치 리더십은 이 두 극단을 피하게 해준다. 말로 권위를 세우되, 설명으로 그 권위를 통제하게 만든다.

결국 중요한 것은 수사학이나 말의 기술이 아니라, 말하는 이의 태도이다. 중요한 것은 발성이나 제스처가 아니다. 말의 속도나 억양도 본질은 아니다. 스피치 리더십의 핵심은 말에 임하는 태도다.

시민을 설득의 대상이 아니라 판단의 주체로 존중하는가? 말의 결과에 대해 책임질 준비가 되어 있는가? 틀릴 가능성을 인정하면서도 결정을 미루지 않는가? 이런 질문에 정직하게 답할 수 있을 때, 지도자의 말은 힘을 갖는다. 이재명의 최근 스피치가 이전보다 더 안정적이고 통치 언어에 가까워진 것도, 기술의 변화가 아니라 태도의 변화에서 비롯된다.

지금 우리는 갈등이 일상화된 사회에 살고 있다. 정보는 넘치고, 신뢰는 부족하다. 이런 시대에 지도자의 말은 더 이상 감정 동원의 도구가 될 수 없다. 대신 조정과 중재, 설명과 책임의 언어가 되어야 한다. 스피치 리더십은 이 시대 민주주의의 필수 조건이다. 말을 잘하는 지도자가 아니라, 말로 민주주의를 작동시키는 지도자가 필요하기 때문이다.

정치 지도자의 말은 곧 그가 어떤 권력을 꿈꾸는지를 드러낸다. 감동만을 남기는 말은 순간의 박수를 얻을 수는 있어도, 제도를 만들지는 못한다. 반대로 설명과 책임의 언어는 느릴지라도 사회를 앞으로 움직인다.

이재명의 말하기와 글쓰기가 우리에게 주는 교훈은 분명하다. 스피치 리더십이란 말을 잘하는 기술이 아니라, 말로 책임지는 능력이라는 것이다. 그래서 우리는 자문하게 된다. 지도자가 되려는 사람은 무엇을 배워야 하는가? 답은 단순하다. 말을 통해 권력을 행사하는 법이 아니라, 말을 통해 책임을 지는 법을 배워야 한다. 그것이 스피치 리더십의 본질이다.

정책과 성공을 이끄는 지도자의 언어 능력 - 공적인 의사전달에서 필수적인 스피치 리더십

정치는 말로 시작된다. 그러나 정책은 말만으로 완성되지 않는다. 정치 지도자의 언어는 감동을 주는 수사에 머물러서는 안 된다. 그렇다고 해서, 행정 문서의 무미건조한 문장으로만 구성해서도 안 된다. 말은 정책을 설계하고, 조직을 움직여야 한다. 또 시민의 자발적인 감동과 협력을 이끌어내는 작동 장치가 되어야 한다. 지도자의 언어 능력은 단순한 커뮤니케이션 기술이 아니라 정책 성공의 핵심 조건이 된다.

그렇다면 정치 지도자는 공적인 의사전달에서 어떤 말을, 어떻게 해야 하는가. 왜 스피치 리더십은 지도자가 되려는 사람에게 필수 역량이 되었는가.

지도자의 말은 '설명'이 아니라 '정책의 일부'이고, 성공의 촉매제이기 때문이다 정치 지도자의 말은 흔히 정책 홍보나 여론 관리의 수단으로 취급된다. 함께 일해 본 공무원들은 대부분 피상적이고 형식적인 말 잘하기에 집착하는 경우가 많았다. 그러나 실제로 말은 정책 외부에 있지 않다. 말은 정책의 일부다. 정책이 문제를 어떻게 정의하는지, 어떤 선택지를 배제하고 무엇을 우선하는지가 언어를 통해 먼저 결정된다. 성공 또는 실패의 출발점인 셈이다.

프랭클린 D. 루스벨트의 뉴딜 정책은 법안 이전에 '노변담화(Fireside Chat)'라는 언어적 장치를 통해 작동했다. 그는 대공황이라는 복잡한 경제 위기를 전문 용어로 설명하지 않았다. 대신 "지금 은행에서 무슨 일이 벌어지고 있는지"를 일상의 언어로 풀어냈다. "두려워할 것은 두려움 그 자체"라는 그의 말은 국민들의 공포심을 몰아냈다. 말하기는 단순한 설명이 아니라, 정책에 대한 국민의 심리적 참여를 만들어낸 과정이었다.

정책은 숫자와 제도로 구성된다. 그러나 정책의 실제 성공 여부는 사람들이 그것을 이해하고 받아들이는지에 달려 있다. 이때 지도자의 언어는 정책의 효능을 증폭시키거나 무력화시키는 결정적 변수로 작용한다.

말을 '명령'이 아니라 '과정'으로 사용해야 성공한다

권위주의적 통치 시대에 지도자의 말은 명령이었다. 짧고 단호할수록 강한 리더십으로 여겨졌다. 그러나 민주주의가 확장되면서 지도자의 말은 다른 성격을 갖게 되었다. 이제 말은 결과를 통보하는 수단이 아니라 결정에 이르는 과정을 공유하는 장치가 되었다. 토론과 숙의의 핵심 도구이다.

넬슨 만델라는 이 점에서 상징적인 인물이다. 그는 남아프리카공화국의 전환기에서 "무엇을 하겠다"보다 "왜 이런 선택이 불가피한가"를 끊임없이 설명했다. 백인 소수 정권을 향한 분노를 즉각적 보복으로 연결하지 않았다. 인종차별 정책인 아파르트헤이트는 300여년을 지속하며, 끔찍한 인종 탄압으로 이어졌다. 그는 분노한 흑인들을 집요하게 설득했다. 화해와 진실 규명이라는 어려운 길을 선택하고 성공할 수 있었던 이유는 그의 언어가 감정의 해소가 아니라 미래의 구조를 설계하는 방향으로 작동했기 때문이다.

이러한 '과정의 언어'는 한국 정치에서도 점차 중요한 리더십 자산으로 부상하고 있다. 이재명 대통령의 소통 방식은 이를 상징적으로 보여준다. 그는 정책을 발표할 때 결론만을 제시하기보다, 왜 그 정책이 필요한지, 대안은 무엇이었는지, 반대 의견은 무엇인지, 그리고 그 한계는 어디에 있는지를 비교적 상세히 설명해왔다. 이는 단순한 친절함의 문제가 아니다. 정책 결정의 책임을 스스로 짊어지는 방식이자, 시민을 의사결정의 동반자로 인정하는 태도다.

특히 타운홀미팅과 현장 간담회는 그의 말하기가 '과정'임을 상징적으로 드러낸다. 질문은 예고 없이 주어지고, 답변은 즉석에서 구성된다. 이 자리에서 대통령의 언어는 완결된 문장이라기보다, 사고가 전개되는 현장에 가깝다. 그는 종종 정책의 배경 데이터를 언급하고, 반대 논리의 요지를 먼저 정리한 뒤, 자신의 판단을 설명한다. 이 순서는 매우 중요하다. 반대의 존재를 인정하는 것이 곧 토론의 출발점이기 때문이다.

이처럼 성공적인 지도자의 말은 늘 진행형이다. 완성된 결론을 던지는 대신, 판단의 근거와 한계를 함께 드러낸다. 이는 권위를 약화시키는 것이 아니라, 오히려 책임의 범위를 명확히 한다. 말을 과정으로 사용하는 지도자는 스스로를 '결정자'에만 머물게 하지 않는다. 그는 해석자이자 설명자이며, 때로는 조정자다. 이해관계가 충돌하는 사안에서 그는 각 입장의 논리를 구조화해 보여주고, 왜 특정 선택이 현재로서는 최선인지 설득한다. 이러한 언어는 단기적 박수보다 장기적 신뢰를 축적한다. 신뢰는 결론의 강도에서 오는 것이 아니라, 설명의 일관성에서 비롯되기 때문이다.

정치는 결국 말의 예술이다. 그러나 그 예술은 수사적 화려함이 아니라, 사고의 전개를 시민 앞에 펼쳐 보이는 용기에서 완성된다. 명령은 복종을 이끌 수 있지만, 과정은 동의를 만든다. 복종은 순간적이지만, 동의는 지속적이다.

지도자의 말이 명령에서 과정으로 전환될 때, 권위는 약화되지 않는다. 오히려 더 단단해진다. 판단의 이유를 숨기지 않고, 한계를 인정하며, 반대 의견을 포용하는 언어는 정치적 신뢰의 토대를 형성한다. 그리고 그 토대 위에서만 정책은 일회성 조치가 아니라 사회적 합의로 자리 잡는다.

결국 성공하는 리더는 말을 통해 결론을 '선언'하지 않는다. 그는 과정을 '공유'한다. 설명하고, 설득하고, 때로는 수정한다. 그 반복 속에서 시민은 구경꾼이 아니라 참여자가 된다. 민주주의 시대의 리더십은 바로 이 지점에서 완성된다.

동양: 절제와 책임의 미학 서양: 설득과 동원의 구조

동양 정치 전통에서 지도자의 언어는 '과잉'을 경계했다. 중용이 대표적인 태도다. 공자는 "군자는 말이 적고 행함이 빠르다"고 했지만, 이는 말을 가볍게 하라는 뜻이 아니라 말의 무게를 감당하라는 요구였다. 군왕들을 설득했던 맹자는 또 어떠한가?

현대에 와서도 이 전통은 살아 있다. 덩샤오핑은 거대한 개혁개방 정책을 추진하면서도 장황한 연설을 즐기지 않았다. 대신 "검은 고양이든 흰 고양이든 쥐만 잘 잡으면 된다"(黑猫白猫)라는 '흑묘백묘론'은 단 한 문장으로 정책의 방향을 분명히 했다. 이 짧은 문장은 단순한 비유가 아니라, 이념보다 성과를 우선하겠다는 국가 전략의 언어적 선언이었다. 중국이 대국으로 거듭나는 순간이었다.

동양적 지도자 언어의 강점은 말의 절제에 있다. 그러나 이 절제는 침묵이 아니라 핵심을 찌르는 정확성에서 나온다. 말을 줄이는 대신, 말의 책임을 키우는 방식이다.

반면 서양의 정치 전통은 설득의 언어를 발전시켜왔다. 아테네 민주주의에서부터 링컨, 처칠, 오바마에 이르기까지 지도자의 말은 시민을 행동의 주체로 끌어들이는 장치였다.

에이브러햄 링컨의 게티즈버그 연설은 단 272단어에 불과한 짧은 스피치다. 그러나 그는 이 역사적인 연설을 통해 미국 민주주의의 정체성을 재정의했다. 그는 전쟁의 참혹함을 묘사하기보다 "이 나라가 자유의 새 탄생을 맞을 수 있는가"라는 질문을 던졌다. 이는 감정 호소가 아니라 정치 공동체의 목적을 다시 합의하는 언어였다. 단 2분에 불과한 연설은 미국역사를 바꿨다.

버락 오바마 역시 정책 연설에서 늘 개인적 경험과 제도적 설명을 결합했다. 의료개혁을 말할 때도 통계로만 설득하지 않고, 보험을 잃은 한 시민의 이야기를 통해 정책의 필요성을 구체화했다. 이때 스피치는 정책을 장식하는 수사가 아니라, 정책을 이해 가능한 이야기로 번역하는 과정이 된다.

말하기와 글쓰기가 결합될 때 정책은 살아난다

성공적인 지도자들의 공통점은 말하기와 글쓰기가 분리되지 않는다는 점이다. 그들은 글쓰기에도, 말하기에도 능수능란했다. 독서와 교육으로 단련된 그들은 늘 창의적이었다. 그들의 연설은 문서로 남아도 의미를 잃지 않으며, 정책 문서는 낭독되어도 이해가 가능하다. 이는 우연이 아니다. 말과 글이 하나의 사고 체계에서 나오기 때문이다. 인문학적 성과물이다.

이재명의 말하기와 글쓰기는 이 점에서 현대 지도자의 대표적 사례로 꼽을만하다. 그의 발언은 감정적 수사보다 구조 설명에 가깝고,

글로 옮겨도 정책적 맥락이 오롯이 살아난다. 그는 추상적 구호보다 선택의 이유와 비용을 설명한다. 왜 해야하는지 정당성을 이끌어내는 데 집중한다. 이 방식은 정치적 호불호를 떠나, 말이 행정으로 이어지는 구조를 잘 보여준다.

지도자의 언어가 글과 말, 정책과 연설을 넘나들 때, 그 언어는 국정 운영의 인프라가 된다. 성남시장에서 경기도지사로 발전했고, 정당 대표에서 대통령이 되는 과정 내내 그의 글쓰기와 말하기는 진화했고, 더 높은 수준과 품격을 만들어갔다.

성공적인 공적 의사전달은 어떻게 이뤄질까? 첫째, 문제 정의가 명확해야 한다. 둘째, 선택의 기준이 공개되어야 한다. 셋째, 책임의 주체가 분명해야 한다. 넷째, 철저한 준비가 돼야 한다.

이 네 가지가 충족되지 않은 말은 아무리 유려해도 신뢰를 얻기 어렵다. 반대로 다소 투박하더라도 이 조건을 갖춘 말은 정책 추진력을 만든다. 지도자의 말은 정보를 전달하는 데서 멈추지 않고, 협조와 인내를 요청하는 설득으로 나아가야 한다.

지도자에게 스피치 리더십이 중요한 이유

많은 사람들이 리더십을 결단력이나 카리스마에서 찾는다. 막스 베버의 리더십 요소인 열정, 책임감, 균형감각도 마찬가지다. 그러나 실제 국정과 조직 운영에서 리더를 지탱하는 힘은 지속적으로 설명하고 설득하는 능력이다. 지도자는 매 순간 말해야 한다. 왜 지금 이 정책인가, 왜 다른 선택은 배제되었는가, 왜 시민에게 부담을 요구하는가를 말해야 한다. 그런 의미에서 기자회견, 국무회의, 타운홀미팅 등 수많은 발언에 나서는 이재명은 현대 스피치 리더십의 대명사다.

스피치 리더십이 없는 지도자는 두 가지 위험에 빠진다. 하나는 설명 없는 권위주의이고, 다른 하나는 책임 없는 인기주의다. 전자는 명령으로 말을 대체하고, 후자는 박수를 위해 말을 남용한다. 스피치 리더십은 이 두 극단을 피하게 해주는 민주적 통치 기술이다.

지도자의 언어 능력이란 말을 잘하는 기술이 아니다. 그것은 말로 정책을 작동시키고, 말로 책임을 감당하는 능력이다. 성공한 지도자들은 말을 통해 권력을 과시하지 않았다. 대신 말을 통해 권력을 제어하고, 사회적 합의를 만들어왔다. 지도자는 위기와 갈등 가득한 역사적 장면에서 성공을 이끌어야 한다.

오늘날처럼 갈등이 일상화된 시대에 지도자의 언어는 더 중요해졌다. 감정 동원은 빠르게 소진되지만, 설명과 책임의 언어는 오래 남는다. 정책을 성공으로 이끄는 지도자의 언어는 늘 이 지점을 향한다.

정치 지도자의 말은 그가 꿈꾸는 통치의 방식이다. 명령의 언어는 복종을 낳을 수는 있어도 지속성을 갖지 못하고, 선동의 언어는 박수를 얻을 수는 있어도 제도를 만들지 못한다. 반면 설명과 책임의 언어는 느리지만 사회를 앞으로 움직인다.

그래서 지도자가 되려는 사람에게 스피치 리더십은 선택이 아니라 필수다. 말로 사람을 움직이기 전에, 말로 책임질 준비가 되어 있는가를 먼저 물어야 한다. 정책과 성공을 이끄는 지도자의 언어 능력은 바로 여기서 시작된다.

성공을 이끄는 지도자의 언어 능력

정치 지도자는 공적인 의사전달에서 어떻게 말로 리더십을 발휘해야 하는가? 정치인은 어느 자리든 말을 해야 한다. 정치는 말로 시작하지만, 성공은 말의 방식에서 갈린다.

정치 지도자의 언어는 단순한 표현 수단이 아니다. 그것은 정책을 움직이고, 갈등을 조정하며, 공동체의 방향을 결정하는 통치 기술이다. 역사를 돌아보면 성공한 지도자들은 예외 없이 말을 다루는 데 탁월했다. 그들은 말을 장식으로 쓰지 않았고, 선동이나 왜곡으로 자신의 정치적 에너지를 소모하지도 않았다. 대신 설득·책임·행동을 연결하는 구조적 언어를 구축했고, 이를 개인뿐 아니라 공동체와 국가의 성공으로 연결시켰다.

그래서 오늘의 질문은 정치 지도자는 공적인 의사전달에서 어떤 말을, 어떻게 해야 하는가로 수렴된다. 왜 스피치 리더십은 지도자가 되려는 사람에게 필수 역량이 되었는가?

첫째, 말은 권력의 표현이 아니라 권력의 작동 방식이기 때문이다. 고대 로마의 수사학자 키케로는 "국가는 말로 다스려진다"고 했다. 이는 웅변의 중요성을 말한 것이 아니라, 공적 결정이 언어를 통해 형성된다는 사실을 지적한 것이다. 정책은 법률과 제도로 구현되지만, 그 법과 제도는 언제나 말로 먼저 정의된다.

수사학자 퀸틸리아누스는 훌륭한 연설가를 "선한 인간이 훌륭하게 말하는 존재"라고 규정했다. 이 정의는 오늘날에도 유효하다. 지도자의 말은 기술 이전에 윤리와 책임의 문제이기 때문이다. 말을 잘한다는 것은 상대를 압도하는 능력이 아니라, 공동체가 감당할 수 있는 선택을 설득하는 능력이다.

스토아 철학자 세네카는 "말은 짧아야 하지만, 생각은 깊어야 한다"고 했다. 이는 지도자의 언어가 장황함이 아니라 집중력과 절제를 요구한다는 뜻이다. 말이 길어질수록 책임은 흐려진다. 말하기는 마음을 움직이는 기술의 본질이다.

데일 카네기는 대중 연설에서 공감의 중요성을 강조했다. 그러나 그의 핵심은 기술이 아니라 태도였다. 상대를 이기려 하지 말고, 이해시키려 하라는 것이다. 이 원칙은 정치 지도자의 공적 말하기에도 그대로 적용된다.

김대중 '논증의 언어', 노무현 '대화의 언어', 이재명 '정책의 언어'

김대중 대통령의 연설은 웅변적이면서 동시에 논증적이었다. 그는 독재와 투쟁하던 시기에도 감정적 선동보다 이유를 설명하는 언어를 선택했다. "민주주의는 밥이다"라는 그의 말은 단순한 구호가 아니라, 자유와 생존을 연결한 정치적 번역이었다.

IMF 외환위기라는 국가적 위기 속에서 김대중의 말하기는 더욱 빛났다. 그는 고통을 숨기지 않았고, 선택의 불가피성을 국민에게 설명했다. 이때 그의 스피치는 위기를 덮는 말이 아니라, 고통을 함께 견디자는 계약과 협력의 언어였다. 신뢰는 여기서 만들어졌다.

노무현 대통령의 말하기는 한국 정치사에서 독특한 위치를 차지한다. 그는 완결된 연설보다 토론과 질문의 형식을 즐겼다. 자신의 판단을 숨기지 않았고, 생각이 정리되지 않은 상태에서도 말의 과정을 공개했다. 원고도 없이 1시간 이상을 즉석 연설로 자신의 철학을 전달했다.

이 방식은 종종 오해를 낳았지만, 동시에 정치의 문턱을 낮췄다. 노무현의 언어는 시민을 청중이 아니라 대화의 상대로 만들었다. 그는 말을 통해 권위를 세우기보다, 말을 통해 권위의 근거를 설명하려 했다. 이는 민주주의적 리더십의 실험이었다.

이재명의 말하기는 감정 동원형 연설과 거리를 둔다. 그의 언어는 구조 설명과 선택의 이유 제시에 가깝다. 기자회견, 국무회의, 타운홀 미팅에서 반복되는 그의 말은 하나의 특징을 갖는다. 말이 곧 정책 과정의 일부라는 점이다. 그리고 그 정책은 성공을 향해 달려간다.

그는 결론보다 과정을 말하고, 선언보다 보고의 형식을 택한다.

이 방식은 화려하지 않지만, 행정과 직접 연결된다. 이재명의 스피치는 말이 공기 중에서 사라지지 않고 문서와 정책으로 이어질 수 있는 구조를 갖는다. 이는 현대 민주주의에서 요구되는 통치 언어의 한 형태다.

루스벨트와 오바마의 정책 언어, 만델라의 통합 언어

프랭클린 D. 루스벨트는 '노변담화'를 통해 정책 언어의 새로운 가능성을 열었다. 그는 대공황이라는 복잡한 경제 위기를 전문 용어로 설명하지 않았다. 대신 국민의 거실로 들어가 일상의 언어로 정책을 해석했다. 이 말하기는 정책에 대한 심리적 신뢰를 형성하는 결정적 계기였다.

버락 오바마는 이 전통을 현대적으로 계승했다. 그의 연설은 개인적 경험과 제도적 설명을 결합한다. 의료보험 개혁을 말할 때도 통계보다 한 가족의 이야기를 앞세웠다. 이는 감정 호소가 아니라, 정책을 이해 가능한 이야기로 구조화하는 기술이었다.

넬슨 만델라의 말하기는 정치 언어의 윤리적 정점을 보여준다. 그는 분노와 복수의 언어를 선택할 수도 있었지만, 화해와 통합의 언어를 선택했다. 이는 감정의 억압이 아니라 미래를 설계하는 언어 전략이었다.

만델라는 연설에서 늘 "나"보다 "우리"를 앞세웠고, 과거의 고통을 부정하지 않으면서도 그것에 갇히지 않았다. 그의 말은 감정을 달래는 위로가 아니라, 공동체를 다음 단계로 이동시키는 통치의 언어였다.

이재명의 국정운영 언어는 기본적으로 '설명형'이다. 그는 정책의 결론을 단정적으로 제시하기보다, 왜 그러한 선택이 필요한지 배경과 맥락을 먼저 제시한다. 경제 정책이든 복지 정책이든, 이해관계의 충돌 지점을 공개적으로 언급하고, 그 사이에서 정부가 어떤 기준을 택했는지 설명한다. 이는 단순한 정보 제공이 아니라, 갈등을 인정하는 태도다. 갈등을 부정하지 않되, 그것을 적대의 언어로 몰아가지 않는 방식이다.

특히 주목할 대목은 '우리'라는 주어의 사용이다. 그의 연설과 공개 발언에는 "정부가"보다는 "우리가 함께", "국민과 함께"라는 표현이 빈번히 등장한다. 이는 수사적 장치이면서 동시에 정치적 전략이다. 정책의 성패를 정부 단독의 문제로 두지 않고, 사회 전체의 과제로 확장시키는 효과를 낳는다. 책임을 분산하는 것이 아니라, 책임의 범위를 공유하는 방식이다.

또한 그는 과거의 상처를 정치적 자산으로만 소비하지 않으려는 태도를 보인다. 한국 사회에는 지역 갈등, 세대 갈등, 이념 갈등이 중첩되어 있다. 이러한 균열은 동원 정치의 유혹을 제공한다. 그러나 화해와 통합의 언어는 상대를 악으로 규정하는 데서 출발하지 않는다. 오히려 상대가 왜 그런 선택을 하는지 그 동기를 해석하려는 시도에서 출발한다. 이재명은 여러 차례 "생각이 다를 수 있다", "입장이 다를 수 있다"는 표현을 공개적으로 사용해왔다. 이는 갈등을 정상적 현상으로 인정하는 민주주의적 언어다.

그의 타운홀미팅과 현장 간담회 역시 통합 전략의 일부다. 즉흥적 질문과 비판적 의견을 그대로 수용하는 장면은, 권위의 일방적 행사와는 거리가 멀다. 비판을 차단하기보다 공개적 공간으로 끌어내어 토론의 대상으로 삼는다. 이는 갈등을 은폐하는 대신 제도권 안으로 흡수하는 방식이다. 갈등을 제도화하면 폭발 가능성은 줄어든다. 만델라가 진실과 화해의 과정을 제도화했듯, 말의 공간을 열어두는 행위 자체가 통합의 인프라가 된다.

물론 통합의 언어가 곧 갈등의 해소를 의미하지는 않는다. 정책 선택은 언제나 누군가에게 불리하게 작용한다. 그렇기에 통합의 달하기는 결과가 아니라 태도의 문제다. 판단의 이유를 설명하고, 반대의 논리를 왜 채택하지 못했는지까지 밝히는 것, 그리고 이후의 수정 가능성을 열어두는 것이다. 이러한 '열린 결론'의 방식은 지도자의 권위를 약화시키는 대신, 신뢰의 시간을 축적한다.

이재명의 말하기 전략은 강한 표현을 구사하기도 하지만, 동시에 정책과 미래 비전을 설명하는 자리에서는 비교적 장문의 논증을 통해 사고의 경로를 드러낸다. 이는 감정 동원이 아니라, 이해의 축적을 지향하는 방식이다. 화해와 통합의 언어는 선언으로 완성되지 않는다. 그것은 반복되는 설명, 공개된 토론, 수정 가능한 태도 속에서 형성된다. 지도자의 말이 분노의 배출구가 아니라 공동체의 설계도가 될 때, 정치는 다음 단계로 이동한다.

만델라가 "우리"라는 주어로 미래를 열었다면, 오늘의 한국 정치 역시 이재명이 사용하는 복수형의 언어를 통해 지속 가능한 통합을 추구하고 있다. 통합은 감정을 지우는 일이 아니라, 감정을 넘어설 구조를 만드는 일이다. 그리고 그 구조는 결국 말에서 시작된다.

갈수록 커지는 스피치 리더십의 중요성

지도자가 되려는 사람에게 스피치 리더십이 중요한 이유는 분명하다. 지도자는 매 순간 선택을 요구받고, 그 선택은 늘 누군가에게 부담을 준다. 이때 말을 회피하면 권위주의로 흐르고, 말을 남용하면 인기주의로 빠진다.

스피치 리더십은 이 두 극단을 피하게 해준다. 말로 권위를 행사하되, 설명으로 그 권위를 통제하게 만든다. 말로 사람을 움직이되, 책임으로 그 말을 완성하게 만든다.

성공한 지도자들은 말을 잘한 사람이 아니라, 말을 책임진 사람들이었다. 그들의 언어는 감동을 남기기보다 방향을 남겼고, 박수보다 제도를 남겼다. 정치 지도자의 언어 능력이란 화술의 문제가 아니다. 그것은 공동체의 미래를 말로 설계할 수 있는 능력이다.

그래서 지도자가 되려는 사람은 먼저 이 질문에 답해야 한다. 나는 말을 통해 무엇을 얻으려 하는가. 그리고 그 말의 결과를 끝까지 감당할 준비가 되어 있는가. 성공을 이끄는 지도자의 언어 능력은 바로 이 책임에서 시작된다.

그 중요성을 깨닫고 필자는 수년전부터 '스피치 리더십'과 '인문학적 스피치 커뮤니케이션'이라는 용어를 창안했고, 강연과 강의, 칼럼 등을 통해 사용해왔다. 리더의 리더십은 추상적 카리스마가 아니라, 구체적인 말하기 행위를 통해 구현된다는 뜻이다. 특히 대통령에게 통치는 곧 언어 행위다. 대통령은 총칼이 아니라 문장으로 국가를 운영한다.

대통령의 하루는 말로 시작해 말로 끝난다. 아침 국무회의에서 정책 방향을 제시하고, 수석·보좌관회의에서 국정 과제를 점검한다. 국회 연설에서는 정부의 비전과 전략을 제시하고, 장관 임명식에서는 책임과 사명을 부여한다. 취임식은 국가의 방향을 상징적으로 선언하는 자리이며, 타운홀미팅과 현장 간담회는 시민과 직접 호흡하는 공간이다. 조찬, 오찬과 만찬 자리에서도 말은 단순한 인사말이 아니다. 외교와 협상, 관계 형성이 모두 언어를 통해 이뤄진다.

이처럼 대통령은 하루 종일 글을 쓰고, 고쳐 읽고, 연설하고, 즉석 발언을 한다. 따라서 대통령에게 가장 중요한 역량 중 하나는 유능한 스피치 능력이다. 그러나 여기서 말하는 스피치는 단순히 발음이 정확하고 제스처가 세련된 기술적 차원이 아니다. 그것은 사고를 구조화하는 능력이며, 복잡한 현실을 시민이 이해할 수 있는 언어로 번역하는 능력이다.

스피치 리더십의 첫째 요소는 '적재적소의 말하기'다. 국무회의의 언어와 타운홀미팅의 언어는 달라야 한다. 국회 연설은 논리와 명분이 중심이 되어야 하고, 현장 간담회는 공감과 경청이 우선되어야 한다. 장관 임명식에서는 책임 윤리를 강조해야 하고, 외교 무대에서는 국가의 품격과 전략적 메시지를 동시에 담아야 한다. 같은 사람이 말하더라도, 상황과 청중, 목적에 따라 어휘와 톤, 구조가 달라져야 한다. 이것이 정치적 감각이며, 스피치 리더십의 기본이다.

둘째는 인문학적 스피치 커뮤니케이션 능력이다. 인문학은 인간과 사회, 역사에 대한 통찰을 제공한다. 대통령의 말이 힘을 가지려면 단순한 정책 설명을 넘어 시대적 의미를 담아야 한다. 역사적 비유, 철학적 개념, 문화적 상징을 적절히 활용할 수 있을 때, 말은 단순한 정보 전달을 넘어 가치의 언어가 된다. 국민은 데이터만으로 움직이지 않는다. 서사와 의미, 방향성에 반응한다. 인문학적 깊이가 없는 스피치는 순간의 박수는 얻을 수 있어도, 장기적 신뢰를 쌓기 어렵다.

셋째는 책임의 언어다. 대통령의 말은 곧 국가의 메시지다. 모호한 표현 하나, 감정적 발언 한마디가 시장과 외교, 사회 갈등에 파장을 일으킬 수 있다. 그렇기에 스피치 리더십은 절제와 숙고를 전제로 한다. 동시에 위기 상황에서는 분명하고 단호해야 한다. 재난이나 안보 위기에서 지도자의 한 문장은 국민의 불안을 잠재우거나 증폭시킬 수 있다. 정확성과 신뢰성이 스피치의 핵심 자산이 되는 이유다.

넷째는 경청의 기술이다. 스피치 리더십은 말 잘하는 능력만을 의미하지 않는다. 타인의 말을 듣고, 그 의미를 재구성해 다시 설명하는 능력까지 포함한다. 타운홀미팅에서 즉석 질문을 받고 답하는 장면은 단순한 이벤트가 아니다. 그것은 지도자가 시민의 언어를 얼마나 이해하고 있는지를 보여주는 시험대다. 경청 없는 말하기는 독백에 그친다.

결국 대통령의 리더십은 언어의 품격에서 드러난다. 국가의 방향을 제시하는 연설, 갈등을 조정하는 담화, 미래를 설계하는 비전 발표 모두가 스피치의 영역이다. 대통령은 정책의 설계자이기 이전에, 의미의 설계자다. 그리고 그 의미는 말과 글을 통해 국민에게 전달된다.

스피치 리더십은 화려한 수사가 아니다. 그것은 사고의 깊이, 맥락에 대한 이해, 상황 판단 능력, 그리고 인간에 대한 통찰이 결합된 종합적 역량이다. 말로 통치하는 시대에, 유능한 스피치 능력과 인문학적 커뮤니케이션 역량은 선택이 아니라 필수다. 리더는 결국 자신이 하는 말의 총합으로 평가받는다. 대통령의 하루가 말로 채워져 있다면, 그 말의 질이 곧 국정의 수준과 품격이 된다.

○ 정계 입문 전

“급할 때 치료받을 수 있는 그런 종합의료시설이 필요합니다. 이게 필요한데도 민간이 적자가 나서 문을 닫는다면, 당연히 우리가 낸 세금으로 그 부분을 매꿔줘야된다고 생각하는데, 여러분 동의하십니까? 괴롭습니다. 그렇지만 우리가 힘을 합쳐서 주변 사람들을 설득하고, 힘을 합쳐 시와 시의회를 압박하면 우리가 낸 세금으로 우리가 안전하게 살 수 있는 환경을 만드는 시립병원 만들 수 있습니다! 여러분 잘 할 수 있겠죠?”

– 2003년, 성남시립병원 건립 촉구 집회 연설

○ 성남시장 시절

“참 이상하죠? 돈 많은 분들은 왜 돈을 장농에 보관할까요.. 장농도 이자를 주나 보지요?”

– 2012년 10월 30일 트위터에서

“이재명 성남시장입니다. 정말로 축하할 일입니다. 그리고 정말로 감회가 남다릅니다. 2003년부터 시작됐던 우리 시립병원 설립운동이 이제 그 많은 갈등과 차이를 극복하고 이제 첫 삽을 뜹니다. 진정한 공공의료의 시작, 새로운 출발을 알리는 이 자리에 제가 서 있다는 사실 자체가 너무 감격스럽습니다. 이 시립의료원은 개인인 저와도 깊은 인연이 있습니다. 2003년부터 시작됐던 시립의료원 설립운동을 함께 하다가, 시민들이 발의한 우리나라 최초의 시립병원 설립 조례가 바로 이 자리, 시의회에서 날치기로 폐기되는 그 현장에서 제가 거칠게 항의한 죄목으로 수배가 됐습니다. 주민교회 지하 1평 기도실에서 도피생활을 하다가 지금 이 자리에 계신 함께하던 우리 동료, 그분과 결심을 했습니다. 2004년 3월 28일 오후 5시, 초밥을 앞에 놓고, 눈물로 초밥을 적시면서 다짐했습니다. 직접 우리 손으로 시민이 원하는, 반드시 있어야 되는 종합의료기관을 우리 손으로 만들자. 그래서 저의 정치인생이 시작됐습니다. 이제 정말로 첫 삽, 대한민국 공공의료의 첫 발자국을 떼는 자리에 서 있는 제 가슴은 정말 감격에... 감격에... 감정을 억누르기 어렵습니다.

돈보다도, 그 어떤 것보다도, 사람의 생명과 안전만큼 중요하지 않습니다. 우리 서민들의 삶 중에서 먹는 거, 입는 거, 자는 거 더하기, 아니 그보다 더 중요한 건강한 삶을 누릴 헌법상의 권리를 왜 세금으로 보장하면 안 되는 겁니까. 이렇게 이야기합니다. "2천억이나 되는 아까운 돈을 왜 병원을 짓는 데 쏟아붓느냐", 한마디로 말씀드릴 수 있습니다. 분당중앙공원, 12만 평에 이르는, 2조 원이 넘는 그 엄청난 돈을 들여서 왜 공원을 만듭니까. 또 누가 이렇게 이야기합니다. "1년에 30억씩 20억씩 50억씩 적자날 수 있는 일을 왜 하느냐", 시민에게 필요하고, 그러나 민간 기업들이 할 수 없는 일이니까 적자를 감수하고 그 일을 하기 위해서 우리가 세금을 냅니다. 종합 운동장 체육시설 운영에 100억씩 적자나는 거 재정 투자는 괜찮고, 성남문화재단 아트센터 운영하는 데 1년에 180억씩 적자내는 건 괜찮고, 왜 50만의 인구가 사용하는 공공의료시설에는 30억의 적자도 해서는 안 되는 겁니까. 잘못된 것입니다.

성남 본시가지, 힘들고 어려운 환경에서 살아가는 우리 50만 성남시민들이 아플 때 치료받을 수 있는 곳, 응급상황이 생겼을 때 목숨을 담보하지 않고 치료받을 수 있는 기회를 얻는 것, 그런 기회를 부여하는 데 성남시 세금 1조 4천억 일반회계 중에서 과연 30억이 아까운 낭비입니까 여러분. 이제 우리는 당당하게 말해야 합니다. "의료는 돈벌이 수단이 아니다", "치료받고 건강하게 사는 것은 시민들의, 국민들의 가장 기본적인 권리이다", "그 권리를 보장하는 것은 국가의 의무이고 우리가 세금을 내는 이유다", 이렇게 말해야 합니다 여러분. 제3세계보다도 낮은 공공의료 비중을 창피하게 생각하지는 못할 망정 있는 공공의료기관마저 적자를 이유로 폐업하는 이런 잘못된 세상, 지금부터 우리 성남시민들이 앞서서 고쳐 나가겠습니다. 오늘 이 순간을 출발점으로 개인의 건강한 삶을 국가와 지방정부가 책임지는 진정한 공공의료의 첫 발걸음을 여기 계신 여러분과 함께 허 나가겠습니다. 그 선두에 우리 성남이 서겠습니다. 감사합니다."

–2013년 11월 4일, 성남시의료원 기공식에서

"성소수자를 포함해서 모든 시민에 대한 차별은 없어야 한다."

– 2014년 12월, 성소수자에 대한 차별 금지를 역설하며

"동성애는 지지하고 말고의 문제가 아니죠, 그냥 (동성애가) 있는 걸 인정한다고요. 그렇게 봐야지. 이걸 선택의 문제로 보면 안 돼요. 왜 세상이 꼭 하나만 존재해야 하나요. 다양성, 다름을 인정하는 것 그것이 문명사회 아닙니까. 나와 다른 건 틀린 거다'라는 게 게 매우 전제적인 것이고, 그야말로 후진 국가지. 인정하는 것과 지지하는 건 다른 거죠. 근데 그걸 지지로 몰아붙이는 거죠."

– 2014년 12월 22일, 허프포스트와의 인터뷰 중

"썩어 빠진 공직자들이 나랏돈 훔치고 국민을 지배하는 나라. 언젠가 한 번은 꼭 대청소를 해야합니다."

– 2015년 4월 10일, 트위터

"죄송합니다. 그냥 죄송합니다. 저도 그 역할을 다 하지 못했습니다. 국가의 가장 가장 큰 의무는 국민의 목숨을 지켜주는 일입니다. 한 번의 일이 벌어지면, 반성하고 다시는 그런 일이 생기지 않게 했어야 합니다. 우리가 남의 일로 외면하고 관심 갖지 않았기에 똑같은 일이 반복되고 말았습니다. 제 잘못입니다. 우리 모두의 잘못입니다."

– 2015년 4월 16일, 세월호 1주기 추모식에서

"우리는 오른쪽이 아니라 옳은 쪽을 가야 한다."

– 2015년 6월 20일, 트위터

"나는 밟힐수록 커지는 돌멩이."

– 2016년 1월 20일, 정부의 반대에도 청년배당이 본격적으로 시행된 후 이튿날인 21일부터 "집중포화"가 시작되자 SNS에 올린 글

"두려움이 없는 사람이 어디 있겠습니까? 용기있는 자는 두려움이 없는 게 아니라 두려움을 이겨내는 사람입니다."

– 2016년 1월 25일, 페이스북

<선거에서 절대 뽑지 말아야 할 인간들>

"나라 주인이 바빠서 직접 나랏일 할 수는 없으니 대신할 머슴 뽑는 게 선거.

머슴 뽑는데 여러 기준이 있지만 이런 인간들은 절대로 머슴으로 뽑으면 안됩니다.

제가 머슴이 아니라 주인이라 착각하는 인간, 주인 때리고 무시하는 인간, 맡긴 권한과 돈을 주인이 아닌 제놈들을 위해 쓰는 인간, 주인에게 거짓말 하는 인간..

특히 이중에 국민에 상습적으로 거짓말하는 머슴은 절대 머슴으로 뽑으면 안됩니다."

- 2016년 4월 4일, 본인의 페이스북에서 페이스북 아이콘

"저는 권력행사는 잔인하게 해야 된다고 생각하는 사람이거든요. 좋은 방향으로. 용서나 화해, 화합은 잘못을 뉘우치고 책임지고 반성하는 사람하고 하는 거에요. 강도하고는 화해하는 게 아니야. 불법 범죄를 저지른 부정, 불합리한 집단 인간들하고는 화해하는 게 아니라는 거죠. 그런 면에서 저는 노무현 대통령... 지금 서거하셨는데 너무 안타깝죠. 주어진 권한을, 상대가 정말 인간으로 보이고 내가 인간으로서의 최선과 성의를 다하면 그들이 받아들여줄 거라고 믿은 거에요."

- 2016년 6월, 김어준의 파파이스에서

(인터뷰 도중 난입한 인물이 노란 리본이 지겹다고 하자) "우리 어머니 자식이 돌아가셔도 그러실 겁니까? (아유, 그건 다르죠. 그거는..) 내 자식과 남의 자식이 왜 다릅니까? 같은 사람입니다. 우리 어머니 같은 사람들이 나라를 망치는 거예요. 어떻게 사람이 죽었는데 저런 소리를 합니까?"

- 2016년 9월 8일, 인터뷰 도중

"국민이 낸 세금 열심히 아껴서 다시 돌려주는 게 왜 공짜입니까?"

- 2016년 9월 26일, 복지가 공짜라는 주장에 답하며

<이정현 대표 단식과 이재명 성남시장 단식의 다른 점?>

"단식은 약자들의 최후 저항수단입니다. 대통령의 지방자치 탄압에 맞선 성남시장의 단식은 저항이지만, 마음대로 안된다고 해서 하는 집

권여당 대표의 단식은 그래서 저항이 아닌 땡깡이나 협박입니다."

– 2016년 10월 2일, 이정현 당시 새누리당 대표의 단식에 대해 페이스북

"지금 이것보다 더 나은 정책이 있으면 제가 하지요. 그러면 정부에서 하는 것처럼 4대강이나 파고 자원외교 한다고 마구 낭비하고 방산비리처럼 쓸데없는 데 돈 쓰고 하는 것보다는 이 아낀 돈을 국민들, 세금 내는 국민들한테 되돌려주는 게 잘하는 거라고 생각하거든요."

– 2016년 10월 13일, 국정감사에서

"민주공화국을 위하여 우리가 싸워야 합니다. 공평한 기회가 보장되는 평등한 나라를 위하여, 공정한 경쟁이 보장되는 진정한 자유로운 나라를 위하여, 전쟁의 위협이 없는 평화로운 나라를 위하여, 생명의 침해가 걱정이 없는 안전한 나라를 위하여 우리가 싸울 때입니다."

– 2016년 10월 26일, 모이자! 분노하자! 내려와라 박근혜 시민 촛불에서

"부정부패를 하거나 무능하거나 이런 것은 당장 자신의 일이 아니니까 인내할 수 있어요. 하지만 지금 벌어지는 일들을 보면 국민들에게 수치감을 주잖아요. "아이고.... 내가 저런 사람들한테 지배를 당했었구나" 하고."

– 2016년 10월 27일, 썰전에서

"최순실 감독, 박근혜 주연, 새누리당 조연의 막장 드라마 같아요, 중대한 국가 통치 권한을 근본도 알 수 없는 사람에게 맡긴 셈이죠. 국가 운명을 통째로 최순실에게 맡긴 셈인 거에요."

– 2016년 10월 27일, 썰전에서

"저 진짜 북한 안 좋아합니다. 혐오한단 말이에요. 어떻게 저 같은 사람을 종북이라고 합니까? 종북은 치료 받아야 할 정신병이에요. 북한이 뭡니까. 남북이 대치하는 상황에서 대한민국 제1 주적 아닙니까. 그 주적을 제가 추종한다면 국가 반역자 아닙니까. 저를 종북이라고 하는 사람은 제가 아주 결딴냅니다."

– 2016년 11월, 월간조선 인터뷰에서

"우리의 혁명은 아직도 미완입니다. (중략) 이제 우리가 나가 싸워야 합니다. 이제 역사는 새로운 변화를 준비하고 있습니다. 언제나 역사는 민중의 것이었고, 변방에서 시작되었고, 피 흘리고 싸우는 민중들의 것이었습니다. 전 세계에서 세상을 바꾸려는, 공평한 세상을 만들려는 혁명의 열기가 넘쳐나고 있습니다. 대한민국도 예외가 아닙니다. 우리가 다짐합시다. 통일의 나라로 자주독립의 나라로 갑시다. 재벌체제를 해체하고 노동이 존중되는 공평한 경제가 살아있는 나라를 만듭시다. 인권이 살아있고! 능력에 따라 공정하게 세금을 내고, 최소한의 인간다운 삶이 보장되는 나라를 우리 손으로 만듭시다. 노동의 가치가 존중되는 나라, 인권과 복지가 넘쳐나는.. 자유와 평등, 인권과 복지, 평화와 안전이 살아있는 나라를 우리 손으로 만듭시다."

– 2016년 11월 5일, 모이자! 분노하자! 내려와라 박근혜 2차 범국민행동에서

"함께 약속해 주십시오. 민주공화국의 깃발을 함께 들고, 두려움을 뚫고, 혁명의 현장 속으로 함께 뛰어들어가시겠습니까? 김구의 이름으로 자주독립의 나라를, 김대중의 이름으로 평화통일의 나라를, 노무현의 이름으로 편법과 반칙이 없는 정의로운 나라 함께 만들어 가겠습니까? 광주 도청에서 계엄군의 총탄에 맞아 죽어가면서도 민주주의를 지켰던 윤상원 열사의 결기를 이어서, 계엄군의 탱크에 맞서서

기관총을 싸우다 죽어 간 아옌데 대통령의 용기로, 새 나라 새 역사 함께 싸워 만들어가겠습니까? 역사의 현장에 여러분과 함께 언제나 있겠습니다."

– 2016년 11월 5일, 모이자! 분노하자! 내려와라 박근혜 2차 범국민행동에서

"대통령도 죄를 지으면 예외 없이 처벌받는다는 사실을, 대한민국이 평등한 나라임을, 이 나라의 주인이 국민임을 이번에 증명합시다 여러분!"

– 2016년 11월 20일 촛불집회에서

"국민은 지배대상이 아니에요. 국민을 지배대상으로 보니까 복지를 공짜라 생각하는 겁니다."

– 2017년, 대선 출마 선언 후

"같은 법도 강자에게는 솜방망이이고 약자에게는 철퇴입니다. 같은 법도 강자에게는 성공의 기회이고 약자에게는 족쇄입니다. '정치' 때문에 대한민국은 세계에서 가장 불평등한 나라가 되었습니다. 상위 10%가 대한민국 연소득의 절반을 차지합니다. 국민의 50%는 겨우 5%를 나눠갖기 위해서 아등바등 싸웁니다. 상위 10%가 대한민국 자산의 66%를 가지고 있습니다. 하위 50%는 겨우 2%! 2%를 가지고 나누고 다투고 있습니다."

– 2017년, 대선 경선 영남권 연설회에서

"사랑하는 국민 여러분, 이재명을 찾기 위해서 저 높은 곳을 쳐다보지 마십시오. 거기에는 이재명이 없습니다. 이재명은 바로 여러분들의 옆에 있기 때문입니다. 정치인은 높은 자리에서 국민들을 지배하는 것이

아니라 그저 국민에게 고용되어서 국민이 맡긴 권한으로 국민을 위해 일할 의무를 가진 국민의 공복, 즉 머슴일 뿐이기 때문입니다 여러분!"

– 2017년, 대선 경선 영남권 연설회에서

"자기 가까운 사람들 옆에다가 다 이렇게 포진해 가지고 그 사람들 다 한 자리씩 주고 이러면, 그 잘못하면 순실이 되지 않습니까?"

– 2017년 2월 16일, 관훈클럽 초청 토론회에서

"아무리 비싸고 더럽고 자존심 상해도 전쟁보다 평화가 낫습니다."

– 2017년 8월 4일, 평화주의를 지지하며

"교과서에는 국민이 주인이라고 써져 있는데, 실제 현실에서는 대통령을 포함한 이 정치인들이 모두 지배자에요. 국민은 지배당하는 대상이 된 거죠. 그들이 대리인이라는 생각을 하지 않아요. 정치는 소수의 것이 아니라, 모두가 참여하는 겁니다."

– 2017년 12월 8일, 어쩌다 어른에 출연하며

"사소한 차이 때문에 내부 총질해야 하나요? 난 그 총알 한 개라도 밖으로 쏘겠다, 이거예요. 당연하잖아요? 이랬더니 '너 문빠 됐냐?' 며 막 까고 그래요. 근데 별로 신경 안 써요."

– 2017년 12월 13일, 오마이뉴스 인터뷰에서

"도둑을 잡은 건 보복이 아니라 정의일 뿐입니다. 국민만 믿고 돌파합시다."

– 2017년 5월 24일

“도둑 잡는 게 도둑에겐 보복으로 보일 수도 있겠지만... 홍대표님, 제겐 보복이 아니라 정의와 상식의 구현으로 보입니다. 적폐와 불의를 청산하는 게 '정치보복'이라면 그런 정치보복은 맨날 해도 됩니다.”

– 2017년 7월 18일, 페이스북

“기득권세력은 결코 스스로 물러서는 법이 없습니다. '적폐청산'을 '정치보복'이라 우기며 어떻게든 발목을 잡으려 기를 쓰고 있습니다.”

– 2017년 10월 16일 페이스북

“국민 앞에 석고대죄 해도 모자랄 판에 아직도 잘못을 반성하지 않는 박근혜에게서 싸이코패스를 보았습니다. 지난 6개월의 구속이 참담하고 비참하다고요? 국민들은 박근혜가 청와대에 있던 4년 내내 생지옥을 견뎌야 했습니다. 애써 이룬 민주주의는 유신시절로 돌아갔고, 역사는 퇴행했으며, 남북관계는 파탄났고, 경제는 추락했습니다. 행위에는 책임이 따르는 법입니다. '정치보복'이 아니라 당신이 행한 범죄에 대한 응당한 죗값을 묻는 것입니다. 국민이 명령한 '적폐청산'의 시작일 뿐입니다. 죗값을 물자면 아직 멀었습니다.”

– 2017년 10월 16일 페이스북

“이명박, 당신이 갈 곳은 바레인이 아니라 박근혜 옆입니다. 도둑 퇴치가 도둑에겐 보복으로 보일 수 있지만 선량한 이웃에겐 상식의 회복일 뿐입니다. 권력이 있었다는 이유로, 권력을 이용한 범죄라는 이유로 면죄부를 받던 구시대는 이제 박근혜와 당신으로 마감되어야 합니다. 행여나 해외에 눌러앉지 마시고 다녀오신 후 검찰 수사 잘 받으십시오.”

– 2017년 11월 12일, 이명박 전 대통령의 바레인 출국 전 기자회견에 대한 페이스북 글

“정치보복이라고 해서 못하게 하고 싶은 사람이 있는 거죠. 도둑은 원래 잡아 가지고 뿌린 대로 거두게, 저지른 만큼 처벌되게 해야 되는 게 맞는데, 나쁜 짓 한 사람들 입장에서는 안 당하고 싶거든요. 그러니까 "나 잡지 마"라고 할 수는 없고, 다른 걸로 물타기를 하는 거죠. "정치보복이다. 정치적 목적을 가지고 하는 것 아니냐." 이렇게 이야기를 하는데, 지금 하고 있는 소위 적폐 청산이라는 건요, 그냥 죄 지은 사람 죄 찾아내서 합당한 대가를 지불하게 하는 거여서, 그거는 뭐 어떤 이유로든 언제든지 우리 사회 공동체가 있는 한은 계속해야 될 일이라고 봅니다.”

– 2017년 12월 YTN '시사 안드로메다'에서

“정치인을 찬양하지 마라. 정치인은 높은 곳에서 지배하는 존재가 아니다. 정치인은 주권자인 국민에게 월급 받고 국민을 위해 일할 의무가 있는 고용된 머슴이다. 머슴에게 당당하라. 머슴에게 엄격하라. 머슴이 잘하면 칭찬하고, 잘못하면 야단치고, 정말로 잘못했다면 쫓아내라. 여러분의 삶을 위해 정치를 선택해야지 정치인을 위해 정치를 선택하지 말라. 옳은 정치, 약속을 지키는 정치, 일관성 있는 정치, 국민과의 약속을 매매계약서 보다 더 중요하게 여기며 주권에 대한 댓세로 생각하는 정치를 해나가겠다.”

– 2018년 6월 11일, 경기도 안양시 연설

○ 경기도지사 시절

"한 걸음씩 가다보면 천 걸음이 되니까 그러는 것이지, 한 걸음만 가서는 누가 뭐라 그럽니까?"

– 2019년 8월, 경기도 계곡 불법 점거 상인들과 토론하며

"배달의민족은 단순 플랫폼 독점으로 통행세 받는 기업"

– 2020년 2월, 배달의민족을 비판하며

"백성은 가난보다 불공정에 분노한다.(不患貧 患不均, 논어)"

– 2020년 9월, 대한민국의 재난지원금 선별지급 사태에 대한 안타까움을 표하며

"국책연구기관이 특정 집단의 이익을 옹호하고 정치에 개입하는 것이라면 이는 보호해야 할 학자도 연구도 아니며 청산해야 할 적폐일 뿐입니다."

– 2020년 9월, 한국조세재정연구원의 지역화폐 관련 연구보고서를 비난하며

"따지고 보면 가족의 가치는 부모의 숫자에 달린 것은 아닌 것 같습니다. 장시간 노동으로 엄마 아빠 모두 아이와 함께 시간을 보낼 수 없다면, 육아휴직 못 하고 언감생심 충분한 휴가도 함께 즐길 수 없다면 그것이야말로 행복한 가족의 모습이라고 보기 어렵습니다. 제도나 사회문화적으로 가족형태를 균일화하기 보다 우리의 실제 삶의 양상을 바꾸는 정치가 필요한 이유입니다. 저는 사유리 씨의 고군분투 육아기가 보고 싶습니다. 무척 강하게 반대하시는 분들도 계신 것으로 알지만 모쪼록 넓은 품으로 지켜봐 주시면 어떨까요. 그것이 옳든 그르든 새로운 시대의 흐름을 참고하는 기회가 될 수 있으니까요. 우리가 치열하게 지켜야 할 것은 오늘을 살아가는 우리의 삶이지 제도나 관습 그 자체는 아닐 것입니다."

– 2021년 4월 1일, 후지타 사유리의 슈퍼맨이 돌아왔다 방송 출연을 지지하며

"연락처 1000개 정도 차단하면 문자폭탄 문제는 해결된다. 다양한 의견이 있을 수 있지만 방식이 폭력적이거나 상례를 벗어난다면 옳지 않

다. 일반당원의 집단지성이 소수의 격한 표현 방식에 과도하게 영향받지 않았으면 좋겠다."

– 2021년 4월 20일, '청소·경비노동자 휴게시설 개선 국회토론회' 후 극문 세력의 문자폭탄에 대해서 기자들이 묻자 한 답변

"중산층과 부자는 죄인이 아닙니다. 성공했을 뿐 평범한 사람인 그들에게 일방적 희생과 책임을 강요하는 재원 조달은 동의받기 어렵습니다."

– 2021년 5월 28일, 오세훈 서울특별시장의 안심소득을 비판하며

"오해가 있습니다. 정치인들이 자주 만나서 밥 먹고 술 먹고 친해지는 것이 협치가 아닙니다. 국민 뜻이라면 서로 발목 안 잡고 실천에 함께 하는 것이 진정한 의미의 협치입니다. 그 어떤 정책도 기득권 저항을 마주하게 됩니다. 반발 크다고 포기하면 아무것도 바뀌지 않습니다. 국민께서 신물 내시는 효능감 없는 정치가 계속될 뿐입니다."

– 2021년 6월 17일, 국민의힘 이준석 당대표의 수술실 CCTV 유보 입장을 비판하며

"친일 청산을 못하고 친일 세력들이 미 점령군과 합작해서 지배체제를 그대로 유지했다."

– 2021년 7월 19일, 경상북도 안동시 이육사 기념관에서

"현재의 거울에 비친 과거가 바로 미래입니다. 누군가의 미래가 궁금하면 그의 과거를 보아야 합니다."

– 2017년 3월 29일 경선 현장 연설, 2021년 7월 1일 대선출마 선언 중

"공직자는 털어도 먼지가 안 나도록 준비해야 됩니다."

– 2021년 7월 2일, 비대면 기자간담회 중에서

“이낙연 후보님의 지지율 상승은 고무적인 일이지요. 여권 전체의 파이가 커지고 정권 재창출에 도움되는 일입니다. 정세균 후보님은 개인적으로 모시던 분이라 함께 경쟁하는 것이 영광입니다. '우리'가 이기는 것이 중요하고, 정권 재창출이 중요합니다. 튼튼한 한 팀을 만드는 과정이라고 생각합니다.”

– 2021년 8월 3일, 전북 기자간담회 중

“포퓰리즘으로 비난받은 정책을 많이 성공시켜 인정받았다. 앞으로도 그냥 포퓰리즘을 하겠다. 무상교복, 무상급식, 무상 산후조리 등 온갖 정책들이 다 포퓰리즘이라고 공격받았지만 지금은 다들 좋아하고 전국적으로 확대됐다.”

– 2021년 8월 10일, 유튜브 출연중

“차별금지법이 필요하다고 본다. 모든 영역에서 존재를 이유로 차별받으면 안 된다. 다만 특정 부분, 예를 들어 성적 취향[15]과 관련한 논쟁과 갈등이 많지 않나. 이 부분에 대해선 서로 이해하기 위한 대화과정이 좀 더 필요해 보인다. 여러 목사님들 이야기를 들으니 서로 오해가 많더라. 물론 곡해하는 부분도 있는데, 그런 것들은 좀 풀 필요가 있다. 갈등 있는 영역은 충분한 토론을 통해 사회적 타협을 이뤄야 한다. 충분히 가능하다고 본다. 우리 국민의 집단지성을 믿는다. 일단 설득하고 타협하는 과정이 최대한 필요하다. 강행 처리하면 갈등이 더 커지지 않겠나. 사회적 합의가 가능하다고 믿는 이유가 있다. 우리 국민은 위대하다. 전 세계에서 코로나19 방역 성과를 이렇게 잘 낼 수 있던 비결이 무엇인가. 국민의 협조 덕분 아닌가. 공리적이고 합리적인 국민을 믿고 타협을 이뤄낼 수 있다고 본다.”

– 2021년 9월 10일, 시사저널과의 인터뷰에서

"살기 위해서 청렴할 수 밖에 없었다."

– 2021년 9월 12일 강원도 원주시 오크밸리 리조트 컨벤션홀에서 열린 제20대 대통령선거 후보자 선출을 위한 합동연설회 중

"숨기려 하는 사람은 개인 아마추어에 불과하지만, 숨긴 걸 찾아내는 수사기관은 프로 전문가들이고 집단이고 권력과 예산, 조직과 노하우를 가진 거대한 집단이다. 결코 속일 수 없다."

– 2023년 1월 10일, 검찰 조사를 앞두고 발표한 입장문 중에서

"개혁이라고 하는 것은 우리가 너무 잘 아는 것처럼, 기존의 나쁜 시스템을 좀 더 나은 시스템으로 만드는 것이고 그것은 결국 기존보다는 더 많은 사람이 더 많은 혜택을 보게 만드는 것이기 때문에, 본질적으로 반대로 얘기하면, 기존에 더 많이 혜택을 보던 소수가 반발을 할 수밖에 없다는 것, 개혁은 본질적으로 저항 그 자체인 것이죠. 반발 그 자체일 수밖에 없습니다."

– 2021년 10월 15일, 더불어민주당 의원들과의 상견례에서

○ 20대 대선후보 시절

"현실의 법정은 닫혀도 역사의 법정은 계속됨을 기억하시기 바란다."

– 2021년 12월 24일, 박근혜 전 대통령 사면에 대한 입장을 말하며

"이재명을 뽑는다고요? 이재명은 심는 겁니다."

– 2022년 1월 4일, 유튜브를 통해 탈모 건강보험 공약을 밝히며

"억울한 사람이 없어야 합니다. 최소한 다음 세대는 나보다 더 나은 삶을 살 수 있다고 믿어지는 세상이라야 아이도 낳고 꿈을 가지고 살

수 있지 않겠습니까?”

– 2022년 1월 24일, 상대원 시장 연설

“제가 하는 모든 일은 우리의 삶, 우리 서민들의 삶과 이재명의 참혹한 삶이 투영되어 있습니다. 앞으로도! 여러분을 위해서! 세상을 위해서! 최선을 다하겠습니다! 여러분 고맙습니다.”

– 2022년 1월 24일, 상대원 시장 연설

“전쟁이 나면 죽는 건 청년들이고, 군사 긴장이 높아지면 안 그래도 어려운 경제는 더 악화한다.”

– 2022년 1월 24일, 윤석열 사드 추가 배치 공약 논란에 대한 답변

“기 안죽습니다! 13살에 공장에 취직해서 납땜연기 맡으면서 살았고, 그렇게 험하게 살았지만, 수없이 정치적 아웃사이더로, 적자는 커녕 서자도 아닌 얼자의 삶을 살면서도, 결코 포기하지 않고 성과로 증명받으면서, 국민들의 힘으로 이자리에 왔는데, 제가 왜 기가 죽습니까 여러분! 저는 자신있습니다. 더 큰 산도 넘어 왔는데, 이정도 산 하나 못 넘겠습니까! 새로운 나라. 더 진보된 민주 정부, 더 유능한 민주 정부, 함께 만들어 가시겠습니까. 여러분!”

– 2022년 2월 5일 부산 해운대 이벤트광장 연설

“이런 독해능력으로 국가경영 하겠다고요? 죄 있는 자 정치보복 핑계로 못 빠져나가게 하자는 것하고, 죄도 없는 사람 먼지털이 표적수사 반대하는 게 같은 걸로 보이나요?”

– 2022년 2월 12일, 자신의 과거 발언을 소환한 국민의힘을 향해

"저는 정치를 왜 하는가를 언제나 고민합니다. 정치는 우리 국민들의 더 나은 삶을 만들기 위해서 하는 것이어야 합니다.
저는 제가 어릴 때 못 입어 본 교복 때문에 무상교복 정책 시작했고, 시장에서 주워 온 과일을 먹었던 그 아픈 기억 때문에 어린이집 과일 공급 사업 시작했습니다.
저는 정치가 상대방의 발목을 잡고 이렇게 음해하고 이런 것이 아니라, 국민을 위해서 누가 더 열심히 일하는가를 실적을 가지고 경쟁을 하고 검증을 받는 것이어야 한다고 생각합니다."

– 2022년 3월 2일, 20대 대선 TV 토론 마무리 발언

"성남이 한때는 철거민의 도시라고 해서 저 자신조차도 어디 사냐 물을 때 서울 옆에 산다고 답했다. 분당 주민들은 성남시가 아닌 '분당에 산다'고 얘기했다. 그런데 이젠 대한민국 최고의 도시가 되지 않았나. 제가 처음 성남시장에 출마할 때 말씀드린 것처럼 권력이 아니라 세상을 바꿀 권한이 필요하다. 대한민국을 여러분과 함께 바꾸고 싶다. 이재명을 도구로 써달라"

– 2022년 3월 5일, 20대 대선 분당신도시 유세에서

"방탄 이런 것은 정말 말이 안 되는 소리입니다. 저는 언제나 말씀드렸지만 부정부패 저지르고 대장동 개발업자 도와주고 뇌물 받은 국민의힘 정치인 같은 분들이 방탄, 불체포 특권이 필요하지. 저처럼 십수 년 보수 정권으로부터 탈탈 먼지 털듯이 털려도 아무 문제가 없는 깨끗하게 살아온 사람이 왜 방탄이 필요하겠습니까? 저는 불체포특권 완화, 폐지에 제가 동의하고 주장했던 사람입니다."

– 2022년 5월 22일 채널A와의 대담 중

"방탄이 필요한 자들은, 업자 도와주고 뇌물 받아먹은 국민의힘 정치인 같은 사람들에게 필요한 것입니다. "불체포특권 제한해야 한다", 100% 동의할 뿐만 아니라 제가 주장하던 것입니다. 불체포특권 같은 것은 뇌물 받고 부정부패 저지르는 국민의힘의 부패한 정치인들에게나 필요한 것이지, 10년 넘도록 먼지 털듯이 탈탈 털린 이재명 같은 깨끗한 정치인에게는 전혀 필요한 것이 아닙니다! 빈 총에는 방탄이 필요하지 않습니다. 죄 짓지 않은 청렴한 정치인에게는 불체포특권은 전혀 필요하지 않습니다!"

– 2022년 5월 22일, 청주 지원 유세에서

"누가 주장했든, 필요한 일은 함께하면 되는 것이죠. 정책에는 저작권이 없습니다. 좋은 정책은 다 같이하면 되는 것이죠."

– 2022년 5월 26일, 2022년 6월 보궐선거 계양구을 후보자 토론회 발언

○ 더불어민주당 당대표 시절

"감사원이 문재인 대통령님에 대한 서면조사를 통보했다고 합니다. 온갖 국가사정기관이 충성경쟁 하듯 전 정부와 전직 대통령 공격에 나서고 있습니다. 유신 공포정치가 연상됩니다. 국민이 위임한 권력을 정치보복에 쏟아붓는 사이 민생은 벼랑끝에 내몰리고 있습니다. 권력남용 끝에는 언제나 냉혹한 국민의 심판이 기다렸던 역사를 기억하기 바랍니다."

– 2022년 10월 2일 페이스북

"일본을 끌어들여 한미일 합동 군사훈련을 하면 일본 자위대를 정식 군대로 인정하는 것으로 해석될 수 있다. 극단적 친일 행위로 대일 굴

욕외교에 이은 극단적 친일 국방이 아니냐는 생각을 할 수밖에 없다."

- 2022년 10월 7일, 최고위원회의

"국가 권력이라는 검찰이 진실을 찾아서 사실 규명하는 게 아니고 목표를 정해놓고 조작을 해서 정치보복, 정적제거 수단으로 국가 권력을 남용하는 것은 결코 해서는 안되는 일이라는 점을 다시 한번 말씀드립니다."

- 2022년 12월 7일, 남욱의 검찰진술에 대해 "검찰이 연기 지도를 한 것 아닌가"라고 주장하며

"민주공화국 대한민국에서 모든 권력은 국민으로부터 나오고, 권력은 오직 국민만을 위해 사용돼야 합니다. 국민의 고통을 해소하는 것이 바로 국가의 사명입니다. 무역수지는 IMF 이후 처음 11개월 연속 적자입니다. 경상수지는 1년 만에 3분의 1토막 나고 11년 만에 최저치를 갱신했습니다. 국제경제기구들은 대한민국 경제성장률을 계속 하향 조정하고 있습니다. 우리 경제가 바닥을 알 수 없는 침체의 늪으로 빠져들고 있습니다. 그런데 지금 정부는 대체 무엇을 하고 있습니까? 경기악화 직격탄을 국민에게 돌리고 각자도생을 강요하고 있습니다. 물가부터 금리, 기름 값까지 월급 빼고 다 오릅니다. 전기, 수도, 난방비 폭탄 때문에 목욕탕 주인은 폐업을 고민하고, 이용객은 집에서 빨래를 가져와서 목욕탕에서 몰래 빨래를 한다고 합니다. 이런 기막힌 일이 2023년 대한민국에서 벌어지고 있습니다. 참으로 비참하고 참담합니다. '이게 나라냐'라는 의문이 들고 있습니다. 민생에는 무심한 정권이 정치검찰을 총동원해서 정적 죽이기 전 정권지우기 칼춤을 추는 동안에 곳곳에서 국민들의 곡소리가 늘어나고 있습니다. 며칠 전 만난 전세사기 피해자들 얼굴이 떠오릅니다. 어렵게 집을 구한 지 한 달 만에 전세사기를 당한 사회초년생, 보증금을 전부 날리게 생겼는데 임

대인까지 사망해 발을 동동 구르는 신혼부부, 보증금을 지키겠다고 임대인 세금을 대신 내러 다니는 피해자들까지. 치솟는 대출이자 걱정에 제2, 제3의 빌라왕을 만나지 않을까 밤잠 설치는 국민들이 전국에서 곳곳에서 고통을 호소합니다. 국민의 불안과 고통 앞에 공정한 수사로 질서를 유지해야 할 공권력은 대체 뭘 하는 중입니까? '유검무죄 무검유죄'입니다. 곽상도 전 검사의 50억 뇌물의혹이 무죄라는데 어떤 국민들이 납득하겠습니까? 이재명을 잡아보겠다고 쏟아붓는 수사력의 십분의 일만이라도 50억클럽 수사에 쏟아넣었다면 이런 결과, 결코 없었을 것입니다. 어떤 청년은 주 150시간을 노예처럼 일해도 먹고 살기조차 팍팍한데, 고관대작의 아들 사회초년생은 퇴직금으로 50억을 챙깁니다. 이게 윤석열 정권이 말하는 공정입니까? 평범한 청년들의 억장 무너지는 소리가 들리지 않습니까? 이재명 죽이자고 없는 죄 만들 시간에 전세사기범부터 잡으십시오. 벼랑 끝에 내몰린 민생을 구하는데 힘을 쏟으십시오. 벌써 세 번째입니다. 첫 번째 소환으로 세상을 떠들썩하게 했던 성남FC 사건, 아직까지 뚜렷한 물증 하나 제시하지 못하고 있습니다. 지연조사에 추가조사 논란까지 벌어진 두 번째 소환 이후에도 검찰에 조종되는 궁박한 처지에 빠진 이들의 번복된 진술 말고 대체 증거 하나 찾아낸 게 있습니까? 김성태 전 회장만 송환되면 이재명은 끝장날 것이라면서 변호사비 대납 의혹은 마구 부풀리더니 김 전 회장이 구속되었는데도 변호사비 대납 의혹은 흔적도 없이 사라졌습니다. 공평무사해야할 수사권을 악용해 온갖 억지 의혹을 조작하더니 이제는 해묵은 북풍몰이 조작을 시도하고 있습니다. 사실 많이 억울하고 많이 힘들고 많이 괴롭습니다. 지금처럼 포토라인 플래시가 작렬하는 공개소환, 회술레 같은 수치입니다. 그렇지만 제 부족함 때문에 권력의 하수인이던 검찰이 이제 권력 그 자체가 되었습니다. 승자가 발길질하고 짓밟으니 패자로서 감수할 수밖에 없습니다.

모두 제 업보로 알고 감수하겠습니다. 국민들의 삶이 하루하루 망가져가는데, 이 정도는 아무것도 아니다, 이렇게 생각하겠습니다. 권력이 없다고 없는 죄를 만들고 권력이 있다고 있는 죄도 덮는 '유권무죄 무권유죄'의 검사 독재정권에 결연히 맞서겠습니다. 거짓의 화살을 피하지 않고 진실의 방패를 굳건하게 믿겠습니다. 윤석열 정부가 손놓고 있는 민생을 챙기고, 퇴행하는 민주주의를 지키그, 전쟁의 위험에서 평화를 지키겠습니다. 주어진 소명과 역할에 한치의 소홀함도 없이 일각일초도 허비하지 않고 혼신의 힘을 다하겠습니다. 밤을 지나지 않고 새벽에 이를 수 없습니다. 유난히 길고 긴 밤을 지나는 지금 이 순간, 동트는 새벽이 반드시 올 것으로 믿겠습니다. 고맙습니다."

– 2023년 2월 10일, 페이스북 입장문

누군가를 왕따시키려고 끊임없이 노력하면 마지막에 왕따가 되어 있다.

– 2023년 2월 14일, 이소영 의원과의 대담 중에 문자 폭탄을 하지 말아 달라면서 한 말

"수사권 가지고 보복하면 그게 깡패지 검사겠습니까? 국가 권력 가지고 장난하면 그게 깡패지 대통령이겠습니까?"

– 2023년 2월 22일, 윤석열 대통령을 향해

"이재명을 다시 포토라인에 세우고 체포동의안으로 민주당의 갈등과 분열을 노리는 것인가, 그렇게 생각합니다.이제 그 빌미마저 주지 않겠습니다. 저를 향한 저들의 시도를 용인하지 않겠습니다. 저에 대한 정치수사에 대해서 불체포권리를 포기하겠습니다.
지금까지 그랬던 것처럼, 소환한다면 10번이 아니라 100번이라도 응하겠습니다. 구속영장을 청구하면 제 발로 출석해서 영장실질심사 받

고, 검찰의 무도함을 밝히겠습니다. 압수수색, 구속기소, 정쟁만 일삼는 무도한 압구정 정권의 그 실상을 국민들께 드러내겠습니다."

– 2023년 6월 19일, 국회 연설 중

"김정은 위원장은 미사일 도발을 당장 멈춰야 합니다. 적대 행위를 중단해야 합니다. 무모한 도발을 지속할수록 국제 사회에서 고립될 것이고, 북한 주민들의 고통이 심화될 것입니다. 선대들, 북한의 김정일, 김일성 주석의 노력들이 폄훼되지 않도록, 훼손되지 않도록 애써야 할 것입니다."

– 2024년 1월 19일 더불어민주당 최고위원회의에서 모두발언 중

"상대가 칼을 들고 덤빈다고 해서 나도 칼을 들 수는 없는 일이다. 하지만 냄비뚜껑이라도 들어서 막아야 하지 않겠나"

– 2024년 2월 5일 광주광역시 현장최고위원회의 이후,
기자회견에서 준연동형 비례대표제 관련 질문에 답하며

"국민의 위대한 승리입니다. 국정실패에 대한 민심의 심판이자 민주당이 민생을 책임지라는 준엄한 국민의 명령입니다. 민주당의 승리라 생각지 않겠습니다. 국민께서 행사해주신 한 표, 한 표에 담긴 소중한 뜻을 전력을 다해 받들겠습니다. 민생의 고통을 덜고 국가적 위기를 해소하는데 최선을 다하겠습니다. 국민의 오늘을 지키고 국민의 더 나은 내일을 여는데 22대 국회가 앞장서겠습니다."

– 제22대 국회의원 선거 승리 소감문

"국민 여러분, 국회로 와 주십시오."

– 2024년 12월 3일, 12.3 비상계엄 선포 후 국회로 이동하면서

○ 대통령시절

"대통령은 제1시민에 불과하다."

– 2025년 6월 25일 광주광역시민–전남도민과 함께하는 타운홀미팅 중

"4·16 세월호 참사, 10·29 이태원 참사, 7·15 오송 지하차도 참사, 12·29 여객기 참사 유가족 여러분을 만나 뵈었습니다. 감히 어떤 말로도 위로가 될 수 없음을 알지만, 국가 최고 책임자로서 정부를 대표해 머리 숙여 깊이 사죄드렸습니다. 국가가 존재하는 가장 근본적인 이유는 국민의 생명과 안전을 지키기 위함입니다. 그러나 국민이 위기에 처했을 때 제일 먼저 손 내밀 수 있어야 할 국가는 너무 많은 순간, 있어야 할 자리에 있지 않았습니다. 예방할 수 있었던 사고가 반복됐고, 피할 수 있었던 비극 앞에 무력했습니다. 죽지 않아도 될 사람들이 목숨을 잃었고, 다치지 않아도 될 사람들이 상처를 입었습니다.
한없이 무거운 책임을 느낍니다. 그리고 이를 피하지 않겠습니다. 미흡했던 대응과 변명, 회피, 충분치 않았던 사과와 위로까지. 이 모든 것을 되돌아보고 이제부터라도 하나하나 바로잡아가겠습니다. 다시는 국가의 방임과 부재로 인해 억울한 희생이 발생하지 않도록 하겠습니다. 애끓는 그리움과 헤아릴 수 없는 고통을 짊어지고 살아가는 유가족들에게 국가가 또다시 등 돌리는 일, 이재명 정부에서는 결단코 없을 것입니다."

– 2025년 7월16일 페이스북

"우리는 두 개의 눈, 두 개의 귀, 하나의 입으로 말하고 듣고 느끼죠.

국민들은 1억 개의 눈을 갖고 있고, 1억 개의 귀, 입은 무려 5,000만 개입니다. 실시간으로 소통하면서 우리가 느끼는 거 이상을 느낍니다. 국민들을 무서워해야죠. 특정 언론이 스크린해서 보여주는 것만 보이는 시대가 있었죠. 지금은 안 그래요. 실시간으로 다 보고 있지 않습니까. 지금 말하는 이 장면도 최하 수십만 명이 볼 겁니다. 국민들이 '집단 지성'을 통해 다 보고 있어요. 업무보고 공개하는 이유도 그거죠. 직접 민주주의가 강화돼 가잖아요."

– 2025년 12월 17일 업무보고

"가보지 않은 길이지만, 우리는 지금까지 해 왔던 것처럼 얼마든지 해낼 수 있습니다. 우리 선조들이 되찾은 자주독립의 빛이, 우리 국민이 이룬 민주주의의 빛이, 우리 앞날을 밝히는 길잡이가 되어 줄 것이기 때문입니다.
위대한 우리 국민의 저력이 다시 발휘된다면, 어둠 속에서도 길을 잃지 않고 걸어왔던 것처럼, 우리가 나아갈 길도 잃지 않고 찾아갈 수 있을 것입니다.
세계를 선도하는 대한민국, 평화와 번영이 가득한 나라, 국민주권의 빛이 꺼지지 않는 나라로 국민 여러분, 함께 나아 갑시다."

– 2025년 8월 15일 제80주년 광복절 기념사 중

"지원하면 간섭하고 불이익 주고 괴롭히고 그래서 어렵다. 그래도 이렇게 대한민국의 문화예술이 전 세계의 각광을 받을 만큼 성장한 것은 정말 우리 국민 저력이다. 위대함이다. 그래서 의심받지 않도록 노력해야 한다. 지원은 하되 간섭하지 않는다. 지원은 늘린다. 소위 팔길이 원칙이라고 하는 거다. 저희가 잘 지키도록 하겠다."

– 2026년 1월 21일 청와대 영빈관 '2026년 신년 기자회견'에서

"검찰한테 권력을 뺏는 게 개혁의 목표가 아니다. 최종 목표는 국민들의 권리 구제다. 국민들의 인권보호, 국민들의 권리구제, 억울한 범죄 피해자가 구제받을 수 있게 가해자를 제대로 처벌하는 것. 중요한 일이다. 지은 죄 이상으로 가혹하게 대가를 치르지 않게 하는 인권보호 이런 게 목표이지 조직의 권력을 뺏는 게 목표가 아니란 말이다. 수단과 과정이다. 그런데 이게 용서가 안 되는 분들이 있다. 이해한다. 이때까지 저지른 게 있다. 요만큼만 여지가 생기면 악용해서 나쁜 짓을 하니까. 봉쇄해야 한다. 동의한다.

그러면 어떻게 할 거냐. 어떻게 예외를 만들고 안전장치를 어떻게 만들까. 이번에는 이게 의제가 아니다. 공소청, 중수청 더 연구해야 된다. 미정의 상태다. 정부는 보완수사권을 주려고 하는 것처럼 단정을 하고 '이재명이가 배신해서 분명히 주려고 할 거야, 지지철회 할 거야' 이러고 있다, 일부. 이게 또 틀린 얘기도… 포기한다고 딱 깔끔하게 하면 좋은데 거기서 생기는 문제는 어떻게 할 거냐. 이번에는 아니다. 이번에는 조직체계만 하자. 그런데 이게 전면에 올라와서 다투고 있다. 이게 문제다. 업보다, 업보. 검찰의 잘못이다."

– 2026년 1월 21일 청와대 영빈관 '2026년 신년 기자회견'에서

"단박에 완성되는 개혁이란 없습니다. 국민의 권리를 두텁게 보호하고, 혼란과 부작용을 최소화하기 위해 필요하다면 법과 제도를 계속 보완해 가겠습니다. 그러나 이 과정이 개혁의 본질을 흐리는 방향이 되진 않을 것입니다. 저항과 부담을 이유로 멈추거나 흔들리는 일도 없을 것입니다. 개혁의 취지는 끝까지 지키고, 개혁이 국민의 더 나은 삶으로 이어질 수 있도록, 국민의 뜻을 따라 가장 책임 있는 해법을 끝까지 만들겠습니다.

자랑스러운 국민 여러분, 이제, 대한민국의 시간입니다. 우리 앞에 놓인 결정적 순간을 대한민국 대도약의 출발점으로 만들 수 있도록, 지난해보다 더 무거운 책임감으로 주어진 사명을 다하겠습니다. 고맙습니다."

– 2026년 1월 21일 청와대 영빈관 '2026년 신년 기자회견'에서

"<2026년, 국민이 체감하는 변화를 만들겠습니다>
지난 화요일, 국무회의를 통해 '2026년 민생체감 정책'을 발표했습니다. 각 부처가 수차례 논의와 조정을 거쳐 마련한 결과물을 담은 링크를 공유합니다.
무엇보다 국민 여러분의 생활 속 불편을 줄이고, 일상에서 체감되는 변화를 만드는 데 초점을 두었습니다. 주거와 일자리, 돌봄과 교육, 안전을 비롯해 소상공인 및 자영업 지원, 청년과 어르신의 삶까지. 우리 사회 구석구석의 민생 현안을 세심히 담았습니다.
발표로만 끝내지 않겠습니다. 정책이 책상 위 계획에 머무르지 않고 현장에서 제대로 작동하는지 점검하고, 시행 과정에서 드러나는 부족한 점은 신속히 보완하며 해결책을 마련해 나갈 계획입니다.
국민 여러분께서 '내 삶이 달라지고 있다'고 느끼실 때 비로소 정책이 완성된다고 믿습니다. 정부의 모든 정책에는 국민의 더 나은 내일을 만들겠다는 약속이 담겨 있습니다.
올 한 해도 그 약속을 지키기 위해 전력을 다하겠습니다. 2025년보다 더 든든하고, 더 믿을 수 있는 정부가 되겠습니다."

– 2026년 1월23일 페이스북

"<꿈을 모아 역사로 만든 당신의 발자취를 따라>
이해찬 전 총리님을 떠나보내고 먹먹한 가슴으로 총리님의 회고록을

다시 펼쳤습니다. 대한민국 민주주의를 위해 평생을 바쳐 치열하게 싸워오신 삶이 책 곳곳에 고스란히 배어 있었습니다.
총리님께서는 정치의 '기술'보다 정치의 '자세'를 먼저 가르쳐주신 분이었습니다. 수많은 시련과 공격 속에서도 방향을 잃지 않도록 굳게 잡아주시던 총리님의 목소리가 여전히 선명합니다.
쉽지 않은 길이었지만 옆에 계셔주셨기에 버틸 수 있었고, 함께였기에 덜 외로웠습니다. 책 속에서나 만날 법한 큰 어른 이해찬 총리님과 한 시대를 함께할 수 있었던 것은 제 삶의 크나큰 행운이자 영광입니다.
대한민국 민주주의가 어떻게 여기까지 왔는지 되새기고 싶은 모든 분께 이 책의 일독을 권합니다. 우리 정치가 지켜야 할 가치와, 앞으로 나아가야 할 길까지 명확히 제시해 줄 것입니다."

– 2026년 2월11일 페이스북

[부록 - 이재명 연보]

▲ 1964.12.22 = 경북 안동 출생

▲ 1976 = 안동 삼계초등학교 졸업, 성남으로 이사

▲ 1978 = 고입 검정고시 합격

▲ 1980 = 대입 검정고시 합격

▲ 1986 = 중앙대학교 법과대학 졸업(학사), 제28회 사법시험 합격

▲ 1989 = 제18기 사법연수원 수료, 변호사 사무소 개업,
민주사회를 위한 변호사 모임 국제연대위원

▲ 1990 = 광주이천노동상담소 소장

▲ 1991 = 김혜경 여사와 결혼

▲ 1994 = 성남참여연대 집행위원장,
국가청렴위원회 성남부패방지신고센터 소장

▲ 1995 = 성남시민모임 창립 구성원으로 참여

▲ 2003 = 공공의료기관 설립 운동

▲ 2005 = 열린우리당 입당

▲ 2006 = 민선 4기 성남시장 낙선

▲ 2008 = 제18대 국회의원(성남 분당갑) 낙선

▲ 2010 = 민선 5기 성남시장 당선

▲ 2014 = 민선 6기 성남시장 당선

▲ 2016.06 = '지자체 재정 지원 삭감 항의' 11일간 단식

▲ 2017.01 = 대선 출마 공식 선언

▲ 2017.04 = 더불어민주당 대선후보 낙선

▲ 2018 = 민선 7기 경기도지사 당선

▲ 2021.10.10 = 더불어민주당 대통령 후보 선출

▲ 2022.03.10 = 대한민국 제20대 대통령 낙선, 더불어민주당 상임고문

▲ 2022.06 = 제21대 국회의원(인천 계양을) 당선

▲ 2022.08 = 더불어민주당 당 대표

▲ 2023.08 = '윤석열 정부 국정 쇄신 촉구' 24일간 단식

▲ 2024.01 = 부산 가덕도 흉기 피습

▲ 2024.04 = 제22대 국회의원(인천 계양을) 당선

▲ 2024.08 = 더불어민주당 당 대표 연임

▲ 2025.04.10 = 대선 출마 공식 선언

▲ 2025.04.27 = 더불어민주당 대통령 후보 선출

▲ 2025.06.04 = 대한민국 제21대 대통령 당선